本书系湖北省高校人文社科重点研究基地——湖北师范大学资源枯竭城市转型与发展研究中心和中共黄石港区委宣传部及黄石港地方文化研究会研究成果。

当代中国学术文库

地方工业与文化旅游模式研究

——以黄石港区域文化旅游中心的创建为例

刘金林 聂亚珍 著

人民日报出版社

图书在版编目（CIP）数据

地方工业与文化旅游模式研究：以黄石港区域文化旅游中心的创建为例 / 刘金林，聂亚珍著．—北京：人民日报出版社，2017.12
ISBN 978-7-5115-5191-7

Ⅰ.①地… Ⅱ.①刘…②聂… Ⅲ.①工业旅游—旅游业发展—研究—黄石 Ⅳ.①F592.763.3

中国版本图书馆 CIP 数据核字（2017）第 331158 号

书　　名：地方工业与文化旅游模式研究：
以黄石港区域文化旅游中心的创建为例
著　　者：刘金林　聂亚珍

出 版 人：董　伟
责任编辑：陈斌惠
封面设计：中联学林

出版发行：人民日报出版社
社　　址：北京金台西路 2 号
邮政编码：100733
发行热线：（010）65369509　65369846　6536528　65369512
邮购热线：（010）65369530　65363527
编辑热线：（010）65369514
网　　址：www.peopledailypress.com
经　　销：新华书店
印　　刷：三河市华东印刷有限公司

开　　本：710mm × 1000mm　1/16
字　　数：353 千字
印　　张：18.5
印　　次：2018 年 1 月第 1 版　　2018 年 1 月第 1 次印刷

书　　号：ISBN 978-7-5115-5191-7
定　　价：54.00 元

目　录

上篇　黄石港近代工业模式研究

下篇 黄石港文化旅游模式研究

上　篇

黄石港近代工业模式研究

第一章 黄石港近代重工业的地位

第一节 “黄石港”名称的由来及概况

一、“黄石港”名称的由来

“黄石港”名称最早来源于北魏郦道元的《水经注》。《水经注》载:“江之右岸有黄石山,水迳其北,即黄石矶也,一名石茨圻,有西陵县也。”《大清一统志》载:“黄石矶,在县(大冶县,今包括黄石市区和大冶市)东北三十里,一名黄石山,山下有黄石港”。清同治版《大冶县志》载:“黄石矶:即黄石港口,亦名石茨圻。”

清嘉庆版《湖北通志》(吴熊光等修)载:“黄石城在县(武昌县,今鄂州市。〈湖北通志〉把黄石城列在武昌县而不是大冶县条目下)东三十里,一名流圻垒。〈清一统志〉孙策从兄贲、辅于彭泽破刘勋,走入楚江,闻策等已克皖,乃投西塞,至流圻,筑垒自守。”清光绪版《武昌县志》载:“然东有黄石港大冶华家诸湖(今花马湖)水出焉,流澌湍激,冬夏不涸,古有黄石城盖筑于此。”胡三省注《资治通鉴》载:“流沂,地名,近西塞。西塞山,在今寿昌军(今鄂州市)东北(南)三十里。”

清光绪版《湖北舆地图记》载:“江水自武昌县东南流至县东北三十六里之黄石港,入县境。江东北岸为蕲水、蕲州交界处。黄石港即〈水经注〉之黄石矶,一名石茨圻者。有港西注四里达华家湖。华家湖西与保安湖通,以延汇于县北境。”

清嘉庆版《湖北通志》(吴熊光等修)载:“今黄石港有黄石矶,石色皆黄。” 之所以称黄石港、黄石矶以及黄石山,是因为“石色皆黄”。

综上所述,历史上的黄石山、黄石矶、黄石城、石茨圻、西陵县、流圻垒等名称都是指“黄石港”,地理位置在今天的黄石港区黄石港社区长江沿岸。后来“黄石港”的范围不断扩大,有狭义和广义之分。广义的黄石港指今天的黄石市区或黄石地区,狭义的黄石港,从行政区划上是指现在的黄石港区,从来源的地名上是指现在的黄石港社区,从长江港口来讲包括黄石沿岸港口码头。

1946 年,中华民国国民政府资源委员会华中钢铁公司筹备处曾给行政院呈报《黄石市市政建筑纲要》,提出:“拟将黄石港及石灰窑连成一气,合称黄石市。”1950 年 8 月 21 日,中华人民共和国中央人民政府政务院核准建立湖北省辖黄石市。

北魏郦道元《水经注》记载的黄石山、黄石矶,不仅是黄石港名称由来的依据,还是黄石市名由来之本。

图 1–1 位于黄石矶上游的朝阳阁

资料来源：刘金林摄影。

图 1–2 黄石港区鸟瞰图

资料来源：刘金林摄影。

二、黄石港区概况

黄石港区是黄石市的中心城区，东临长江，西依磁湖，南接西塞山区，北与鄂州市毗邻。

历史悠远——文明之地。夏商属荆州之域，周属楚国，秦分楚地为4郡，江南属南郡，黄石港区为南郡属地。明末清初，黄石港口兴起，逐渐形成交通发达、商业繁荣态势。历史上许多文人墨客如苏氏二兄弟在这里留下了千古名篇，华新老厂留下了宝贵的遗产，毛泽东、董必武等革命先辈在这里留下了珍贵的足迹。

区位优越——枢纽之地。黄石港区是长江中下游的重要港口，黄石长江大桥、鄂东长江大桥贯通南北，国、省干道纵横交织，沪蓉、大广、杭瑞、京珠等高速公路穿越而过。黄石港区承东启西、连南接北的战略枢纽地位日益突显。

商贾云集——宜商之地。黄石港区是商贾云集的宜商之地。区内人流、物流、信息流集中，商贸业、房产业、服务业发达，是黄石市乃至鄂东南地区理想的购物、消费、娱乐中心。万达集团、绿城集团已入驻黄石港区，苏宁、国美电器也在黄石港多处开花，并辐射至花湖、浠水等周边县市。

城湖相依——宜游之地。浩浩长江穿境而过，磁湖、青山湖相映成趣，大众山、凤凰山、盘龙山遥相辉应，百年华新底蕴深厚、名冠宇内，素有“半城山色半城湖”的美称，被誉为“城在水中、湖在城中、人在画中”。随着大众山森林公园、华新工业遗址公园等项目的建设，将建成以“一江两湖三山一遗址”为主线，以都市休闲观光为主体，融美食、购物、娱乐、文化创新于一体的鄂东文化旅游聚集地和目的地。

社会和谐——宜居之地。区内科教文卫资源丰富，拥有13所中小学、1所高等院校、3所大型医院。各项社会事业全面发展，先后荣获全国和谐社区建设先进城区、全国科技进步先进城区、全国科普示范城区、全国幼儿教育先进县(市)区、全国残疾人社区康复工作示范区、全国养老服务社会化示范区、全省教育科研8强县(市)区、全省素质教育实验城区、全省社区卫生服务示范城区、全省首批计生综合改革示范区、全省平安城区等称号。黄石港区日渐成为投资的洼地、兴业的热土、创业的乐园、安居的家园。①

① 《黄石港区概况》，黄石港区门户网。

第二节 百年黄石港演绎的“远东第一”

图 1-3 清朝末年的黄石港

资料来源：山根倬三《长江旧影 1910》。

1877 年，著名实业家盛宣怀，站在黄石港江边，描绘着“远东第一”钢铁厂的宏伟蓝图。

1893 年，湖广总督张之洞，在黄石港登陆，乘坐“远东第一”城市轨道铁路，视察亚洲最早最大的钢铁煤联合企业。

1953 年，共和国领袖毛泽东，在黄石港上岸，马不停蹄地赶到远东二战后最早兴建的大型钢铁工业基地——华中钢铁公司。

黄石港所在的黄石港区历史悠久。在磁湖鲇鱼墩，考古发掘出 6000 多年前新石器时期的重要遗址，这是黄石矿冶文明的重要标志。据史书记载，北宋时这里出现了繁华的磁湖镇，当时还设置了磁湖铁务。明末清初，黄石港逐渐成为鄂东地区物资集散中心和长江中游重要的港口。

在中国近代史上，黄石港成为近代黄石地区工业化、城市化以及对外开放的桥头堡。拥有区位优势的黄石港成为国民政府以及新中国初期建设的重点。抗日战争胜利后,国民政府筹建的最大电厂——大冶电厂(今黄石热电厂),远东规模最大最先进的水泥厂——大冶水泥厂(今华新水泥股份有限公司)在黄石港兴建。新中国初期黄石港成为全国重点建设的重工业城市——大冶工矿特区(黄石市)的建设核心,胜阳港新市区和黄石大道成为当时建设的重点。

近代黄石港的范围远远大于现在的黄石港区。黄石港有狭义和广义之分。广义的黄石港主要指今天的黄石市区或黄石地区,如 1906 年成立的黄石港商会就是广义的黄石港,当时加入商会的有汉冶萍公司大冶钢铁厂、华记湖北水泥厂、富华煤矿、富源煤矿、利华煤矿,此外还有铁山的湖北省官矿局管辖的象鼻山铁矿(码头和办公地点在沈家营)等。狭义的黄石港,从行政区划上是指现在的黄石港区,从来源的地名上是指现在的黄石港社区,从长江港口来讲包括黄石沿岸港口码头。黄石港"远东第一"历史系列的黄石港就是指广义的黄石港。

黄石港"远东第一"的美誉来源于位于黄石港区的华新水泥厂。1958 年 9 月 15 日,毛主席视察黄石,在接见华新水泥厂党委书记李秉范时, 风趣地说:"你们是'远东第一'嘛! 年产八十万吨,了不起。"

在近代黄石港百年曲折发展进程中,涌现出许多传奇人物,演绎着一部部"远东第一"的历史传奇,创造了亚洲及远东近代工业的辉煌。

1. 远东第一部工矿区建设规划——黄石港湖北钢铁基地建设规划。(1877 年)

2. 远东最早最大的钢铁联合企业——汉冶萍公司(前身为湖北铁政局)。(1890 年)

3. 远东第一座现代化大型露天铁矿——大冶铁矿。(1890 年)

4. 远东现存第一条城市轨道铁路——汉冶萍铁路。(1891 年)

5. 远东第一部城市轨道铁路客运章程——汉冶萍铁路客运章程。(1896 年)

6. 远东第一部城市轨道铁路维护章程——汉冶萍铁路维护章程。(1896 年)

7.远东早期工业科普旅游的发祥地——黄石港工业旅游。(19 世纪末 20 世纪初)

8. 远东第一条铁路与内河联运的铁矿运输专线——汉冶萍铁路与长江联运航线。(1893 年)

9. 远东第一条铁路与江海联运的铁矿运输专线国际航线——汉冶萍铁路与江海联运到日本航线。(1900 年)

10. 远东第一条高架索道运输线——湖北水泥厂高架索道。(1907 年)

11. 远东最早的内河水泥专用码头——湖北水泥厂码头。(1907 年)

12. 远东第一条索道与内河联运航线——湖北水泥厂高架索道与长江联运航线。(1907 年)

13. 远东第一条翻越高山的高空索道——利华煤矿索道。(1934 年)

14. 远东最早形成的海陆空立体化交通网络体系——黄石港立体化交通网络体系。(1934 年)

15. 远东最大的内河工矿资源运输港口——黄石港。(1910 年)

16. 远东一战后建成的当时最先进的钢铁工业基地——大冶钢铁厂。(1922 年)

17. 远东二战后最早兴建的大型钢铁工业基地——华中钢铁公司。(1946 年)

18. 远东二战后兴建的最大水泥工业基地——大冶水泥厂。〈1946 年)

19. 远东二战后最早兴建的大型电力工业基地——大冶电厂。(1946 年)

20. 远东二战后兴建的第一工矿特区——大冶工矿特区。(1949 年)①

黄石港区历史文化内涵厚重,工业遗产旅游资源丰富。这里现在保存有全国重点文物保护单位以及中国保存最完整的"远东第一"水泥工业遗产——华新水泥厂旧址、全国重点文物保护单位——汉冶萍煤铁厂矿旧址重要组成部分卸矿机和小红楼、中国最早的水泥专用码头——华记湖北水泥厂码头旧址、中国近代最早及使用时间最长的城市轨道铁路——汉冶萍铁路等。

图 1–4 现代黄石港

资料来源:刘金林摄影。

① 刘金林:《中国科普胜地 世界地矿名城 黄石》,光明日报出版社,2016 年 8 月。

第三节 一座改变中国重工业布局的城市

黄石港地区近代称大冶或者大冶工矿区，近代大冶即黄石港地区，充分利用所处的长江黄金水道的优越地理位置以及所拥有的丰富的铁矿、铜矿、煤矿、石灰石矿等资源，成为中国近代工业第一城，改变着中国近代重工业的布局。

一、中国近代工业第一城

大冶县北部从铁山到黄石港一百余平方公里的狭长地带，面积仅为大冶县的百分之十，不到湖北省的千分之一，到 1949 年集中了湖北省甚至中南地区全部钢铁工业以及主要的水泥、电力、煤炭等重工业，创造了近代中国工业史上闻名世界的"大冶奇迹"。1949 年，新中国在此设立大冶工矿特区，1950 年 8 月改名为黄石市。

近代大冶的经济发展是从 1874 年黄石港的对外开放开始的。当年英国太古公司的轮船首入黄石港，招商局在此设轮船码头。也在这一年，直隶总督李鸿章让盛宣怀到湖北寻找煤铁矿藏。1875 年，近代中国第一家新式煤铁工矿企业——湖北开采煤铁总局创办，在兴国州(今黄石市阳新县)开采煤矿，在大冶县铁山发现大冶铁矿、购买矿山，并且制订了在大冶县黄石港创办中国第一座钢铁厂的建设规划。随着汉冶萍煤铁厂矿有限公司(简称汉冶萍公司)的创办，大冶县成为汉冶萍公司的发源地。1948 年汉冶萍公司清算结束，更名为华中钢铁公司，大冶县石灰窑成为汉冶萍公司的最终归宿地。近代大冶铁矿、大冶钢铁厂、大冶厂矿、大冶矿业所、大冶象鼻山铁矿、大冶水泥厂、大冶电厂、大冶源华煤矿、大冶利华煤矿、大新铜矿(大冶阳新铜矿)、大冶铁路等闻名世界，使大冶成为近代中国重要的工业基地，特别是重工业地位突出。

近代大冶工业兴起，在全国不是最早、规模不是最大，为什么被称为近代工业第一城呢?

这是因为大冶因工业而生、因工业而兴、因工业而辉煌，是一座改变中国重工业布局的重要工业基地。

大冶不同于传统的地方行政中心(省会城市)，如南京、武昌、沈阳、太原、西安、安庆、福州、广州等，不同于近代被帝国主义强迫开放的通商口岸或租借地，如上海、天津、汉口、青岛等，不同于被帝国主义强占的殖民地工业城市，如鞍山、本溪等，不同于近代洋务运动以后兴起的民族轻工业城市，如南通、无锡、苏州等。

图 1–5 湖北水泥厂塔牌水泥荣获意大利都灵世界博览会优等奖(1911 年)

资料来源:《华记湖北水泥厂塔牌水泥说明书》。

图 1–6 华记湖北水泥厂塔牌水泥建筑工程:南京电厂

资料来源:《华记湖北水泥厂塔牌水泥说明书》。

中国最早的工业城市出现在洋务运动时期，在当时投资规模较大的非口岸县级城市中，重要的有大冶、汉阳、唐山这三座城市。由于汉阳当时为汉阳县城以及汉阳府所在地，城市已经有了一定的规模，再加上汉冶萍公司的发祥地在大冶，没有大冶，就没有汉冶萍公司，就没有汉阳重工业。随着抗战时期汉阳重工业西迁，武汉重工业的地位逐步被大冶所取代。

真正称得上是中国近代工业摇篮的工业城市，只有大冶和唐山。这两座城市都是因工业而生、因工业而兴，都是在村镇而不是县城及其以上规模城市的基础上形成的(当时大冶县城没有现代工业，现为黄石市下属县级市大冶市所在地)，即先有工业，后形成城市，而其他城市如南京、武昌、上海、天津、南通、无锡等是先有了城市，然后发展工业。

为什么大冶是近代工业第一城，而不是唐山?

近代大冶工业遗产如汉冶萍煤铁厂矿旧址、华记湖北水泥厂旧址、源华煤矿旧址、大冶电厂旧址、华新水泥厂旧址、大冶铁矿下陆机修厂俱乐部、汉冶萍铁路、车站、码头等工业遗产以及新中国初期保存在大冶工矿特区的大量近代汉冶萍公司档案、国民政府资源委员会华中钢铁公司档案、华新水泥股份有限公司档案、源华煤矿公司档案、利华煤矿公司档案、大冶电厂档案等充分说明了近代大冶工业遗产在全国的历史价值以及大冶工业在全国的重要历史地位。

1. 大冶是中国近代重工业部门最齐全的城市，重工业地位最高。

从 19 世纪末到 20 世纪 20 年代，大冶拥有钢铁、水泥、煤炭、电力、机械、有色金属等重工业部门，唐山拥有煤炭、水泥、电力、机械等重工业部门，而钢铁工业作为当时最重要的重工业部门，唐山没有，直到日本侵占唐山后，设立唐山市，才建立钢铁工业。以大冶铁矿、大冶钢铁厂等为中心的汉冶萍公司是亚洲最早最大的钢铁联合企业，这是唐山等城市所无法比拟的。

在近代中国，重工业特别稀少，地位特别重要。从南京国民政府开始直到新中国初期，国家经济发展采取以重工业为核心的发展战略，大冶重工业在全国占有绝对重要地位。

与武汉、上海、天津、鞍山等工业城市相比，以钢铁工业为核心的大冶，是近代中国最早的拥有重工业部门齐全的民族重工业基地。到民国初期，这里钢铁工业有汉冶萍公司大冶钢铁厂、大冶铁矿和湖北省象鼻山铁矿等企业，水泥工业有湖北水泥厂，煤炭工业有富华煤矿、富源煤矿等企业，机械工业有下陆机车修理厂，有色金属工业有富池炼铜厂、大新铜矿等企业，电力工业有汉冶萍公司、湖北水泥厂等企业的自备电厂，这些重工业厂矿的大多数工业遗址保存下来，成为今天黄石市最重要的文化遗产。

2. 大冶是中国近代历届政府重点建设的重工业基地，是重工业人才的摇篮。

与唐山、武汉、上海、天津、鞍山等工业城市相比，大冶是清政府、北洋政府以及

图 1-7 华记湖北水泥厂塔牌水泥建筑工程：武汉大学

资料来源：《华记湖北水泥厂塔牌水泥说明书》。

图 1-8 华记湖北水泥厂塔牌水泥建筑工程：安庆振风塔

资料来源：《华记湖北水泥厂塔牌水泥说明书》。

国民政府等历届中央与地方政府重点建设的重工业基地，这在全国是唯一的。清朝末年张之洞兴建大冶钢铁原材料基地，北洋政府时期湖北省政府兴建钢铁与有色金属原材料基地，南京国民政府抗战前兴建湘鄂赣重工业基地以及抗战后兴建大冶国防重工业基地。历届中央政府重视这片土地，许多实业家、科学家也钟情于这片土地。近代黄石地区是近代重工业人才以及名人聚集的地区，钢铁工业人才从近代早期的武汉，后期的鞍山、本溪、石景山等地汇聚大冶，水泥工业人才从唐山、天津等地汇聚大冶，煤炭工业人才从萍乡等地汇聚大冶，电力工业人才从大西南等地汇聚大冶，大冶成为中国近代以钢铁、水泥为核心的重工业的人才摇篮。大冶工业基地的创建，除了有张之洞、盛宣怀、翁文灏等人的卓越贡献之外，中国一大批科学家、技术人员付出了巨大的努力，如中国第一位水泥总工程师、“水泥大王”——王涛，我国钢铁冶金界的先驱、著名钢铁专家——李维格，中国地质学会会长、著名矿冶专家——王宠佑，中国第一位钢铁冶金工程师——吴健，中国著名煤炭矿业专家——王野白，中国著名电力专家、原武汉工学院院长——黄文治等。众多钢铁、水泥等重工业人才从大冶走向全国，促进了中国近现代重工业的发展。

3. 大冶是对近代中国重工业布局影响最大的地区。

洋务运动时期，发源于大冶的汉冶萍公司改变了中国重工业布局，使湖北地区成为当时中国最大的重工业基地。抗日战争时期，随着大冶重工业的西迁，对西南重工业基地的形成产生了重大而深远的影响。近代后期随着大冶国防重工业基地的确立，为新中国初期湖北重工业基地的形成奠定了坚实的基础，改变了中国重工业集中分布在沿海和东北的不平衡布局，这也是唐山等城市所无法比拟的。

4. 大冶是中国民族重工业由失败走向成功的最突出代表城市。

在近代中国早期工业城市中，大冶所面临的挫折是罕见的，大冶几乎所有的重工业部门初创时都面临着失败的命运，由失败走向成功是大冶工业的独特之处。面对汉冶萍公司停产以及破产危机、面对湖北水泥厂倒闭危机、面对王三石煤矿开采失败以及富源煤矿、富华煤矿破产危机、面对全部工业的被毁西迁、面对日本的侵略和残酷的掠夺，大冶人没有退缩，他们克服重重困难，雄心勃勃地要建成超越汉冶萍公司的钢铁厂、要建成超越启新洋灰公司的最大水泥厂，以爱国爱家乡为核心的大冶精神，最终成就了近代中国的“大冶奇迹”。

总之，近代大冶地区是中国近代工业的发祥地之一、近代中国重要的重工业基地，在中国近代工业史上占有极其重要的地位，是其他城市所无法取代的，是中国近代重工业从无到有，在困境中曲折发展的最突出的代表。大冶是名副其实的近代中国工业第一城。

二、一座改变中国重工业布局的城市

20 世纪 30 年代，国民政府资源委员会负责人、著名学者翁文灏和钱昌照在阐述发展经济时，都认为必须遵循三个原则："(1) 中国经济建设必须以工业化为中心。(2) 工业化必须以重工业建设为中心。(3) 重工业建设必须以国营事业为中心。"① 三个原则突出了重工业在整个国民经济中的重要地位。

从 19 世纪 70 年代开始到 20 世纪 50 年代，大冶以工业化为中心、以重工业建设为中心、以国营事业为中心发展经济，成为中国中部一艘永不沉没的重工业"航空母舰"，改变了中国的重工业布局。从汉冶萍煤铁厂矿旧址、大冶电厂旧址、华新

表 1–1 中国近代重要工业城市简表（按资本总数或资产总额排序）

排序	城市	资产总额(元)	工厂数量	主要工业部门及其资产总额(元)
1	上海市	190870310	3485	棉纺 5773 万、印刷 1805 万、丝及丝机 1001 万、水电 725 万、面粉 608 万
2	河北省天津市(今天津市)	24201390	1224	棉纺 1552 万、面粉 250 万、火柴 155 万
3	河北省唐山(今唐山市)	18708700	8	水泥 1308 万、铁路机厂 299 万、棉纺 218 万
4	北平市(今北京市)	18028981	1171	水厂 500 万、印刷 449 万、面粉 150 万
5	青岛市	17649712	140	制蛋 464 万、自来水 450 万、棉纺 270 万
6	江苏省无锡县(今无锡市)	14070370	315	棉纺 1066 万、面粉 102 万、缫丝 88 万
7	广东省广州市	13024470	1104	水泥 308 万、土制煤油 214 万、印刷 151 万
8	湖北省大冶县(今黄石市)	11213333	7	冶炼 833 万、水泥 200 万、翻砂铁工 88 万
9	湖北省武昌县(今武汉市)	11086730	217	棉纺 1032 万、铁路机厂 30 万、制革 25 万
10	湖北省汉口市(今武汉市)	8816183	497	自来水 250 万、面粉 165 万、铁路机厂 110 万
11	山东省济南市	8538117	112	棉纺 275 万、面粉 225 万、铁路机厂 123 万
12	浙江省杭县(今杭州市)	8381313	403	自来水 250 万、棉纺 200 万、铁路机厂 66 万
13	山西省阳曲县(今太原市)	7930975	59	机器 430 万、面粉 162 万、棉纺 62 万
14	江苏省南通县(今南通市)	7668551	66	棉纺 559 万、榨油 82 万、面粉 62 万
15	南京市	7486000	678	自来水 400 万、面粉 142 万、印刷 62 万
16	四川省重庆县(今重庆市)	7344739	415	自来水 259 万、缫丝 180 万、棉纺 86 万

资料来源：刘大钧著，《中国工业调查报告》下册《地方工业概况统计表》，经济统计研究所 1937 年出版。

① 吴兆洪：《我所知道的资源委员会》，《回忆国民党政府资源委员会》，中国文史出版社，1988 年。

水泥厂旧址、汉冶萍铁路、新中国第二钢都工业遗址等众多工业遗址充分说明了大冶是一座改变中国重工业布局的城市。

著名经济学家陈振汉先生谈到抗日战争前中国工业布局的情况时，指出："战前我国工业集中在沿海数省，特别是苏、鲁、冀三省，正是许多人所深为诟病的，不过，我们也不能抹杀沿海以外的发展，湖北与河南两省即在战前也有相当的工业基础……我们所仅有的一点钢铁工业，并不在沿海，而是在湖北"。[①]

20 世纪 30 年代，从国民政府国防设计委员会（资源委员会前身）委托中国经济统计研究所刘大钧负责进行的近代中国唯一的一次官方工业调查报告数据显示，大冶工业资产总额在全国排名第八位，其中重工业资产占总额的百分之百，为 1121 万元，居全国各城市重工业占资产总额比重的首位。大冶不仅是当时内地工业资产总额最大的城市，也是内地最大的重工业城市，其中近代最主要的重工业部门——钢铁工业资产总额达 912 万元。由于这一次调查没有包括采矿业，大冶的重工业优势还没有充分体现。当时大冶的铁矿开采如汉冶萍公司大冶铁矿，湖北省象鼻山铁矿闻名世界，煤矿开采如富源煤矿、富华煤矿（1936 年合并为源华煤矿）、利华煤矿闻名全国，当时大冶超越萍乡成为江南最大的煤炭基地。据初步估计大冶铁矿（1300 万）[②]、象鼻山铁矿（400 多万）[③]、源华煤矿（112 万）[④]和利华煤矿（120 万）[⑤]的资产总额近两千万元，如果包括采矿业资产，大冶的工业资产总额将超过三千万元，仅次于上海、唐山（包括开滦煤矿 2000 万）[⑥]，在全国排名第三位。据中华民国农商部 1916 年统计，大冶矿业职工人数达 2.46 万人。[⑦] 可见近代大冶重工业规模的宏大。

魏心镇先生是我国知名的经济地理学者，是中国工业地理学的开创人。他著的《工业地理学(工业布局原理) 》对于中国近代工业布局有详细的阐述。他在该书第七章"历史时期中国近代工业的地理特征"分五个时期阐述了中国近代工业的分布地理特征，并配有《中国主要近代工业分布略图》，其中有四个时期的近代工业分布图被中国科学院和国家计划委员会地理研究所以及工业与交通地理研究室编写的《中国工业分布图集》选用，并由中国计划出版社出版，成为中国工业布局的学术权威地图册。由于新中国初期大冶工矿特区改名为黄石市，大冶铁矿、大冶钢厂和以后的大冶有色金属公司等以"大冶"命名的厂矿都在黄石市区，而当时的大冶县又

① 陈振汉：《战前工业区位理论——工业建设的区位问题之二》，《新经济》，1941 年第 8 期。

② 刘大钧：《中国工业调查报告》，经济统计研究所，1937 年。

③ 顾琅：《中国十大矿厂调查记》，商务印书馆，1916 年。

④ 徐鹏航：《湖北工业史》，湖北人民出版社，2008 年 3 月第 1 版。

⑤ 黄石矿务局矿史办公室：《湖北黄石煤矿史》，1983 年。

⑥ 裕大华纺织资本集团史料编辑组：《裕大华纺织资本集团史料》，湖北人民出版社，1984 年 12 月第 1 版。

⑦ 农商部总务厅统计科：《中华民国五年第五次农商统计表》，中华书局，1919 年。

是一个农业县，导致现在许多专家学者对近代大冶工业缺乏了解，误认为大冶仅是一个铁矿产地。比如《工业地理学(工业布局原理)》一书中的各个时期《中国主要近代工业分布略图》标明大冶仅是铁矿产地，在重工业稀少的近代中国，对于大冶拥有的钢铁、水泥、煤炭、电力、机械、有色金属等重工业部门齐全的这个全国重工业基地不甚了解。这种由于地名的改变以及名称的混淆，导致认识的失误是可以理解的。

下面就与各位专家学者共同探讨近代大冶工业的发展情况，并进一步说明大冶是一座改变中国重工业布局的城市。以下就按《工业地理学(工业布局原理)》一书的五个时期及该书对各时期的阐述来探讨近代大冶重工业部门的发展情况以及补充该书《中国主要近代工业分布略图》对大冶工业部门描述的不完整性。

近代工业萌芽时期（1840—1894年），“武汉地区拥有中国第一所近代钢铁工厂。”[①] 近代大冶工业不被人们熟悉，有一个重要原因是武汉的因素，由于武汉离大冶太近，又是湖北政治、经济、文化中心，近代汉冶萍公司主要在湖北，有的学者就把大冶工业归并到武汉工业中去。如王崇植的《武汉工厂纪略(1920年5月6日)》(《少年世界》第1卷第6期)介绍了九家工厂，其中包括大冶矿厂(大冶铁矿)、大冶钢铁厂、湖北水泥厂三家大冶的厂矿。

这一时期，大冶地区兴建了大冶铁矿、王三石煤矿、李士墩煤矿、明家湾煤矿、道士洑煤矿、下陆机车修理厂、大冶铁路以及老汉矿码头等，有铁矿开采、煤炭、机械、交通运输等部门，大冶铁路投资高达200万两白银，[②] 占张之洞创办钢铁工业总投资额的三分之一以上，王三石煤矿投资达50万两白银，当时大冶工业投资总额居全国各地区前列，主要为政府投资。《中国主要近代工业分布略图》(1840—1894年)中的大冶至少有铁矿开采、煤炭工业。

近代工业初步发展时期(1895—1913年)，“在重工业方面。除新建了唐山水泥厂和南方各省有色金属开采外……在机械工业中开始有了机车车辆修理厂和五金机械修造厂，分散于大城市，矿山或铁路沿线。”[③]

这一时期，大冶地区兴建了湖北水泥厂、富源煤矿、康中煤矿。此外，大冶铁矿、李士墩煤矿、明家湾煤矿、道士洑煤矿、下陆机车修理厂、大冶铁路以及老汉矿码头继续生产和使用。《中国主要近代工业分布略图》(1895—1913年)中的大冶至少有铁矿开采、煤炭工业、建材工业。大冶工业使中国内地的重工业布局得到进一步的发展。

近代工业大发展时期(1914—1922年)，“从全国工业地区分布来看，除上海、武汉、广州三地仍有发展之外，在长江三角洲又出现了较大的工业城市——无锡。

---

①③ 魏心镇：《工业地理学(工业布局原理)》，北京大学出版社，1982年。

② 湖北省地方志编纂委员会编：《湖北省志·交通邮电》，湖北人民出版社，1995年。

特别是在北方沿海地区形成了天津、青岛两大工业中心。大连、沈阳、济南的工业都有所扩展，基本上确定了抗战前旧中国工业地理分布格局。”[①]

这一时期，大冶地区兴建了汉冶萍公司大冶钢铁厂、象鼻山铁矿、大新铜矿、富华煤矿，重工业投资总额居全国各城市首位，达到一千万元以上，如汉冶萍公司投资689万两白银兴建大冶钢铁厂。[②]湖北省政府官矿公署于1916年投资400余万元兴建象鼻山铁矿。[③]大冶成为中国拥有钢铁、水泥、煤炭、电力、机械、有色金属等部门齐全的重工业基地，也成为湖北省政府投资兴建的钢铁有色金属原材料基地。《中国主要近代工业分布略图》(1914—1922年)中的大冶至少有钢铁工业、铁矿开采、煤炭工业、建材工业。大冶工业使中国内地的重工业布局得到空前的发展。

近代工业发展缓慢时期(1923—1936年)，“原来比较发达的武汉地区工业，由于国民党政府进行反人民内战，自然灾害频袭，生产相对停滞……在东北，日寇为加速经济掠夺，建设了鞍山，本溪钢铁工业，抚顺采煤动力工业，沈阳的加工工业，大连的机械与化学工业……山西太原的近代工业建设比较迅速，山东青岛也发展为新的工业城市。”[④]

这一时期，大冶地区兴建了利华煤矿，与之前建设的富源、富华煤矿成为湖北省规模最大的三大煤矿，20世纪30年代大冶取代萍乡，成为江南最大的煤炭基地。国民政府资源委员会1936年公布《中国工业发展三年计划》，灵乡铁矿、大冶、阳新铜矿开始筹建，大冶成为湘鄂赣重工业基地的重要组成部分。汉冶萍公司大冶钢铁厂成为中国最大的炼铁基地。大冶的钢铁、水泥、煤炭、电力、机械、有色金属等部门齐全的重工业基地没有变化。《中国主要近代工业分布略图》(1923—1936年)中的大冶至少有钢铁工业、铁矿开采、煤炭工业、建材工业。面对东北殖民地重工业的兴建，大冶工业使中国内地的民族重工业布局得到进一步的巩固。

近代工业衰败与破坏时期(1937—1949年)，“在原来没有近代工业的内地，也有了重庆、昆明、贵阳以及关中等地次要的工业基点……在华中与华南地区工业表现为停滞、衰落，工业地理面貌与前无大改变。”[⑤]

“1945年8月，抗战胜利，国民党官僚资本接收并垄断中国工业命脉，加上美货倾销以及在发动反人民的内战中，使中国近代工业遭到最严重的破坏，甚至某些部门或某些地区的工业生产设备全部消失，工业生产一落千丈，全国工业地理面貌更显疮痍不全了。”[⑥]

这一时期大冶重工业的西迁，特别是以大冶厂矿、汉阳铁厂等为主要设备，湖北厂矿技术人员为骨干的技术队伍在抗战时期建立的重庆钢铁工业基地，华记湖

①④⑤⑥ 魏心镇:《工业地理学(工业布局原理)》，北京大学出版社，1982年。

② 刘明汉、马景源:《汉冶萍公司志》，华中理工大学出版社，1990年。

③ 徐鹏航:《 湖北工业史》，湖北人民出版社，2008年。

北水泥厂在湖南、云南等地建设的水泥工业基地在我国近代工业发展史上，有着重要的历史地位，对抗日战争的胜利做出了重要的贡献。大冶重工业促进了重庆、昆明、贵阳等工业基点的形成。

日本侵占大冶后，为了掠夺大量的矿产资源，日本制铁株式会社在大冶厂矿设立“大冶矿业所”（简称“日铁”），投资7000多万日元，[②]进行大规模的建设。日本还修复了水泥厂、开发煤矿等，进行疯狂的掠夺，大冶殖民地重工业基地初步形成。

抗战胜利后，大冶成为国民政府建设的国防重工业基地，在“日铁”基础上兴建的华中钢铁公司成为国民政府资源委员会筹建的战后全国最大的钢铁工业基地。国民政府资源委员会为第一大股东的华新水泥股份有限公司在大冶兴建了当时中国最大最先进的水泥厂——大冶水泥厂。国民政府资源委员会与湖北省政府合作兴建了大型电厂——大冶电厂。这是近代大冶工业最辉煌的时期，大冶成为当时全国唯一新建的大型国防重工业基地，源华煤矿、利华煤矿也恢复了生产。

这一时期的大冶工业，与“华中工业表现为停滞、衰落”以及全国各地工业疮痍不全形成了鲜明的对比。

《中国主要近代工业分布略图》(1937—1949年)，大冶至少有钢铁工业、建材工业、电力工业、煤炭工业。面对东北殖民地重工业的发展，大冶工业使中国内地的民族重工业布局得到空前的巩固，为新中国湖北重工业基地的创建奠定了坚实的基础。

《中国工业分布图集》中的《旧中国工业地理分布的基本特征图》(1949)中的工业中心没有大冶，而该图说明中指出：广大内陆工业“集中在重庆、武汉、太原与西安。”[③]实际上当时武汉的重工业被彻底摧毁，大冶成为内地新建的最大重工业基地，湖北最重要的三大工厂都在大冶，即华中钢铁公司、大冶水泥厂、大冶电厂，大冶工业的地位远远高于武汉，大冶是中国名副其实的工业中心，《旧中国工业地理分布的基本特征图》(1949)工业中心应该加上大冶。

近代大冶地区是中国民族重工业从产生到发展的最典型代表，她改变了我国工业特别是重工业集中在沿海地区的不平衡布局。在近代中国工业，特别是重工业基础非常薄弱的情况下，大冶就是内地最亮的一颗重工业“新星”，她为以后新中国重工业布局进一步合理调整创造了有利条件。

中央在1952年9月召开的新中国第一次城市建设座谈会上，把全国城市按性质和工业建设比重分为四类，确定大冶与北京、包头、西安、大同、齐齐哈尔、兰州、

---

① 魏心镇：《工业地理学(工业布局原理)》，北京大学出版社，1982年。

② 刘明汉、马景源：《汉冶萍公司志》，华中理工大学出版社，1990年。

③ 中国科学院和国家计划委员会地理研究所以及工业与交通地理研究室：《中国工业分布图集》，中国计划出版社，1988年。

成都等八座城市为全国第一类城市，[①] 即全国重点建设的重工业中心城市，大冶是中南地区唯一的第一类城市。1953 年苏联专家巴拉金编制了《黄石市区总体规划》，这是为配合在大冶建设中国第二个钢铁工业基地而设计的，规划市区总面积 400 平方公里，人口 80 万，[②] 大冶成为中南地区最重要的重工业中心。

随着 1954 年全国第二个钢铁工业基地由大冶迁址武汉青山兴建，大冶作为全国工业中心的地位已经丧失、作为全国第一类城市的地位被武汉所取代。“大冶”名称逐步被黄石市所取代，成为湖北省一座“新兴”工业城市，“大冶”这一曾经闻名世界的全国重工业中心城市及其辉煌的历史逐渐被人们遗忘。

图 1-9 华记湖北水泥厂塔牌水泥建筑工程：武汉江汉关

资料来源：《华记湖北水泥厂塔牌水泥说明书》。

① 曹洪涛、储传亨：《当代中国的城市建设》，中国社会科学出版社，1990 年。

② 黄石市地方志编纂委员会：《黄石市志》，中华书局，2001 年。

第二章 黄石港近代重工业的兴起

第一节 黄石港第一次重工业布局
——盛宣怀筹建中国第一座钢铁厂计划(1874—1888)

一、近代中国第一家新式煤铁企业的创办

中国的钢铁工业起源于19世纪中后期,从19世纪60年代到90年代,清朝一些较为开明的官员主张学习外国先进技术,富国强兵,摆脱困境,维护清朝统治,掀起了一场"师夷长技"的洋务运动。19世纪70年代,洋务运动的重点开始由军用工业转向民用工业,钢铁需用量增大,引进西方新技术开发煤铁矿已成为当务之急。

1886年,贵州巡抚潘蔚创办青溪铁厂,先用土炉,后从英国订购炼铁、炼钢设备,于1888年安装完毕。但最终因清廷腐败,缺乏资金、煤和铁矿石,加上管理不善,无人精通技术,而于1893年停办,这是兴办近代钢铁工业的一次尝试。

1874年李鸿章密谕盛宣怀,令其勘察中国地面产煤铁之区。1875年,盛宣怀到武昌,取得湖广总督李瀚章同意,受命在广济县(今湖北武穴市)盘塘创办湖北开采煤铁总局,这是近代中国第一家新式煤铁企业,早于次年成立的开平矿务局。1876年1月,李鸿章、沈葆桢、翁同龢共同奏请,后委任盛宣怀开采湖北省煤铁资源,售

图2-1 盛宣怀

图2-2 大冶铁矿

资料来源:《大冶铁矿志》第一卷。

与兵商轮船及制造各局，开采资金由直隶及湖北各拨三十万串。1876 年 4 月，盛宣怀任命盛宇怀等十人为提调、委员等职，年底，雇英国矿师郭师敦到湖北开采煤铁总局查勘湖北煤铁，近代钢铁工业在湖北大地开始实践与探索。

二、大冶铁矿的发现

1877 年 7 月，英国矿师郭师敦查勘兴国（今黄石市阳新县）后回广济盘塘总局，当面告诉盛宣怀："龙港铁苗皆从大冶而来，请向大冶所属一验来脉"。盛宣怀查阅旧地方志，得知大冶县北面铁山、白雉山都产铁，从唐以来多次开采，宋代曾设磁湖铁务，于是批准郭师敦等到大冶查验。7 月 24 日，郭师敦及副手谭克、派克等人船泊黄石港，26 日步行六十里至铁山，发现许多古代炉渣。

郭师敦发现了可与欧美各大铁矿媲美的大型露天铁矿——大冶铁矿。他在勘矿报告中说："大冶县属铁矿最多，各山矿脉之大，惟铁山及铁门槛二山为最。验诸四周，矿石显露，足征遍山皆铁……净铁质为 60%~66%，若以两座熔炉化之，足供一百余年之用……"

1877 年 12 月，盛宣怀带领郭师敦等人在大冶知县林佐的陪同下到大冶铁山复勘，并雇工试采，证明遍山皆铁后，通过知县林佐，向铁山潘姓买下了老铁山及铁门槛有矿之山域，并作开采的准备。

三、黄石港湖北钢铁基地建设规划

盛宣怀等人从黄石港出发，先勘大冶县沿江一带，结果勘得黄石港吴王庙(今沈家营码头附近)旁有一片田地，地形宽展平坦，可以建厂安设冶炼机炉，后来经过再三比较，选定在黄石港东首吴王庙旁兴建中国近代第一家新式钢铁厂，并定名为湖北铁厂。运矿路线计划由水路改由陆路，兴建铁山到黄石港运矿铁路。

1877 年 10 月，郭师敦在宜昌勘探煤矿期间草拟了近代中国的第一份钢铁厂建设计划。

第一部分为钢铁基地厂房设备费用：

(1)熔化生铁炉一座，高六丈五尺，径一丈六尺六寸，内外安置零件俱全，约计规银一万八千两。

(2)炉外自顶至地气管一个及煤气孔等件，约计规银四千八百两。

(3)吸冷热气大铁炉两副共四具，约计规银一万六千四百两。

(4)热炉上吸风管一个，约计规银二千四百两。

(5)汽炉一具，计汽机径三尺，气机径七尺，中轴长四尺，添水通气各器全，约计

图 2-3 黄石港沈家营码头

资料来源:刘金林摄影。

规银九千二百两。

(6)机器房一所及水柜等项,约计规银五千二百两。

(7)蓄水横筒三具,径皆五尺,长皆四丈,筒汽外冲能使机器运动,随筒零件全,约计规银一万两。

(8)烟通一座,高一百二十尺,约计规银三千二百两。

(9)熔铁房一所,平方六丈,上盖铁板,约计规银四千四百两。

(10)搬矿铁笼及抽放铁笼机器、绳索等件全,约计规银三千二百两。

(11)库房一所,深一百二十尺,阔六十尺,约计规银五千二百两。

(12)吸水器及水管等件,约计规银四千四百两。

(13)两轮铁车、四轮铁车及称矿机秤等件,约计规银一千六百两。

(14)码头及栈房门外架桥并双条平铁路,由熔炉至架桥码头等处,各路贯通以便铁车来往,约长一英里又里之半,约计规银一万两(置买厂基、填地、筑墙不在内)。

(15)公事房、栈房、洋人住房等项,约计规银六千两。

(16)统计各项名目,约需规银十万四千两,照加一分五厘以备零费,约计规银一万六千两。

第二部分为钢铁冶炼成本:

(1)铁矿石一吨又三分吨之二,每吨约计规银一两,共约计规银一两六钱五分(租买矿山不在内)。

(2)白煤一吨半,每吨约计规银四两,共约计规银六两。

(3)灰石四分吨之三,每吨约计规银五钱,共约计规银三钱五分。

(4)诸色人工,共约计规银二两(局用不在内)。

(5)修理一切器具,共约计规银五钱。

(6)本款项下每年利银一万二千两,每年出生铁一万二千吨。

(7)每年总提本项银六千两。

第三部分为技术员工数量及成本:

熔炉一座应需各项工人分别中外及洋人工价开列于后:

(1)总管熔炉化铁工匠一名,每日工银五两。

(2)专管熔炉正匠二名,每名每日工银三两。

(3)专管熔炉副匠二名,每名每日工银二两。

(4)画图化铁副矿师一名,每日工银四两。

(5)专管机器副匠三名,每名每日工银三两。

(6)铁匠一名,每日工银三两。

(7)专管炉顶安放矿石、灰石等工二名,每名每日工银二两五钱。

(8)模匠一名,每日工银二两。

(9)专司笔墨者一名,每日工银二两。

以上共计洋人十五名。

(1)专司笔墨者三人。

(2)机器匠四名。

(3)铁匠二名。

(4)木匠二名。

(5)小工二十四名。

以上共计华人三十五名。

统计两项共应需中外人员五十名。若欲添置熔炉一座,再需添雇华人十五名,洋人六名,始得供应周到。再,黄石港至白雉山一带,拟造之铁路一条,缘该处方向路径尚未深悉,自应详细勘明,方能约核。[①]

① 郭师敦:《郭师敦勘矿报告》,《湖北开采煤铁总局荆门矿务总局 盛宣怀档案资料选辑之二》,上海人民出版社,1981 年。

该计划包括厂房设置、建厂费用、炼铁成本和技术员工工资等内容，拟安装生铁炉一座，以及配套的机器设备和厂房码头，共计约需银 12 万两。投产后，每年可产生铁 1.2 万吨。扣除各项开支，每年约可盈余银 10 万两。为便于原料产品运输，拟建一条铁路从矿山直通黄石港。黄石港濒临长江，交通便利，大冶铁矿储量丰富，开采便易。这一切似乎预示着钢铁厂建设计划即将变成现实，近代中国第一家钢铁基地将在 19 世纪 70 年代落户湖北黄石港。

1878 年 3 月，盛宣怀请李鸿章由直隶、湖北筹本二十五万串充作开办大冶铁矿和兴建钢铁厂的资本，试办两年免息，余利即还官本，此方案未获批准，盛宣怀开办大冶铁矿，在黄石港创建钢铁厂之议被搁置。

黄石港第一次重工业布局，创建钢铁工业没有取得成功，但在中国重工业发展史上占有极其重要的地位。首先，在 19 世纪 70 年代，以“煤铁”命名一家官办企业，并提出钢铁基地建设计划，钢铁在当时中国的重要性已开始为人们所认识。这是一个时代对重工业观念认识的巨变，反映出我国工业化开始出现向重工业纵深发展的势头。其次，大冶铁矿的发现为日后汉冶萍钢铁联合企业的创建及发展奠定了原料基础，影响到近代中国重工业特别是钢铁工业的生产布局。

黄石港湖北钢铁基地建设规划没有实现，最关键的是资金不足，没有得到李鸿章的大力支持。李鸿章认为在湖北开发矿业的主要目的是找到适合机器局、招商局所需的煤，举办钢铁不是主要任务。1877 年初，李鸿章在致盛氏函中就明确了自己的思想，“制局全用洋铁，今不学西人炼铁之技，纵开矿得铁，亦废器耳。”[①]是年 8 月，他再次告诉盛氏：“专望鄂煤得利，渐次推拓，以为开铁张本。其应购开铁机器亦止有就已拨之款指用，款项奇绌，碍难另筹经费。前亏已及三万金，目下煤铁势难兼营，似应收窄局面，专力开煤，俟洋法得手之后，再图大举，较有把握。”[②]鉴于湖北“煤劣铁优”的资源状况，再加上唐廷枢主持的直隶开平煤矿有很大的进展，煤藏量丰富，质量好，又在他的管辖范围之内。在这种情况下，李鸿章不愿意再支持湖北创建钢铁基地。

盛宣怀创办湖北开采煤铁总局，在黄石阳新（兴国）等地开采煤矿、发现大冶铁矿，计划在黄石港创建钢铁厂的计划虽然没有实现，但这是中国早期钢铁工业的一次有益尝试，为中国钢铁工业的诞生创造了有利条件。

---

① 李鸿章：《李鸿章致盛宣怀函》（光绪二年十二月初六日 (1877,1,29)），《湖北开采煤铁总局荆门矿务总局盛宣怀档案资料选辑之二》，上海人民出版社，1981 年。

② 李鸿章：《李鸿章致盛宣怀函》（光绪三年七月初八日 (1877,8,16)），《湖北开采煤铁总局荆门矿务总局 盛宣怀档案资料选辑之二》，上海人民出版社，1981 年。

第二节 黄石港第二次重工业布局——张之洞创办中国钢铁工业(1889—1911)

一、黄石港重工业布局的初步形成

张之洞,1889—1907 年出任湖广总督,从此湖北近代工业发生了翻天覆地的变化。1889 年 12 月,他就任湖广总督,他创办钢铁工业的目的是为中国寻求富强之道,抵御外国的经济侵略。他认为:"必须自行设厂,购置机器,用洋法精炼,始足杜外铁之来"。[①]"采铁炼钢一事,实为今日要务。海外各国,无不注意此事,而地球东半面,凡属亚洲界内,中国之外,自日本以及南洋各国各岛暨印度,皆无铁厂,或以铁矿不佳,煤不合用;或以天时太热,不能举办。中国创成此举,便可收回利权。"[②]

"查明大冶县铁山实系产旺质良,取用不竭,距江边黄石港仅五十余里,兴国州产有锰铁,尤为炼钢所必需,适与大冶接界。"[③] 1890 年,张之洞派候补知县林佐、李增荣驻扎铁山铺,开始圈购矿山山地及厂矿工程用地。由于利用政府力量,很快购得了铁门坎、铁山寺、纱帽翅、大冶庙、老虎垱、白杨林等矿区,并在铁山营造了办公

图 2-4 张之洞

资料来源:《大冶铁矿志》第一卷。

图 2-5 王三石煤矿井口

资料来源:黄石工矿集团有限公司办公室提供。

① 张之洞:《筹设炼铁厂折》,《张之洞全集》第一册,石家庄:河北人民出版社,1998 年。

② 张之洞:《张之洞奏预筹铁厂开炼成本折》,《汉冶萍档案史料选编》(上),北京:中国社会科学出版社,1992 年。

③ 张之洞:《奏陈勘定炼铁厂基、筹办厂工及开采煤铁事宜》,《张之洞全集》第二册,石家庄:河北人民出版社,1998 年。

室、机房、电报房、宿舍、营房。

1891年3月,张之洞委林佐会同大冶县令陆祐勤及德国工程师时维礼等兴修铁山至石灰窑的运矿铁路。铁路所用路轨、材料、车辆全部从德国进口。在兴修铁路的同时,下陆机车修理厂、江边装矿码头、矿山公路及开矿机器安装工程相继开工。并委派张飞鹏开办大冶王三石煤矿。1892年8月,运矿铁路竣工通车,该路全长六十华里,有桥梁和涵洞五十余座,沿途有支路六条,设铁山、盛洪卿、下陆、石堡四车站。年底,下陆机车修理厂等采矿、运矿、机修及其他基建工程竣工。

在创办钢铁工业的过程中,张之洞认为官办煤矿不能解决钢铁厂全部用煤问题,在办官煤矿的同时,鼓励民间办矿。1890年11月18日,发布《晓谕鄂湘各属并川省民间多开煤斤示》,促进了大冶民营煤矿的发展。虽然张之洞官办的王三石煤矿、李士墩煤矿、明家山煤矿等最终停办,但是清末民初富源、富华煤矿等民营煤矿的创办与发展,使后来的大冶成为江南最大的煤炭工业基地。

湖北钢铁工业的创办促进了大冶水泥工业的创建与发展。张之洞在上书朝廷的奏折中讲到:“现在各省举办铁路所用材料以钢轨、枕木、水泥为大宗,钢轨可取之汉阳铁厂,水泥一项外国谓之塞门德土,凡筑路造桥建厂等事均所必需。臣查得湖北大冶县黄石港附近地名太子湾所产石质于制造水泥极为相宜”①张之洞招商开办湖北水泥厂,1907年,大冶湖北水泥厂成立,1909年投产,改变了唐山启新洋灰公司垄断中国水泥工业的局面。

1889年,湖北没有官办工厂,而江苏、广东、河北等省已有政府官办的工厂。至张之洞离任湖广总督时,湖北境内中国人办的工厂数、资金数和产值数均跃居全国第二位,仅次于上海。就官办、官督商办、官商合办的工厂而言,1890—1907年全国创办规模较大者共46家,其中上海5家,占总数的10.87%,湖北11家,占总数的24%,在总数中占第一。②湖北工业主要集中在武汉和黄石。随着汉冶萍公司的创办,世界近代工业第一支柱产业——钢铁工业在黄石诞生,黄石成为中国钢铁摇篮。1907年,清政府批准兴建湖北水泥厂,黄石成为中国水泥工业发祥地之一。

从1890—1911年,随着大冶铁矿、兴国锰矿、王三石煤矿、李士墩煤矿、明家湾煤矿、道士洑煤矿、大冶运矿铁路、下陆机车修理厂、炭山湾煤矿、湖北水泥厂、富源煤矿、汉冶萍煤铁厂矿有限公司等在大冶兴建,大冶成为中国近代工业的发祥地。

从洋务运动到民国建立之前,黄石地区是全国工业投资的重点地区,仅大冶运矿铁路投资就高达200万两白银,占张之洞创办钢铁工业总投资额的三分之一以上。和全国其他早期工业城市相比,黄石近代工业初创时期具有投资大、厂矿多、重工业突出、地位重要等特点。以下是1893年前后湖北铁政局在黄石所置机器、厂屋

① 张之洞:《商办大冶水泥厂请暂免税厘片》,《张之洞全集》第四册,武汉:武汉出版社,2008年。

② 赵德馨、周秀鸾:《张之洞与湖北经济的崛起》,《江汉论坛》,1998年第1期。

表 2–1 洋务派创办的军事工业和民用工业简表

类别	企业名称	创办时间	地址	创办人	开办经费(白银)
军事工业	安庆内军械所	1861	安庆	曾国藩	规模很小
	江南制造总局	1865	上海	李鸿章	54 万两
	金陵机器局	1865	南京	李鸿章	11 万两
	福州船政局	1866	福州	左宗棠	47 万两
	天津机器局	1867	天津	崇厚	21 万两
民用工业	上海轮船招商局	1872	上海	李鸿章	30 万两
	湖北开采煤铁总局	1875	广济兴国	盛宣怀	制钱 30 万串(约 20 万两)
	开平矿务局	1878	开平	李鸿章	230 万两
	上海织布局	1890	上海	郑观应	50 万两
	汉阳铁厂	1890	汉阳	张之洞	300 余万两
	大冶铁矿	1890	大冶	张之洞	200 余万两
	王三石煤矿	1891	大冶	张之洞	50 余万两

说明:湖北铁政局包括汉阳铁厂、大冶铁矿、王三石煤矿等,共计投资 588 万两。①

资料来源:范西成 陆保珍,《中国近代工业发展史 (1840—1927) 》, 陕西人民出版社,1991 年版;张国辉,《洋务运动与中国近代企业》,中国社会科学出版社,1984 年版;《湖北省志·交通邮电》,湖北人民出版社,1995 年。

等各项工程的情况。在当时落后的清朝,黄石成为近代工业的先进地区。

1. 铁山运道(大冶运矿铁路)。

(1)自铁山起至石灰窑码头止,长堤一道、铁路五十里。

(2)铁路需用器具全备。

(3)沿铁路桥二十七座。

(4)石灰窑局屋一所。

(5)谢家畈局屋一所。

(6)铁山局屋一所。

(7)下陆洋匠住房一所。

(8)铁山洋匠住房一所。

(9)车厂一处。

① 刘明汉:《汉冶萍公司志》,华中理工大学出版社,1990 年。

(10)车站三处。
(11)火车三辆。
(12)运矿车三十六辆。
(13)无上盖停慢机大车二辆。
(14)装运物料停慢机大车二辆。
(15)二等客车停慢机一辆。
(16)修理火车机器厂一所。
(17)修理车辆各项器具。
2. 大冶铁山一座、白灰石山一座。
(1)夹矿石机器全副。
(2)凿矿机器四架。
(3)开矿各项器具全备。
(4)运矿石小铁路四里。
(5)炸药窖一所。
(6)装矿码头一所。
(7)打铁厂一所。
(8)石灰窑运矿码头一座。
(9)码头趸船一号。
(10)铁路电线五十里(各项机器物料)。
(11)电报房公所三所。
(12)铁路巡丁卡房二十五间。
3. 大冶王三石煤矿(油煤三片,一厚十四尺,一厚四尺)。
(1)大煤井二处。
(2)小煤井二处。
(3)开煤机器全备。
(4)凿石压气机全副。
(5)金刚石钻地机器二副。
(6)抽水大机器二副。
(7)抽水小机器五副。
(8)起煤机器二副。
(9)局屋一所。
(10)洋匠房一所。
(11)打铁房一所。
(12)木工厂一所。

(13)储煤堆栈三所。
(14)运煤铁路十里(由煤矿接至铁山,运道路基已购,尚未设轨)。
(15)运煤铁车三十辆。
(16)运煤码头一所。
(17)石灰窑卸煤码头一所。
(18)卸煤趸船一所。
4. 大冶明家湾道士洑煤矿。
(煤二片,一厚四尺,一厚尺许)。
(1)煤井二处。
(2)金刚石钻地机器全副。
(3)开煤小机器四副。
(4)局屋四所。
(5)栈房二所。
(6)打铁房一所。
(7)木工厂一所。
5. 兴国州锰铁山一座。
(1)开矿机器全副。
(2)运矿小铁路七里。
(3)运矿铁车五十辆。
(4)倾卸机器车二辆。
(5)局屋一所。
6. 运矿船只。
(1)拖矿大轮船二艘。
(2)运矿大驳船五号。①

图 2-6 石灰窑江岸码头
资料来源:《大冶铁矿志》第一卷。

随着张之洞创办大冶铁矿等企业,19 世纪末 20 世纪初,黄石港地区拥有钢铁、水泥、煤炭、电力、机械等重工业部门,成为中国近代工业的摇篮,特别是汉冶萍铁路与码头的兴建,标志着黄石港重工业基地的初步形成。

① 湖北省档案馆:《汉冶萍公司档案史料选编》,中国社会科学出版社,1994 年。

图 2-7 黄石港区长江沿岸

资料来源：刘金林摄影。

图 2-8 黄石市区铁路(汉冶萍铁路)黄石老火车站

资料来源：刘金林摄影。

二、湖北钢铁厂址之争

黄石港与武汉钢铁厂址之争，不仅影响到湖北钢铁工业发展，对湖北经济发展产生重大深远的影响，而且对中国近现代钢铁工业布局有着重要的借鉴作用。

钢铁工业地区布局主要受原料（铁矿石等）、能源（炼焦煤、动力煤、电力）、辅助材料（熔剂、耐火材料等）、钢铁消费市场和运输等因素制约；钢铁工业的布点选址，除上述制约因素外，还需考虑工业用地、用水和环境容量等因素。

近代钢铁工业的建立，离不开原料和燃料即铁、煤资源。湖北省铁矿资源极为丰富，煤炭分布也比较广泛，特别是大冶铁矿，具有以下三个特点：一是储量大，矿质佳。根据当时的勘探，"含铁质百分之六十四，矿质露出山面者，约二千七百万吨，在地中者，虽历百年，采之不竭。"且黄石附近之兴国州(今湖北阳新)有丰富的锰铁矿，亦炼铁之所必需。二是铁矿距长江只有五十余里，便于运输。

张之洞为什么要放弃黄石港而将铁厂设在武汉呢？光绪十六年四月八日，张之洞致电盛宣怀对自己的这一决定进行了解释：铁厂宜设武昌省城外。黄石港地平者洼，高者窄，不能设厂，一也。荆、襄煤皆在上游，若运大冶，虽止多三百余里，回头无生意，价必贵，不比省城。钢铁炼成，亦须上运至汉口发售，并运至省城炼枪炮。多运如煤下行，铁矿上行，皆就省城，无重运之费，二也。大冶距省远，运煤至彼，运员收员短数搀假，厂中所用以少报多，以劣充优，繁琐难稽，三也。厂内员司离工游荡，匠役虚冒懒惰，百人得八十人之用，一日作半日之工，出铁既少，成本即赔，四也。无人料理，即使无弊，制作亦必粗率，不如法炼成；制成料物，稍不合用，何从销售？五也。铁厂、炮厂、布局三厂并设，矿物、化学各学堂并附其中，安得许多得力在行大小委员分投经理？即匠头、翻译、绘、算各生亦不敷用。三厂若设一处，洋师、华匠皆可通融协济，煤厂亦可公用，六也。官本二三百万，常年经费货价出入亦二百余万。厂在省外，实缺大员，无一能到厂者。岁糜巨款，谁其信之？若设在省，则督、抚、司、道皆可常往阅视，局务皆可与闻。既可信心，亦易报销，七也。此则中法，非西法。中法者，中国向有此类积习弊端，不能不防也。即使运费多二三万金。而工作物料虚实优劣，所差不止数十万金矣。白（指洋矿师白乃富）议为是。①

张之洞在近代中国重工业探索过程中就出现了资本主义先进与封建主义落后之间的矛盾以及西方先进理念与中国本土特色之间的矛盾，这些矛盾最突出的体现是在钢铁厂址的选择上。

面对引进的先进设备、技术，特别是聘请的西方专业人才等西方资本主义先进

① 张之洞：《致上海盛道台》，《汉冶萍档案史料选编》（上），北京：中国社会科学出版社，1992 年。

事物，面对西方专家选择钢铁厂址主要从科学考察，结合矿产资源和经济成本考虑。张之洞由他所处的政府官员的地位以及清政府封建统治局限性，最终还是采取用封建主义落后的官办官僚管理制度应对资本主义先进工厂，用中国本土特色固有的以总督府及省会城市为中心的观念应对西方先进理念。

面对从未见过的新生事物，在创办以钢铁工业为中心的重工业初期，出现失误是难免的。面对巨资引进的大型重工业企业，张之洞想到的是只有把钢铁厂放在身边，才放心，他认为："大冶距省远，运煤至彼，运员收员短数搀假，厂中所用以少报多，以劣充优，繁琐难稽。""厂内员司离工游荡，匠役虚冒懒惰，百人得八十人之用，一日作半日之工，出铁既少，成本即赔。""无人料理，即使无弊，制作亦必粗率，不如法炼成；制成料物，稍不合用，何从销售？""厂在省外，实缺大员，无一能到厂者。岁糜巨款，谁其信之？若设在省，则督、抚、司、道皆可常往阅视，局务皆可与闻。既可信心，亦易报销。"①这充分说明他选择钢铁厂址的主要出发点是为了方便政府官员监督与管理、防范铁厂官员的腐败。这种选择在当时的社会环境下有一定的合理性，这也是他结合本国国情的一种本土化措施。

张之洞认为"黄石港地平者洼，高者窄，不能设厂"，②是站不住脚。据《郭师敦勘矿报告》中描述："寻觅安置熔炉之地，沿江一带类皆低洼，惟黄石港东首半英里外基地一方为合适。该处土下原系坚石，正可就其培筑安炉。地近江滨，而基址颇高，较诸左近各处高下相去约有数尺，虽江水涨时亦不致有浸淹厂所之虞。再，灰石矿山在该处东首一英里，以供化铁尤为近便。而装运应用机器及煤觔矿石，无不皆便。"③ 民国后期在此兴建的大冶电厂和大冶水泥厂这两座大型企业面积远远大于汉阳铁厂的一千亩土地，这还不包括新中国时期在这附近兴建的胜阳港新市区的大片土地，这进一步说明大冶黄石港地理位置的优越性。

官办的一个巨大优势就在于能够动用政府的力量，集中全国的人力、物力和财力比较顺利的创办大型重工业企业，但在发展过程中更多从政治利益出发，不惜牺牲经济效益。曾任汉阳铁厂总工程的卢森堡人欧仁·吕柏说："张之洞总督手下的采矿工程师们在勘探了湖北、湖南两省后，根据磁铁矿和煤矿的贮藏情况，提出把钢铁厂设在湖北省大冶县较为有利的意见。在这之后，人们又正式向张之洞总督提出了把钢铁厂直接设在铁矿边上的建议。然而这位老先生出于对其手下官员的诚实可靠程度不信任，为了能亲自控制整个工程的建设和工厂的资金支出，不顾专家顾

①② 张之洞：《致上海盛道台》，《汉冶萍档案史料选编》（上），北京：中国社会科学出版社，1992年。

③ 郭师敦：《郭师敦勘矿报告》，《湖北开采煤铁总局荆门矿务总局 盛宣怀档案资料选辑之二》，上海：上海人民出版社，1981年。

问的反对意见，毅然下令把这个钢铁厂建在汉阳，从地理位置和地形的角度看，几乎找不到比这更差的建筑工地了……”①

1896年，张之洞面对清政府财政危机以及无法全面解决重工业全球化与本土化带来的一系列矛盾，不得不将汉阳铁厂交给盛宣怀承办。张之洞在招商承办的议定章程奏折里也不得不承认：“就大冶添造生铁炉数座，方能大举保本获利……”②这说明靠封建官办体制兴办重工业是很难成功的。

清朝洋务运动时期为近代中国重工业探索的第一个阶段，全球化与本土化矛盾特别尖锐突出，本土化落后的封建官办体制越来越不适应先进生产力发展的需要。这些导致以张之洞为主导的洋务派在大冶创办重工业基地、兴建汉阳铁厂等一系列重工业探索效果不佳，但这种创办中国钢铁工业的首创精神影响深远，特别是张之洞重视人才的培养，派人到西方留学，学习先进技术，对于后来中国重工业技术以及技术人才逐渐本土化产生了重大影响。

三、黄石港重工业基地初步形成的深远影响

毛泽东同志在谈到中国民族工业发展时指出：办重工业不能忘了张之洞。张之洞在黄石开办大冶铁矿等重工业企业，客观上促进了黄石地区的经济发展，使黄石成为近代中国少有的几个重工业集中的城镇，这也为后来黄石成为新中国重要的原材料工业基地奠定了基础。

张之洞对兴办大冶铁矿、王三石煤矿等，一直是亲自筹划、亲自掌握其工程进度和生产情况，他把这一工程与中国的富强紧紧联系在一起。他于1893年、1896年、1899年三次亲临黄石，了解大冶铁矿等的建设、生产情况。1893年10月3日，张之洞乘“沂江”号兵船到达石灰窑，转乘火车抵铁山。在矿山听取汇报后，张之洞便上山视察铁路工程，查看各种开采设备、了解工人采矿的情况。随后，他又到王三石煤矿勘视煤井。1896年3月16日，张之洞又一次到黄石视察大冶铁矿各项工程及开采设施。1899年春，德国亲王亨利来鄂游历，张之洞邀其参观大冶铁矿。到铁山后，张之洞向亨利介绍了大冶铁矿的丰富矿藏及开采情况。这是张之洞第三次到黄石。

张之洞创办大冶铁矿、王三石煤矿等厂矿企业，促进了大冶工矿区城市格局的初步形成。

大冶工矿区（今黄石市区）的形状呈“人”字形。是以矿建厂，以厂连镇，逐步形

① 欧仁·吕柏：《中国的采矿业和钢铁工业》，转引自刘明汉、马景源：《汉冶萍公司志》，武汉：华中理工大学出版社，1990年。

② 张之洞：《铁厂招商承办议定章程折》，《汉冶萍档案史料选编》（上），北京：中国社会科学出版社，1992年。

成的城市格局,1892年“入”字形框架形成以后一直延续到现在。黄石是中国唯一一座百年城市框架没有变动的城市。黄石城市格局是由厂矿的兴建发展而来的,近代工业厂矿的分布,是黄石城市格局形成的原因和行政区划划分的依据。“入”字型的两条线是城市形成的核心骨架,“入”字的“撇”线是指1892年建成的汉冶萍铁路线,它是城市形成的生命线。“入”字的“捺”线是指从1892年开始兴建的汉冶萍运矿码头以及众多厂矿码头所形成的长江航线(后来汉冶萍铁路延伸与长江航线平行)。两条线连接了黄石港、石灰窑(今西塞山区)以及下陆、铁山等城镇,连接了大冶铁矿、大冶钢铁厂、华新水泥厂、黄石电厂、源华、利华煤矿等厂矿。特别是1950年黄石市建立,沿着两条线兴建了马路、居民区、工厂,黄石城市格局最终形成。

张之洞开办大冶铁矿等企业,三次亲临黄石,对黄石地区的社会、经济、文化等各方面的发展产生了巨大的影响。当地民众曾称赞他说:“遇非常之人,建非常之功......开亘古未有之奇。”①

第一,带动了黄石地区工矿业的发展,为湖北东部工矿业基地的形成奠定了基础。在开采大冶铁矿的同时,兴建了王三石煤矿,在阳新县开办了兴国锰矿,并且还促进了民营矿业的发展,后来的民营煤矿源华煤矿成为湖北省最大的煤矿。随着汉冶萍煤铁厂矿有限公司成立,大冶钢铁厂的兴建,使湖北东部的黄石成为旧中国重要的工矿业基地。

第二,活跃了商品经济的发展,使大冶县的小镇成为鄂东农副土特产品的集散地和商业贸易中心。张之洞开办大冶铁矿,引进了当时世界先进的机器设备和先进技术,使火车、轮船等近代交通工具,电灯、电报、电话等近代照明工具、通信设施进入黄石。商人们借助于便利的交通条件,把上海、汉口等地的商品运到黄石,使大冶县的小镇黄石港、石灰窑成为鄂东农副土特产品的集散地和商业贸易中心。

第三,打破了封闭状态,接受近代科学文化知识,形成了一大批近代产业工人。张之洞开办大冶铁矿,从全国各地和国外引进了大量的人才,他们给山乡带来了近代科学文化知识,使矿山人的文化素质大大提高,山乡民众开始接受近代科学技术,并掌握近代技术,成为能工巧匠,他们成为黄石近代产业大军,为黄石近代工矿业的发展做出了重大贡献。②

①② 《湖北文史资料·汉冶萍与黄石史料专辑》,1992年第2期。

图 2–9 华新厂水泥厂(大冶水泥厂)和黄石电厂(大冶电厂)旧址

资料来源:刘金林摄影。

图 2–10 黄石电厂附近的高楼大厦和两座长江大桥

资料来源:刘金林摄影。

第三章 黄石港近代重工业的发展与西迁

第一节 黄石港第三次重工业布局
——汉冶萍公司与湖北省在黄石港兴建钢铁工业
(1912—1926)

一、汉冶萍公司与黄石港钢铁工业基地的兴建

盛宣怀于1878年制定在大冶筹建中国第一家钢铁厂计划,1896年承办湖北钢铁工业,1908年组建汉冶萍煤铁厂矿有限公司,1909年,在汉冶萍公司股东大会上提出在大冶兴建钢铁厂的建议,1913年确定兴建大冶钢铁厂, 使大冶成为中国最大的钢铁工业基地。

盛宣怀认为:“泰西各国以钢铁为富强根基,金银各矿只能富国,而钢铁可造铁路、造兵船、造枪炮,兼能强兵。”[①] 盛宣怀兴办以钢铁工业为中心的近代中国重工业的主要目的是富国强兵。

盛宣怀在引进西方先进设备、技术及人才,培养人才并促进先进技术本土化方面取得了显著效果,这些为大冶钢铁工业基地的创建奠定了基础。盛宣怀派遣李维格,带上大冶铁矿石以及萍乡焦炭出国考察,引进适合汉冶萍生产的先进设备、技术及人才,后任命李维格为汉阳铁厂总办,全面负责汉阳铁厂的改建和扩建工作,使汉冶萍的面貌焕然一新。随着汉冶萍公司成立以及第一次世界大战爆发,近代中国钢铁工业发展进入短暂的“黄金时代”,汉冶萍公司出现了较大的盈利。

1909年,汉冶萍公司在上海召开第一届股东大会,盛宣怀提出在大冶产铁之地兴建一家钢铁厂的建议,得到股东们的一致赞同。1913年春,盛宣怀出任公司董事会长随即实施公司的发展计划:“拟借一宗轻利巨款,还清重利各债,即在大冶添造四炉,以省运费,专供国内、国外生铁销路。”[②]

1916年,盛宣怀去世,汉冶萍公司按盛宣怀定下的发展计划开工建设大冶钢铁厂, 选厂址于石灰窑下的袁家湖地区, 该厂安设美国列德干利制造公司制造的

---

① 盛宣怀:《愚斋存稿》,第3卷,台北:文海出版社,1975年。

② 盛宣怀:《盛宣怀致于焌年函》,《汉冶萍公司》(三),上海:上海人民出版社,2004年。

图 3-1 大冶钢铁厂全貌

资料来源:《大冶钢厂志》第一卷。

800 立方米高炉 2 座(每座日产生铁 450 吨),为当时中国以及亚洲最大的两座高炉。一号高炉于 1922 年开炉生产,二号高炉于 1923 年开炉炼铁,实现了盛宣怀在大冶建设钢铁厂的愿望。

汉冶萍公司中心由武汉转移到黄石,汉冶萍公司大冶钢铁厂、大冶铁矿的资产总额以及规模、产量超过汉阳铁厂,当时大冶钢铁厂的产铁能力占全国的 31%,黄石成为中国最大的钢铁工业中心。

大冶钢铁厂的兴建没有达到预期的目标,主要是由于该厂建设周期太长,前后达十年之久,错过了中国钢铁工业的最佳发展时期。一战期间,铁价暴涨,据大冶钢铁厂日籍总工程师大岛道太郎言:“此炉早成一日,约有八万利益,是耽搁十日,即

表 3-1 1927 年中国各钢铁厂产能大略表

名称	所有者	所在地	高炉数(座)	日产量(吨)	年最高产量
龙烟	龙烟矿务管理局	北京西	1	250	90,000
汉阳	汉冶萍公司	湖北汉阳	4	650	234,000
大冶	汉冶萍公司	湖北大冶	2	900	324,000
扬子机器厂铁厂	六河沟煤矿公司	湖北汉口	1	100	36,000
和兴	和兴钢铁厂	上海浦东	2	45	16,200

续表 3-1

名称	所有者	所在地	高炉数(座)	日产量(吨)	年最高产量
保晋	保晋公司	山西阳泉	1	20	7,200
本溪湖	本溪湖煤铁公司	奉天本溪湖	4	320	115,200
鞍山	满铁	奉天辽阳	2	500	180,000

资料来源:《满铁史资料》第四卷(三),第 1222 页。

公司受八十万之亏损”,[①] 随着世界钢铁价格的大幅下降以及国外钢铁的进入,大冶钢铁厂建成后,仅生产两年多就停产了,但它对当时大冶经济的发展还是起到了促进作用。

二、湖北省在黄石港兴建钢铁工业

象鼻山为张之洞开办大冶铁矿之初所圈购,1896 年将大冶铁矿交盛宣怀招商承办时,未将此山交给盛宣怀,仍归湖北省公有。第一次世界大战爆发后,铁价高昂,湖北地方当局决定自行设局开采,随呈文北洋政府农商部。1915 年 9 月 26 日,北洋政府如呈照准,湖北省成立了官矿公署,命工程师高松如为督办,筹备开采。

1916 年 1 月,高松如到任,派员查勘象鼻山矿区,测量运矿铁路,购地建房,计划矿山工程。1918 年 1 月,高松如病故,继任督办金鼎、曹宝江奉部颁执照,用官钱局基本金 90 余万元,开工修筑从象鼻山至沈家营的运矿铁路,年底,矿局住房及机房、矿山工程及江边码头完工。1920 年 9 月,铁路建成通车。

1920 年 6 月,象鼻山铁矿开始采矿。矿长左德新原拟计划是采、运、炼三部门同时并举,但兴建炼铁厂计划落空。

象鼻山系露天开采,由于没有炼铁厂,象矿生产的矿砂只得通过邻近的汉冶萍公司转售给日本,后与武汉谌家矶的扬子铁厂签订售砂合同。1925 年 2 月,郑万瞻继任官矿公署督办,对矿山工程进行了一些修理,矿砂年产量增加到 21 万余吨。因为出售矿砂,受制于日本制铁所,象矿因此蒙受巨大损失。当时主编《矿业周报》的编者曾说。“不自冶炼,徒事售砂,是谓浪启盖藏,且顾主仅一日本,动被操纵,事之当然。”1926 年底,湖北官矿公署奉命改为象鼻山铁矿局,隶属湖北政务委员会,后

① 汉冶萍公司:《公司董事会议事录》(1917 年 9 月 25 日),《汉冶萍档案史料选编》(下),北京:中国社会科学出版社,1994 年。

图 3–2 汉冶萍公司大冶钢铁厂高炉与西总门

资料来源:《大冶钢厂志》第一卷。

图 3–3 新冶钢修复的西总门及厂区道路

资料来源:刘金林摄影。

改名为湖北矿务局,又改为湖北公矿局。

湖北省政府在黄石港兴建钢铁工业基地，特别是兴建炼铁厂计划最终没有成功,但象鼻山铁矿、象鼻山铁路以及黄石港沈家营码头的兴建,前后投资400余万元,促进了黄石港重工业基地的形成。

三、黄石港重工业基地的形成

民国时期,大冶钢铁厂的兴建,使大冶成为中国内地重工业固定资产投入最多的城市,取代武汉成为内地最大的重工业基地,大冶不仅成为世界关注的重工业城市,也成为国民政府重点关注的目标以及后来建设重工业基地的物质基础。20世纪30年代,国民政府资源委员会委托中国经济统计研究所刘大钧负责进行的近代中国唯一的一次官方工业调查报告数据显示，大冶工业资产总额在全国排名第八位,其中重工业资产占总额的百分之百,为1121万元,居全国各城市重工业比重的首位,不仅是内地工业资产总额最大的城市,也是内地最大的重工业城市。①

盛宣怀创办汉冶萍公司除了促进大冶重工业基地不断扩大与发展，还培养了大量人才,促进了先进技术以及人才的本土化,如担任大冶钢铁厂和大冶铁矿负责人的吴健、严恩棫、黄金涛、翁德銮、王宠佑等人继续致力于中国钢铁工业的发展,从大冶走向全国,促进了近代中国重工业的发展。

盛宣怀对内完善管理制度,实行官督商办以及商办,组建股份公司,虽然取得了一定的成效，但未能处理好利用外资与保护民族权益之间以及重工业国有化与私有化之间的矛盾,最终导致了汉冶萍公司的衰落。

盛宣怀能够接办汉冶萍公司是由于甲午中日战争战败，清政府无力官办的结果。汉冶萍公司由官办改为官督商办,始终得到了清政府的支持,如湖广总督张之洞解决了清政府修建铁路时统一订购汉冶萍钢轨这一难题。“以芦汉路轨必归鄂厂定造为断,并恳天恩饬下南北洋大臣直省各督抚,嗣后凡有官办钢铁料件,一律向鄂厂定购,不得再购外洋之物”。②

汉冶萍公司由官督商办改为完全商办后初期仍然得到了清政府的大力支持。盛宣怀“亦官亦商”的身份能较好地处理官商关系。随着政府支持力度的减弱汉冶萍公司变成没有国家背景的商办公司，这种靠私人资本维持的大型重工业企业必

① 刘金林:《再现近代中国工业第一城——历史学视野下的黄石工业遗产价值评价》,《中国工业建筑遗产调查、研究与保护(四)——2013年中国第四届工业建筑遗产学术研讨会论文集》,北京:清华大学出版社,2014年。

②张之洞:《铁厂招商承办议定章程折》,《汉冶萍档案史料选编》(上),北京:中国社会科学出版社,1992年。

然走向衰落。盛宣怀为了个人的利益,只能寻求日本的支持,最终的代价是出卖民族利益。“以汉冶萍借款为例,汉冶萍借款不仅担保内容要求之多,附加条件之苛刻大大超过以往的借款,而且举借的外债几乎占公司全部资本的一半,其中大部分外债又是欠日本一国。仅以汉冶萍1904年三百万日元借款为例,周息六厘,每年利息十八万日元。因此,每年至少须输往日本六万吨矿石(按合同规定每吨三元)才能偿清利息。但1904年实际只输出了38703吨。若再加上1908、1910、1911、1912和1913年的借款合同,须输往日本矿石1700万吨和生铁800万吨。汉冶萍无论如何是不可能履行这些合同的要求的。”[①]“按照日本帝国主义掠夺需要不断改变生产结构和方向,而最后沦为一个十足的殖民地性企业”。[②]

盛宣怀将汉冶萍公司变成完全商办的股份制公司,最终的目的是变成自家的公司,该公司最大的股东实际就是他本人。1916年盛宣怀去世时,共占有汉冶萍创字股34,001股、优字股62,029股以及普字股37,960股,每股票面价值均为50元,总计6,700,500元。[③]这也是盛宣怀和他的儿子盛恩颐能控制公司事务的资本。据《盛恩颐总经理与日方交换意见书笔录》记载:“盛及其一族合有公司股份过半数。”[④]

大冶是中国清政府、北洋政府、国民政府重点建设与关注的地区,也是世界列强如德国、日本重点争夺的焦点地区。清政府通过湖广总督张之洞创办大冶铁矿,利用德国投资修建汉冶萍铁路,大冶成为德国势力范围。盛宣怀承办汉冶萍公司后,大量借用日债,日本派军舰到大冶示威,赶走德国势力。后来北洋政府通过湖北省政府投资兴建钢铁工业,只建成象鼻山铁矿,炼铁计划没有实施,铁矿石主要销售给日本。国民政府计划收回汉冶萍公司,实行国有政策。1927年3月,武汉国民政府成立“整理汉冶萍公司委员会”。由于日本的阻挠和反对,整理和接管汉冶萍公司无法进行。宁汉合流后,南京国民政府于1928年1月公布《整理汉冶萍公司暂行章程》,次年重组“整理汉冶萍公司委员会”,采取了两次接管汉冶萍公司的行动。由于日本派军舰到大冶示威,日本驻沪领事三次“抗议”,派员来华交涉等,国民政府接管汉冶萍公司的努力最终失败。此后大冶重工业基地成为日本的势力范围。

清朝末年到南京国民政府初期为近代中国重工业探索的第二个阶段,全球化与本土化矛盾不断在化解,西方的先进技术逐步被利用和吸收,技术人才有逐步本土化的趋势,官督商办以及商办股份公司管理体制在初期取得了明显的效果。但从

---

① 汪熙:《从汉冶萍公司看旧中国引进外资的经验教训》,《复旦大学学报》,1979年第6期。

② 代鲁:《汉冶萍公司所借日债补论》,《历史研究》,1984年第3期。

③ 丁士华整理:《盛宣怀遗产分析史料》,《近代史资料》,总第111号。

④ 戴奇伟、刘金林:《汉冶萍档案图集》,黄石市档案馆,2012年。

盛宣怀在大冶创建大型重工业基地的实践来看，由于汉冶萍公司从官督商办到完全商办失去了国家的支持，单靠借用日债，不仅导致了汉冶萍公司经营的失败，还阻碍了国民政府对大冶重工业基地的接管与建设，使民族利益遭到重大损害。

盛宣怀在重工业方面的探索最终没有使中国钢铁工业发展起来，但他毕生创建的大冶钢铁工业基地以及汉冶萍公司对后来中国重工业的发展产生了重大的影响，正如张之洞对盛宣怀的评价："环顾四方，官不通商情，商不顾大局，或知洋务而不明中国政体，或易为洋人所欺，或任事锐而鲜阅历，或敢为欺谩，但图包揽而不能践言，皆不足任此事。该道无此六病，若令随同我两人总理此局，承上注下，可联南北，可联中外，可联官商。"[①] 正是盛宣怀的卓越才能才使中国钢铁工业延续不断，在曲折中发展。

四、黄石港重工业基地的形成的影响

随着中华民国的成立以及国家、省政府有关发展工业政策的出台，经过战乱的湖北工业得到较快恢复。特别是第一次世界大战的爆发，西方列强放松了对中国的经济侵略，给中国民族工业以加快发展的时机。随着钢铁等原材料需求剧增，价格骤涨，中国工业史上出现了快速发展的"黄金时代"。湖北具有举足轻重地位的工矿企业，均创办于这一时期，而重工业主要集中在黄石。随着汉冶萍公司大冶钢铁厂、象鼻山铁矿、富池炼铜厂、大新铜矿、富华煤矿、利华煤矿的兴建，近代黄石工业地位急剧提高。

张之洞把黄石作为原材料产地，而不是作为工业城市发展，使黄石的工业化、城市化进程发展缓慢。而盛宣怀极力主张发展黄石钢铁工业，并提出兴建大冶钢铁厂。大冶钢铁厂的兴建对湖北和黄石经济的发展以及对中国钢铁工业布局产生了重要的影响。

1. 使黄石成为当时中国最大的钢铁工业中心。

1913 年汉冶萍公司正式确定借款兴建大冶钢铁厂。1916 年，盛宣怀去世，汉冶萍公司按他确定的方针开工建设大冶钢铁厂。该厂引进了当时中国也是亚洲最大最先进的两座高炉。一号高炉于 1922 年开炉生产，二号高炉于 1923 年开炉炼铁，实现了盛宣怀在黄石建设钢铁厂的夙愿。随着大冶钢铁厂的建成，黄石成为当时中国最大的钢铁工业中心。汉冶萍公司的工作中心转移到黄石，黄石成为当时中国钢铁工业管理人才、技术人才的聚集地，为以后黄石钢铁工业的发展奠定了基础，客观上促进了湖北和黄石经济的发展。

---

① 张之洞：《致天津王制台》，《张之洞全集》第九册，石家庄：河北人民出版社，1998 年。

图 3-4 大冶钢铁厂两座冶铁高炉

资料来源:《大冶钢厂志》第一卷。

图 3-5 汉冶萍煤铁厂矿旧址高炉遗址

资料来源:刘金林摄影。

2. 对中国钢铁工业布局产生了积极的影响。

中国钢铁工业中心由武汉转移到黄石，对中国钢铁工业布局产生了重大影响，也引起了日本的高度重视，日本侵占黄石后投入巨额资金，建设大冶矿业所。这时国民政府才意识到黄石的重要性，高度重视黄石，多次召开会议并确定筹建黄石钢铁工业基地，这也为新中国南方钢铁工业布局奠定了基础。

3. 加快了黄石的工业化、城市化的进程。

随着大冶钢铁厂的兴建，黄石引进了世界先进的设备、技术和人才，交通运输和市政建设都有一定程度的发展，加快了黄石的工业化、城市化的进程。

但是，大冶钢铁厂的兴建没有达到预期的目标，远远没有汉阳铁厂的影响大。主要原因是大冶钢铁厂建设周期太长，前后达十年之久，错过了中国钢铁工业的最佳发展时期。随着世界钢铁价格的大幅下降以及国外钢铁的进入，大冶钢铁厂建成后，生产不到两年就停产了。大冶钢铁厂对当时黄石经济发展的影响非常有限，但它对以后的黄石钢铁工业产生了长远的影响。

第一次世界大战期间(1914—1918 年)，由于西方帝国主义国家忙于战争，放松了对中国经济的侵略，中国民族工业包括钢铁工业迎来发展的“黄金时期”，而汉冶萍公司 1913 年确定兴建，直到 1922 年才正式生产，是由多种原因造成的。

1. 用人的失误。1916 年，汉冶萍公司委任大岛道太郎为大冶钢铁厂建厂总工程师，并兼任工程股股长，总管全厂的工程事务。在设计施工中，大岛道太郎独断专行，在工程技术和施工质量上产生很多错误和问题，给以后高炉投产造成极大困难。同时公司还聘请了数十名日籍人员任各处、股、科的负责人。450 吨炼铁炉工程和其他一些钢筋水泥结构项目均由日本各洋行承包建筑，然后再转包给日本包工头或中国包工头施工。如日本大仓洋行，是承包工程项目最多的一家、雇用有 4000 多名中国工人，中国包工者承包建筑的多是一些土木工程，如机修厂房、出铁厂房、栈桥、住宅、办公楼等。整个工程进度缓慢，工程质量低劣。到 1919 年 4 月 1 日，石堡车站到大冶钢铁厂的铁路才竣工通车，2.6 公里长的铁路修筑了近两年时间。

2. 建设经费受日本支配及购买设备受日本干扰。1918 年日币贬值，由借款时的1 日元合洋例银 9 钱跌至 5 钱。加之国外机器价格上涨、施工管理不善、建厂预算经费已不够开销，于是汉冶萍公司又重新核定大冶钢铁厂经费，追加至银 581.1 万余两。在购买设备时，日本三井洋行从中插手，串通了汉冶萍公司董事王子展，该洋行成为中间经纪人，购买的设备不仅贵而且还拖延了时间。

3. 中国政府的不作为。对于中国钢铁工业的发展，北洋政府和南京国民政府与日本政府态度截然相反，它们认为钢铁工业与中国政府无关，在资金以及政策等方面不予扶持。大冶钢铁厂购买设备时正值第一次世界大战期间，设备制造公司借口美国政府禁止钢铁机件出口，一再拖延交货时间。汉冶萍公司向北洋政府外交部写报告，请政府出面同美国政府交涉，同时委派大岛道太郎为全权代表赴美查催。经多方努力，美国公司才将两座日产 450 吨生铁的高炉设备于 1920 年底基本交齐，购买和运输设备就用了六年的时间。大冶钢铁厂停产后，汉冶萍公司多次努力想恢复生产，但中国政府却无动于衷，没有给予支持。

图 3–6 汉冶萍铁路使用的德国 1891 年生产的钢轨

资料来源：汉冶萍煤铁厂矿旧址，刘金林摄影。

图 3–7 大冶钢铁厂铁路使用的汉阳铁厂 1913 年生产的钢轨

资料来源：汉冶萍煤铁厂矿旧址，刘金林摄影。

第二节 黄石港第四次重工业布局——国民政府湘鄂赣重工业发展计划(1927—1937)

一、国民政府资源委员会重工业发展计划

为调查研究全国资源状况和国内外政治、经济、军事形势,并提出相应计划,1932 年 11 月 1 日,国民政府成立国防设计委员会,隶属于国民政府参谋本部。该委员会经过几年的工作,调查了全国矿产、工业、农业、交通运输和财政经济等方面的基本情况,并对化学工业及轻工业有关部分做了分业调查,拟定了统制计划。1935 年 4 月,国防设计委员会与兵工署资源司合并改称为资源委员会,隶属军事委员会。资源委员会主要任务是从事资源的调查研究、开发和动员。

1936 年 3 月,资源委员会根据国防需要和可能的经济能力,拟定了一项重工业建设计划,预定于三年之内,在中部的湘、鄂、赣等内地建设与国防需要直接相关的重工业和矿业,奠定中国冶金、燃料、化学、机器及电器工业的基础。

由于国民政府的重视与推动,上述重工业及厂矿,有的已建成投产,有的进入筹备阶段。在冶金工业方面已建成的有中央钢铁厂、湖南茶陵铁厂、湖北灵乡铁矿、江西钨铁厂、四川彭县铜矿、湖北大冶阳新铜矿、中央炼铜厂、重庆临时炼铜厂、湖南水口山铅锌矿、云南锡矿、青海金矿、四川金矿等;在燃料工业方面,有江西高坑煤矿、天河煤矿、湖南湘潭煤矿、河南禹县煤矿、四川巴县达县石油矿等;在化学工业方面,有氨气工厂及无水酒精厂等;正在筹备中的有中央机器制造厂、湖南湘潭飞机发动机厂、中央电工器材厂、中央无线电机制造厂、中央电瓷制造厂、四川长寿水电厂等。1937 年,这些工厂的产品产量为电力 153.3 万度,煤 2 万吨,净钨砂 11926 吨,锑 14597 吨,精铜 9 吨,铁砂 6313 吨,电讯机 425 具。这些厂矿的建成和投产,奠定了战时国防工业的基础。因为资源委员会设立的这些厂矿大多是当时国内没有或非常缺乏的行业,不少与国防建设有着非常密切的联系,如钢铁工业,飞机制造业,电工电料业,化学工业,钨、锑等矿产业。

南京国民政府 1927 年 12 月组织整理汉冶萍公司委员会,由于日本的干扰,接管汉冶萍公司没有取得成功,充分说明国民政府开始重视以大冶为核心的汉冶萍工业区。

国民政府资源委员会 1936 年 6 月正式公布《中国工业发展三年计划》,其主要内容为:

(甲)统制钨锑,同时建设钨铁厂,年产钨铁两千吨;

图 3-8 富源煤矿井口

资料来源：黄石工矿集团有限公司办公室提供。

(乙)建设湘潭及马鞍山炼钢厂，年产三十万吨，可供国内需要之半；

(丙)开发灵乡及茶陵铁矿，年产三十万吨；

(丁)开发大冶、阳新及彭县铜矿，同时建设炼铜厂，年产三千六百吨，可供国内需要之半……

国民政府资源委员会灵乡铁矿、大冶阳新铜矿开始筹建，黄石地区成为国民政府建设的重点地区之一。

在这一时期，湖北省规模最大、机械化程度最高的富源、富华、利华等煤矿，均集中在大冶石灰窑一带。

1928 年萍乡煤矿脱离汉冶萍公司，被江西省政府接管，煤炭工业一蹶不振。据

表 3-2 汉口市用各种煤炭调查表

矿名	何处出产	每日出煤数(吨)	每年在汉口的销量(吨)
萍乡煤矿	江西萍乡县	800	16 万
开滦	唐山、秦皇岛	9000—10000，旺时出 1.4 万	20 万
六河沟	河南安阳县	2000	5—10 万
井陉	河北省	600	2.1—4 万
南煤	湖南衡山、醴陵	1200	14 万
柴煤	湖北大冶、阳新	2300	32 万
各处白煤	湖南各处	1200	26 万
山西红煤	巨山	800—1000	4 万
山东烟煤	山东各煤矿	1200	2 万
抚顺	抚顺县	20000	20—30 万

资料来源：江西省政府经济委员会编辑，《萍乡安源煤矿调查报告》，江西省政府统计室 1935 年出版，此表系汉口商品检验局调查。资料来源：江西省政府经济委员会编辑，《萍乡安源煤矿调查报告》，江西省政府统计室 1935 年出版，此表系汉口商品检验局调查。

表 3-3 中国主要煤矿产量(1935—1937)

公司名称	县名	1935 年产量(吨)	1936 年产量(吨)	1937 年产量(吨)
开滦矿务局	丰润滦县	4,139,920	4,044,706	4,287,832
井陉矿务局	井陉	782,406	882,287	400,000
正丰煤矿公司	井陉	414,150	435,502	200,000
怡立煤矿公司	磁县	418,636	517,011	233,251
中兴煤矿公司	峄县	1,303,630	1,735,572	1,714,444
鲁大矿业公司	淄川	429,116	657,896	600,000
悦升煤矿公司	博山	366,900	425,000	450,000
六河沟	安阳	554,929	598,107	597,000
中福公司	修武	1,230,055	1,309,562	1,098,594
晋北矿务局	大同	301,965	68,666	150,000
平定保晋公司	平定	33,7134	390,511	
西北实业公司	太原	200,000	320,000	80,000
利华公司	大冶	138,045	187,720	205,885
源华公司	大冶	256,557	281,691	306,823
萍乡煤矿	萍乡县	258,602	260,650	281,670
淮南煤矿局	怀远	290,480	585,000	628,584
大同煤矿公司	怀远	194,491	269,724	450,000
华东煤矿公司	铜山	295,658	347,231	420,000
长兴煤矿	长兴	184,652	181,301	214,500

资料来源:李春昱等著,《中国矿业纪要·民国二十四年至三十一年·第七次》经济部中央地质调查所.国立北平研究院地质学研究所.1945 年出版,不包括日本侵占的东北地区。

表 3-4 30 年代中期湖北主要民营煤矿统计

煤矿公司名称	所在地	年产量(千吨)	矿区面积(公顷)	资本额(万元)
富源	大冶	180	488	30
富华	大冶	140	452	56
利华	大冶	200	493	50
德和	大冶	20	31	16
四维	大冶	50	34	2
裕鄂	大冶	20	98	8
福东	阳新	25	53	5
裕利	阳新	10	17	6
正大	秭归	20	18	10
元合	秭归	10	26	3
桂元	秭归	10	16	3

资料来源:《湖北省经济概况》,《汉口商业月刊》,第一卷,第 9 期。

图 3-9 富华煤矿双轨轻便铁路

资料来源：黄石工矿集团有限公司办公室提供。

图 3-10 源华煤矿公司办公楼

资料来源：黄石工矿集团有限公司办公室提供。

1935 年江西省政府经济委员会出版的《萍乡安源煤矿调查报告》附表十一《汉口市用各种煤焦调查表》统计，当时大冶煤炭(包括阳新产量，其中大冶占黄石地区煤炭产量的 90%以上，占湖北全省的 80%以上)的产量和销量远远超过萍乡，特别是每日出煤产量为萍乡煤矿的近三倍，近代大冶煤炭在汉口销量达 32 万吨，居首位。

1937 年源华公司的产量居全国大型煤矿的 12 位，大冶成为江南最大的产煤县，成为中国十大产煤县之一，大冶已经取代萍乡，成为江南最大的煤炭工业基地。石的重工业无论从资产总值，还是从发电设备容量(黄石 7 千余千瓦，武汉 5 千余

表 3–5 1936 年湖北 50 千瓦以上工矿企业自备火电厂

工厂名称	厂址	企业性质	设备容量(千瓦)	发电量(万千瓦时)
第一纺织厂	武昌	民营	4,468	435.8
大成纺织染公司第四厂	武昌	民营	557	
裕华纺织公司	武昌	民营	150	
民生纺织公司	武昌	公营	110	
粤汉铁路厂务处武昌机厂	武昌	公营	200	59.0
平汉铁路江岸发电所	汉口	公营	135	
泰安纺织株式会社	汉口	日商	1,600	
福新第五面粉厂	汉口	民营	3,800	1,576.2
南洋兄弟烟草公司	汉口	民营	167	
颐中烟草公司	汉口	英商	360	
六合沟煤矿公司扬子铁厂	汉口	民营	300	43.8
汉冶萍公司汉阳铁厂	汉阳	民营	5,272	
汉冶萍公司大冶厂矿	大冶	民营	4,272	54.2
利华煤矿公司	大冶	民营	1,650	262.8
源华煤矿公司	大冶	民营	1,349	532.0
华记湖北水泥厂	大冶	民营	226	65.0
华商沙市纺织公司	沙市	民营	82	
沙市打包公司	沙市	民营	112	
正明面粉公司	沙市	民营	58	

资料来源：湖北省地方志编纂委员会编，《湖北省志·工业志稿·电力》，人民出版社，1993 年版，第 18 页。

到抗日战争前夕，黄石地区有汉冶萍公司大冶厂矿、华记湖北水泥厂、利华煤矿公司、源华煤矿公司等重工业厂矿(还有象鼻山铁矿)。1937 年，汉冶萍公司公布的资产总值为 41,311,100 元，其中汉阳铁厂 19,155,400 元，大冶钢铁厂 11,922,000 元，大冶铁矿 10,233,700 元。[①] 汉冶萍公司大冶厂矿资产总值已超过

① 刘明汉：《汉冶萍公司志》，华中理工大学出版社，1990 年。

汉阳铁厂，当时黄石无论重工业的资产总值，还是发电设备容量以及重工业集中程度等方面，都已超过武汉，成为内地最大的重工业基地。

二、国民政府接管汉冶萍公司及重建计划

武汉国民政府成立以后，针对汉冶萍厂矿停产，筹划对汉冶萍公司及其厂矿进行整理接管。交通部长孙科以汉冶萍所产煤、铁、钢都是铁路所需的材料，而交通部所属的株萍、粤汉铁路又是汉冶萍煤铁运输要道为由，为交通部争得了主管汉冶萍公司的权利。1927 年 2 月 28 日，中央政治会议决定，由交通部设立整理委员会，切实整理汉冶萍公司。

3 月 17 日，整理汉冶萍委员会正式成立。6 月 21 日，委员会致函日本驻汉总领事，告知本会遵奉国民政府(武汉)交通部令组织成立，所有汉冶萍公司各煤铁矿厂全部已同时接管。请领事转知日本购买大冶铁砂的商人，以后购买该矿矿砂直接到整理委员会接洽。7 月 25 日，汉冶萍公司致电武汉国民政府，对接管提出抗议。

随着“宁汉合流”，南京国民政府交通部接收了整理汉冶萍委员会。12 月 18 日，整委会决定派技佐黄伯逵赴大冶铁矿，调查工人及一切情形，并长期驻冶，随时呈报。还致函上海日本领事，告以日方今后购买铁砂，须向整委员会办理。并电告汉阳铁厂和萍乡煤矿，要汉阳铁厂厂长黄金涛保存该厂材料器件，除奉整理汉冶萍委员会令外，不得以任何物交任何机关；聘萍乡煤矿李德煦代工程处长兼代矿长。

1927 年 11 月 18 日公布整理汉冶萍委员会暂行章程。接着，整理汉冶萍委员会专任委员谌湛溪拟就了《整理汉冶萍煤铁矿目前着手办法》，这个办法经整委会讨论后，送交通部长王伯群核定，最后由国民政府批准。

1928 年 1 月 21 日，日本军舰“嵯峨号”开到黄石港江面。1 月 25 日.日本军舰“浦风号”亦抵达黄石港。大冶厂矿当局于 1 月 2 日、25 日、26 日、2 月 1 日开专车迎接日本水兵着军装上岸宴会。日方表示，国民政府如来接管大冶铁矿，日本将派陆战队 600 人上岸“保护”。2 月 10 日，中日双方举行正式会谈。国民政府迫于日本的压力，在谈判时表示对汉冶萍公司的接管问题，还只是准备之中，并未实行；将来实行时，一定先同日本协议。不久，交通部发出命令，撤回派往大冶铁矿的技佐黄伯逵。

1928 年 3 月，国民政府成立农矿部，4 月，交通部将整理汉冶萍委员会移交给农矿部。农矿部继续进行汉冶萍公司的整理工作。并行文湖北、湖南、江西三省政府及铁道、外交、财政三部，要求各派代表参加整委会。5 月 18 日，公布整委会章程。接着，由陈郁代表农矿部提出“整理意见”。限令汉冶萍公司于 1929 年 3 月 15 日以前，将所有煤铁厂矿及一切财产交由整委会接管，以便整理。汉冶萍公司接到通知，

图 3–11 日本军舰在黄石江面游弋

资料来源:《大冶铁矿百年照片集》。

图 3–12 汉冶萍铁路石堡车站

资料来源:《大冶铁矿志》第一卷。

立即告诉公司的日本顾问。3 月 4 日,驻上海的日本总领事重光葵向国民政府提出第一次抗议,14 日,重光葵以国民政府迄未答复,向国民政府提出第二次抗议。经过日本两次抗议后,农矿部允许将接管期展延 20 日,但未收回成命。4 月 8 日,重光葵提出第三次抗议。由于日本的抗议,国民政府最终没有接管汉冶萍公司。①

大冶铁厂建成投产后,只生产了两年多时间。1925 年 10 月 28 日因时局关系和焦炭供应断绝等原因闭炉停产。1937 年初,由于东西方各国相竞扩充军备,钢铁价格上涨。汉冶萍公司决定将已停炉 10 多年的大冶铁厂高炉修复开炼。计划先修复 1 号高炉,日出铁 400 吨。为此,汉冶萍公司令大冶厂矿代理厂矿长翁德銮考察高炉锈损情况。随后,聘请陈廷纪为炼铁工程师,专程到大冶详细检查各生产设备。紧接着,汉冶萍公司一面派人赴日本购买焦炭,一面在大冶等地招聘工程技术人员,添用工匠,开始动工修复高炉。除修复高炉外,还安装水塔柜,移建新出铁场、修理发电机、汽炉、吊车等。正值修复工程顺利进行之际,抗日战争全面爆发,日本侵略军大举进攻中国。8 月 3 日,汉冶萍公司向大冶铁厂下达了"因时局严重,除化铁炉(高炉)继续修理外,其余各项工程应酌量徐步缓图;未经进行者,暂行停止"的指令。这样,除 1 号高炉砌砖工程继续进行外,其他大部分修复工程都停止了。1937 年 11 月上旬。1 号高炉砌砖工程完毕。高炉水管、风管、炉管、炉门、清灰炉、热风炉、汽炉、鼓风炉、吊车、炉渣车、发电机等也先后完工。1938 年 1 月27 日,出铁场移建、水塔水柜安装等工程完工。

1938 年 6 月 3 日,因日军日渐逼近黄石港,大冶铁厂设备封存,人员遣散,文卷等转移,汉冶萍公司恢复生产的重建计划流产。②

三、黄石港重工业基地成为政府和民间投资和关注的重点地区

1927—1937 年近代黄石地区是南京国民政府重点关注及建设的重工业基地,也是民间投资的重点地区。南京国民政府重点建设以湘鄂赣为核心的重工业基地就包括灵乡铁矿、大冶阳新铜矿。洋务运动建立起来的工业基地如武汉、上海、天津、唐山等,只有近代黄石被南京国民政府确定为国家重点建设地区。民间投资重点在煤炭工业,特别是武汉裕大华投资利华煤矿公司。

利华煤矿矿区距长江卸煤码头 8.2 公里,中间隔着一座黄荆山。武汉裕大华公司决定建设越山索道,从德国进口钢索及其全套设备,于 1934 年建成。建成后自矿井抵中窑湾码头,长 4.5 公里。该高架索道是中国第一条翻越高山的架空索道,利华煤矿运煤成本大大降低,在后来与富源、富华煤矿的市场竞争中处于不败之地,索道起了决定性的作用,高空索道是利华煤矿的生命线。

①② 刘明汉:《汉冶萍公司志》,华中理工大学出版社,1990 年。

图 3-13 利华煤矿高空索道

资料来源:黄石工矿集团有限公司办公室提供。

图 3-14 高空索道煤斗在中窑湾上空擦身而过

资料来源:黄石工矿集团有限公司办公室提供。

第三节 黄石港第五次重工业布局 ——黄石港重工业西迁与日本殖民重工业基地的确立 (1938—1945)

一、黄石港重工业西迁

抗战时期,南京国民政府决定大规模地将工厂内迁,促使黄石重工业向内地更大的区域发展。当时黄石重工业地位特别高,蒋介石多次手谕拆迁汉冶萍公司大冶厂矿以及大冶各厂矿。1938 年负责黄石工厂内迁的有国民政府经济部与军政部兵工署组成的钢铁厂迁建委员会以及经济部、交通部、武汉行营、湖北省建设厅等各机关大冶各厂矿拆迁联合办事处。在各厂矿员工的大力协助下,拆卸工程进展顺利。大冶各厂矿拆迁上演了一场成功的“敦刻尔克大撤退”,对西部重工业的建立和发展,影响深远。

1938 年初,国民政府经济部与军政部兵工署在武汉联合成立钢铁厂迁建委员会。据民国 35 年(1946 年)4 月,《钢铁厂迁建委员会统计手册》中记载:“民国二十七年三月一日,本会奉令在汉阳成立,其主要工作为拆卸汉阳及武汉附近其他各钢铁厂的机器设备,以备迁川建厂,俾为后方钢铁事业树一基础。”1938 年 3 月 4 日,由资源委员会与兵工署会同组建钢铁厂迁建委员会, 暂借移地汉阳的上海炼钢厂办公,以杨继曾为主任委员,张连科、杨公兆、恽震、程义法、严恩棫、胡尉等为委员,委员会下设技术、会计室及总务、铁炉、钢炉、轧机、动力、建筑、运输等股,组织在鄂、湘、沪、港各地之工程技术人员参加指导汉阳钢铁厂、大冶钢铁厂、六河沟铁厂、上海炼钢厂的设备拆卸工作。

钢铁厂迁建委员会派运输股长吴玉岚到大冶厂矿主持拆迁。交通部派专员刘孝勤率粤汉铁路工务处员工来厂矿拆除铁山至石灰窑运矿铁路的钢轨及钢枕等铁路器材。在厂矿员工的大力协助下, 总计从汉冶萍公司大冶厂矿拆运设备、器件 3227 吨。①

1938 年 6 月 29 日,马当防线一度告急。蒋介石手谕拆迁大冶各厂矿。6 月 30 日,经济部召集有关机关谈话。7 月 1 日,大冶各厂矿拆迁联合办事处成立。参加者有经济部、交通部、武汉行营,鄂建设厅等各机关以及大冶华记水泥厂、利华、源华两煤矿等。经济部代表李景潞偕同工矿调整处职员柯俊等于 7 月 5 日赴大冶石灰窑象鼻山等处开始筹备拆卸装箱工作。计水泥厂运出 2500 吨,源华 1400 吨,

---

① 马景源:《七十年前:黄石厂矿的大拆迁》,《黄石日报》,2008 年 5 月 21 日。

图 3–15 黄石港口

资料来源：刘金林摄影。

图 3–16 民生公司支援汉冶萍厂矿搬迁

资料来源：《大冶铁矿百年照片集》。

图 3–17 昆明水泥厂

资料来源:《华新厂志》第一卷。

利华 900 吨,象矿 900 余吨,各厂合计运出 5700 余吨。[①] 汉冶萍厂矿拆迁,特别是以大冶厂矿、汉阳铁厂等为主要设备,湖北厂矿技术人员为骨干的技术队伍在抗战时期建立的以重庆为中心的西南钢铁工业基地,在我国近代工业发展史上,有着重要的历史地位,对抗日战争做出了重要的贡献。汉冶萍公司的程义法、严恩棫等担任了钢铁厂迁建委员会委员,原大冶钢铁厂厂长吴健、原大冶厂矿代理厂矿长翁德銮等亲自参加了重庆大渡口钢铁厂的创建工作, 翁德銮还成为钢铁厂迁建委员会总工程师。

中国第一位水泥工程师王涛,接受国民政府经济部部长翁文灏任命,负责拆迁大冶华记水泥厂,在湖南辰溪创办华中水泥厂,后来又兴建昆明水泥厂,经营江西水泥厂和贵州水泥厂,与国民政府资源委员会合作成立华新水泥股份有限公司,黄石水泥工业影响全国。国民政府资源委员会与源华煤矿股份有限公司合作在湖南辰溪创办辰溪煤矿公司,源华董事长贺衡夫担任辰溪煤矿公司董事长,利用黄石的煤炭设备和人才为抗战服务。

二、黄石港重工业向全国扩展的历史地位

汉冶萍厂矿拆迁,特别是以大冶厂矿、汉阳铁厂等为主要设备,湖北厂矿技术人员为骨干的技术队伍在抗战时期建立的以重庆为中心的西南钢铁工业基地,在我国近代工业发展史上,有着重要的历史地位,对抗日战争做出了重要的贡献。

1. 近代中国唯一依靠本国自己的技术和资源建立的钢铁、水泥、煤炭、电力等重工业基地。这一时期,无论在对四川矿产的调查勘测,或是在钢铁冶炼、轧制,耐

① 彤新春:《民国经济》,中国大百科全书出版社,2010 年。

表 3-6 汉冶萍公司及大冶各厂矿设备、技术人员创办工矿企业简表

工矿企业	创办时间	设备、人员简况
大渡口钢铁厂	1938 年 3 月	总工程师翁德銮(大冶厂矿代理厂矿长),拆汉阳铁厂、大冶钢铁厂、六河沟铁厂、上海炼钢厂设备组建。直属钢铁厂迁建委员会
南桐煤矿	1938 年 3 月	矿长侯德均(汉冶萍公司萍乡煤矿矿长),拆迁大冶厂矿设备组建。直属钢铁厂迁建委员会
綦江铁矿	1938 年 3 月	拆迁大冶厂矿设备组建。直属钢铁厂迁建委员会
云南钢铁厂	1941 年 8 月	筹委会主任委员王宠佑 (大冶铁矿矿长)、厂长严恩棫(大冶钢铁厂副厂长)
奈溪煤矿公司	1938 年	董事长贺衡夫(源华煤矿公司董事长),源华煤矿设备
华中水泥厂	1939 年 1 月	厂长王涛、总技师张宝华,华记水泥厂设备
昆明水泥公司	1939 年 5 月	总经理王涛
江西水泥公司	1942 年 5 月	经理王涛、厂长陈育麟
华新水泥股份有限公司	1943 年 5 月	总经理王涛、总工程师张宝华,副总工程师陈育麟、陆宗贤
贵州水泥厂	1944 年	经理陆宗贤
重庆裕华纱厂	1939 年	董事长苏汰馀(利华煤矿董事长),利华煤矿设备
广元大华纱厂	1939 年	董事长苏汰馀(利华煤矿董事长),利华煤矿设备

资料来源:重庆市档案馆,四川省冶金厅《冶金志》编委会,《抗战后方冶金工业史料》,重庆出版社,1988 年版。华新厂志编纂委员会,《华新厂志》,1987 年版。《裕大华纺织资本集团史料》编写组,《裕大华纺织资本集团史料》,湖北人民出版社,1984 年版。

图 3-18 大渡口钢铁厂

资料来源:《大冶铁矿百年照片集》。

火材料的研制代用等方面均有明显成果，这些成果都出于中国人之手，大多数为国内首创。如我国工程技术人员设计建造的新式小型炼铁炉，炼钢平炉，中、小型轧钢机，贝色麦炉低温氧化去磷法，废热式炼焦炉，坩埚炼制合金钢，纯铁冶炼，均属这一时期的主要技术成果，在我国近代钢铁工业史上留下了光辉的一页。

2. 工业企业管理有了较大的进步。抗战期间，国民政府资源委员会和兵工署，吸收欧美资本主义企业的管理知识和方法，颁布了工厂管理的各种规章，逐步形成了旧中国企业的一套管理法规，使企业机构设备与企业内部管理进一步规范化、统一化。

3. 改变了我国的重工业的布局，促进了西南地区近代工业的发展。抗战前西南各省几乎没有近代工业，抗战以来随着钢铁厂矿的内迁，水泥工业、煤炭工业及电力工业等的兴建，改变了我国西南地区的经济结构和工业布局，使重庆成为我国西南近代钢铁工业中心，昆明、贵阳及辰溪等成为内地工业重镇。

4. 形成了我国一支重工业技术队伍。随着钢铁工业、水泥工业、煤炭工业及电力工业等的建立和发展，虽然规模较小，设备简陋，但却门类齐全，初步形成了从矿山到冶炼等具有多项目的工业规模。在汉冶萍公司、华记湖北水泥厂等老一代的钢铁、水泥专家、学者的带领下，一批毕业于工业院校的新手成为建设的主力。他们从书本到实践，从生产科研的实践中得到锻炼提高，迅速地成长起来，成为我国钢铁、水泥等重工业战线上的主要技术骨干。

5. 对抗战做出了重要贡献。从 1938—1945 年的 8 年中，在钢铁工业方面，共生产生铁 412,980 吨，钢品 45,264 吨，支持了抗日战争时期后方军工生产和工业建设的需要，为兵工制造提供了原料，成为大后方军械工业用原料的重要基地。例如钢铁厂迁建委员会在 1943 年至 1945 年的钢材总量中，有 70%专用于制造枪、炮、弹和军械，为支援抗战，夺取抗日战争的胜利做出了重要贡献。①

三、日本殖民重工业基地的确立

1938 年 10 月，日本侵占黄石，为了掠夺大量的矿产资源，在大冶进行了大规模的投资建设。当年日本制铁株式会社在大冶厂矿设立“大冶矿业所”（简称“日铁”）。

在黄石港江边，“日铁”扩充和修建了装卸码头，修建了 35 万吨的贮矿场并安装了日卸矿 5000 吨的卸矿机两座。随即又对得道湾、下陆、石灰窑三处的车站进行改建。1939 年 4 月 13 日，“日铁”修复了石灰窑至铁山一线的铁路，并通车。在大冶钢铁厂，“日铁”为了掠夺铁矿，把大冶钢铁厂改称“大冶新厂”，把“大冶矿业所”本

①重庆钢铁(集团)公司陪都史研究课题组:《抗战时期重庆的钢铁工业》,《重庆社会科学》,1995 年第 4 期。

部设在"新厂"内。在"新厂"内,"日铁"利用原有厂矿的一部份设施,设立野战邮便局电站交换所、配给部、精米所、柴油机发电所、火力发电所、变电所、工作挂诘所、工务土建事务所、水道作业场、电气作业场、建筑作业场、酸素作业场、制缶工场、铸物工场和警护队。在发电所安装了3000千瓦发电机两座,架设了发电所至铁山约30公里长,6.6万伏的高压线路。将原来厂内的自来水、氧气制造、制冰设备修复与扩充,又在厂内修建了医院、演艺馆、游泳池、酿造厂、学校、家属住宅、职员住宅和"苦力"宿舍等设施,使整个大冶钢铁厂成为替矿山服务的修配工厂和生活基地。

"日铁"为了掠夺更多的铁矿石,在大冶铁矿投入了7000多万日元的资本,添置和补充了发电机,高压输电线路,钻探机,卷扬机,空气压缩机,皮带卸矿机,皮带运输机,破矿机等大批发电、供电、勘探、采矿、选矿、运输设备,使矿山开采能力和铁路运送能力每天达到5000吨,每月发电量达到65万度。

1941年,由于"日铁"采用劫夺式的开采和残酷地压迫"苦力",矿石年产量达到了百万吨,超过了汉冶萍时期1920年年产80万吨的记录。1942年又增至到145万吨。1938年至1945年,日本从大冶共掠夺矿石计500万吨之多。①

除了创办大冶矿业所外,日本还修复了水泥厂、开发煤矿等,进行疯狂的掠夺。

图3-19 大冶矿业所全貌

资料来源:《大冶钢厂志》第一卷。

图3-20 卸矿机

资料来源:《大冶铁矿志》第一卷。

① 刘明汉:《汉冶萍公司志》,华中理工大学出版社,1990年。

第四章　黄石港近代重工业的辉煌与黄石市的建立

第一节 黄石港第六次重工业布局——国民政府国防重工业基地的确立(1945—1949)

一、翁文灏决定筹建国民政府最大钢铁中心

翁文灏作为国民政府资源委员会主要负责人从1936年开始计划开采大冶、阳新铜矿及灵乡铁矿,1938年促进了大冶重工业的西迁,抗战后期,他确定在大冶兴建中国最大的钢铁工业基地,规划战后大冶电厂及大冶水泥厂的兴建,为近代大冶重工业基地的延续和发展做出了巨大贡献。

20世纪30年代,著名学者翁文灏在阐述发展经济时,认为必须遵循三个原则"(一)中国工业化的必要;(二)欲使工业化成功,必须有计划地进行,及以重工业为核心;(三)中国重工业之振兴,不宜悉赖私营,而须由政府以国营方式奠定基础。"[①]突出了重工业在整个国民经济中的重要地位。

翁文灏强调重工业建设必须由国家兴办,他说:"国营事业的东家是国家,亦是国民全体,而不是任何个人,所以为国营事业服务的人,是对国家尽忠,为民族用力,而不是为任何私人图谋利益。"[②]翁文灏国营事业理论的精神支柱就是爱国主义,这也是以他为核心的资源委员会精英们创办重工业能够取得显著成效的思想基础。

对中国实际国情,翁文灏还提出了中国经济建设应特别注意的地方。他说:"汉冶萍煤铁厂矿公司。该厂初创于张之洞,建成于盛宣怀。该厂在张氏初创时期一心为公,自始至终未加入一毫私人利益。及至盛氏经手,一切为私,公司大权由其妻其子始终把持,股东不克与闻,遂致重大权利丧失与他国。"由此他认为重大事业需用近代组织,进一步强调国营事业的重要性。"惟有合理之组织庶有择贤主持、公忠监管之可能,否则化公产为私业,因私利而妨公益,卒使此事业本身亦受摧残而不能存在。"[③]

---

① 翁文灏:《国营重工业的意义与任事同人的责任》,《资源委员会公报》,第3卷,第2期。

② 翁文灏:《关于国营事业的意义》,《资源委员会公报》,第11卷,第6期。

③ 翁文灏:《翁部长对桂林部属机关人员训辞》,《资源委员会公报》,第5卷,第5期。

图 4–1 翁文灏

资料来源：百度百科。

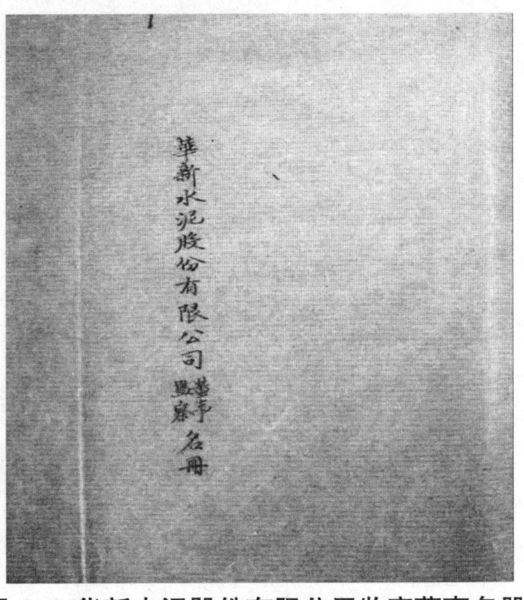

華新水泥股份有限公司監察董事名冊

图 4–2 华新水泥股份有限公司监察董事名册

资料来源：黄石市档案馆，刘金林翻拍。

翁文灏主持的国民政府资源委员会 1936 年 6 月正式公布《中国工业发展三年计划》，开始筹建大冶、阳新铜矿以及灵乡铁矿，大冶成为当时国民政府建设的湘鄂赣重工业基地的重要组成部分，由于抗战的爆发，这一计划没有实现。

抗日战争时期是近代重工业本土化取得重大突破的重要阶段，资源委员会负责的汉冶萍厂矿以及大冶各厂矿的拆迁，特别是以大冶厂矿、汉阳铁厂等为主要设备，湖北厂矿技术人员为骨干的技术队伍在抗战时期建立的以重庆为中心的西南钢铁工业基地，以大冶华记水泥厂设备以及人才兴建的华中水泥厂、昆明水泥厂以及华新股份有限公司，都是利用本土技术及人才完全靠自力更生取得的重大成就，在我国近代工业发展史上，有着重要的历史地位，对中国抗日战争的胜利做出了重要的贡献。

翁文灏非常注重重工业厂址的选择，他认为：“选择地点必须注意到国防安全、运输便捷、资源丰富，因而决定以江西、湖南、湖北为建设中心。”①

1942 年年底和 1943 年下半年，翁文灏先后两次在重庆主持召开全国工业计划会议，会议的中心议题是讨论抗日战争结束后国家的经济建设问题。后来，他又分别召集钢铁、地质、工程等方面的有关人员开会，就发展钢铁工业的具体事项主要是钢铁基地的厂址选择进行研讨，否定在湘潭（煤铁资源不够丰富，交通也不如

① 翁文灏：《1946 年 6 月 10 日在资源委员会纪念周上的讲话》，《资源委员会公报》，第 11 卷，第 1 期。

图 4–3 华中钢铁公司全景

资料来源:《大冶钢厂志》第一卷。

长江沿岸)及马鞍山(离海岸线较近,从国防安全的角度上考虑不适应)建立中央钢铁工业基地的计划。大冶为中国的腹地,距离东、南海岸线均在 1000 公里左右,国防安全有保障,靠近长江边,交通方便,且附近的大冶铁矿为世界著名的富矿,开采规模大,更重要的原因是原盛宣怀开办的汉冶萍公司残存的资产都集中在这里,最后翁文灏确定抗战胜利后在大冶兴建大型钢铁工业基地。①

战后大冶国防重工业基地兴建充分体现出中国近代重工业全球化和本土化的探索不断走向成熟。资源委员会除了充分利用美国先进设备、技术的支持外,改进管理体制,重点实行大冶大型重工业企业国有化的创新。资源委员会首先以汉冶萍公司国有化为突破口,对汉冶萍公司采取接收与清算同时进行的国有化创新措施,最终形成由资源委员会独资兴办的大型钢铁联合企业——华中钢铁公司。资源委员会又与湖北省政府合作创办大冶电厂,设备的借用与土地使用的创新,成为中央与地方政府兴办大型电力企业的典范。资源委员会参股华新水泥股份有限公司,兴办中国最大的水泥厂——大冶水泥厂,成为大冶国防重工业基地筹建的重要组成部分。一系列国有化创新的实施使国营管理体制很好地适应了大型重工业企业生产发展的需要。

国民政府资源委员会于 1946 年 6 月制定的《国营工业建设三年计划》对钢铁工业等冶金部门的分配资金为 2 亿 3700 万元。冶金部门是投资最大的工业部门。

① 刘刚:《华中钢铁公司筹建经过》,《湖北文史资料·汉冶萍与黄石史料专辑》,1992 年第 2 期。

表 4–1 《国营工业建设三年计划》中有关冶金部门的资金分配表[①]

各公司(地点)	年产能力(千吨)	分配金额(国币,千元)	分配金额(美元,千元)
东北钢铁厂(辽宁)	350	32,000	25,000
华北钢铁公司(北平)	250	45,000	12,000
华中钢铁公司(大冶)	375	123,200	77,000
四川钢铁厂(四川)	30	27,200	5,100
台湾铝业公司(高雄)	13	9,600	5,000
合计		240,000	124,100

资料来源:《国营工业建设三年计划简表》(中国第二历史档案馆所藏档案)。

备注:年产能力表示的是钢材的生产能力(其中台湾铝业公司是铝材)。

表 4–2 分配给各厂的日本赔偿设备吨数以及所需经费与人员[②]

厂名	分配量(吨)	运输费(国币100 万元)	预付款国币(100 万元)	预付款美金(1000 美元)	所需美国技术人员(人)	所需日本技术人员(人)	所需中国技术人员(人)
鞍山钢铁厂	45,000	7,760	1,903	1,980		18	42
石景山铁厂	76,000	16,210	3,933	3,290		23	77
大冶铁厂(华钢)	200,000	48,280	15,459	12,000	3	45	105
四川各厂	15,000	7,020	2,290	1,310		6	14
海军兵工厂(汉口)	250	70	17	5		1	3
民营各厂(广州)	230	70	17	5		1	3
合计	337,500*	79,420*	23,619	18,590	3	104*	244

资料来源:《日本赔偿提前拆迁钢铁设备详单(附:运输费用及建厂费用详表)》(1947.2.2)(中国第二历史档案馆所藏档案)。备注:*表示与各厂的总计不一致,直接采用了原表的数据。

①② 萩原允:《关于中国钢铁工业战后计划的考察(1942–1948)》,《抗战文史》,2010 年第 2 辑。

其中大冶华中钢铁公司资金分配占总金额的一半和外币总金额的七成以上。华中钢铁公司预计需达到的钢材生产量为37.5万吨，高于东北的35万吨。[①] 在汉冶萍公司包括抗战期间日本投资设备的基础上创办的华中钢铁公司是国民政府计划筹建的战后全国最大的钢铁工业基地。

从国民政府资源委员会分配的日本赔偿钢铁设备的清单，看到分配给大冶的吨额占全部总额的近六成，运输费用及所需技术人员数量也大大超过居第2位的石景山铁厂。并且还计划将从日铁广田工厂转移过来1座1000吨的高炉、3座150吨的平炉以及各种压延机等设备配置给大冶铁厂。[②]

1946—1949年黄石集中了由鞍山、本溪、石景山等地来的大批冶金技术人员，成为当时钢铁工业人才中心，这些技术人员为后来新中国钢铁工业的发展做出了重大贡献。

从1938年大冶华记湖北水泥厂西迁湖南，国民政府资源委员会就牢牢控制着大冶水泥工业，是华新水泥股份有限公司第一大股东。在担任国民政府行政院院长之前，翁文灏一直担任华新水泥股份有限公司董事长。抗战胜利前夕，华新公司确定战后兴建大冶水泥厂，1946年从美国引进两条当时中国最先进的水泥生产线，1949年4月建成投产。

黄石又是中国近代水泥工业人才的摇篮，当时华新公司人才济济。张宝华(华新公司总工程师)、陆宗贤(华新公司副总工程师，后任中国建材规划研究院总工程师)、陈育麟(华新公司副总工程师，大冶水泥厂筹建处主任)、茅伯笙(华新公司副总经理)、施念远(华新公司副总经理)、冯修吉(华新主任工程师，后任建材部建材

图4–4 大冶水泥厂设备在美国装船待发

资料来源：《华新厂志》第一卷。

①② 萩原允：《关于中国钢铁工业战后计划的考察(1942–1948)》，《抗战文史》，2010年第2辑。

科学研究院水泥热工室主任、武汉工业大学教授)、黄有丰(华新工程师,后任建材部科技委委员)、胡宏泰(华新工程师,后任国家建材局科技委员会副主任)等人,对中国建材工业及水泥工业的发展作出了重大贡献。

图 4–5 大冶水泥厂全景

资料来源:《华新厂志》第一卷。

表 4–3 1945 年中国大陆的水泥企业

企业名称	资产性质	技术类型	年生产能力(万吨)
启新洋灰	中资民营	干法回转窑	30
华商上海	中资民营	湿法回转窑	10
中国水泥	中资民营	湿法回转窑	22
广东西村	中资官营	湿法回转窑	20
江南水泥	中资民营	湿法回转窑	20
华新大冶	中资民营	湿法回转窑	50

资料来源:王燕谋著,《中国水泥发展史》,中国建材工业出版社 2005 年出版。

兴建大冶电厂是国民政府资源委员会战后经济恢复总计划的一部分。大冶电厂是在借用华中钢铁公司的发电设备和厂房并利用湖北省政府象鼻山铁矿沈家营

表 4–4 分配给各电厂的日本赔偿电力设备吨位一览表

厂名	地址	接受赔偿设备吨位
长沙电力公司湘潭厂	湘潭	2850
大冶电厂	大冶	8000
广州电厂	广州	5450
青岛电厂	青岛	2000
天津电厂	天津	2500
阜新电厂	阜新	5300

资料来源:《日本赔偿拆迁委员会一九四七年度工作报告》(中国第二历史档案馆所藏档案、全宗号28,目录(2),卷号 867)。

图 4–6 大冶电厂老厂区

资料来源:《黄石电厂志》。

地基的基础上兴建起来的。1946 年,国民政府利用美国贷款 880 万美元之一部分,在美国订购 5000 千瓦发电机组十套,分配三套给大冶电厂,作为大冶中心电厂第一期工程建设的目标,此外还计划架设一条大冶至武昌的 66 千伏输电线路,将大冶电力输送到武汉。①

无论是从新设备的购置和日本赔偿电力设备的分配来看,都充分说明大冶电厂是当时国民政府筹备新建的规模最大的电厂。

此时的大冶正在新建中国三大重工业企业,即华钢、大冶水泥厂、大冶电厂。由于内战的影响,日本赔偿设备没有全部到位,国民政府规模庞大的筹建计划最终没有完全实现,但大冶重工业基地的地位已经确立,三大厂矿初具规模,华钢成为中南地区最大的钢铁工业基地、大冶水泥厂成为中国最大的水泥厂、大冶电厂成为中南地区最大的电厂。

大冶国防重工业基地的兴建是抗战后国民政府重工业建设最大的亮点,是以翁文灏、钱昌照、孙越崎等为代表的资源委员会著名重工业专家在重工业建设中的成功探索。这是因为翁文灏是著名学者,在知识分子中有感召力,他又是蒋介石器重的著名科学家,可以利用中央政府及经济部长、行政院院长的头衔为资源委员会服务,再加上以翁文灏为领导的资源委员会学者们以国家兴亡为已任,为中国重工业发展努力奋斗,而忘却了个人利益。聚集和培养大量本土人才是资源委员会最主要的贡献。

① 黄石电厂史志编辑室:《黄石电厂志》,黄石电厂史志编辑室,1992 年。

20 世纪 30 年代，国民政府资源委员会成立一直到 40 年代末期为近代中国重工业探索的第三个阶段，全球化与本土化不断融合统一，西方的先进技术逐步被利用和改造成为本土先进技术，高级技术人才逐渐本土化，大型重工业国营事业化以及国有化的一系列创新取得了明显的效果。大冶国防重工业基地的兴建为新中国长江流域工业的恢复和发展奠定了基础。资源委员会集中的大量钢铁工业、水泥工业、电力工业以及煤炭工业人才如刘刚、丘玉池、王涛、陆宗贤、黄文治等几百名高级重工业人才在大冶聚集。他们中的绝大多数后来从大冶走向全国，促进了新中国重工业的发展。

三、国民政府重工业基地创建的历史地位

此时的大冶正在建设中国三大重工业企业，即华中钢铁公司、大冶水泥厂、大冶电厂。和内战时期其他的地方一片萧条不同，这里建设工地热火朝天。虽然由于内战的影响，日本赔偿设备没有全部到位，国民政府规模庞大的筹建计划最终没有实现，但大冶重工业基地的确立，后来建成的华中钢铁公司成为中南地区最大的钢铁工业基地、大冶水泥厂成为中国最大的水泥厂、大冶电厂成为中南地区最大的电厂，为新中国大冶工矿特区的建立和黄石市的兴建奠定了坚实的物质基础。

1.大冶是国民政府创建重工业基地的典型代表，对中国重工业及国防工业布局产生了深远的影响。

自 1927 年南京国民政府建立，特别是资源委员会成立，确定重点发展重工业，在抗战前计划兴建湘潭、马鞍山中央钢铁厂计划没有成功，抗战期间兴建了重庆、昆明等基地。抗战后兴建大冶国防重工业基地是国民政府资源委员会多年筹划的结果。

1936 年准备兴建灵乡铁矿、大冶阳新铜矿。1938 年大冶重工业的西迁不仅促进了西南重庆、昆明等工业基地形成，改变西南工业落后的局面，还为战后工业的复兴提供了物质基础和人才资源。

国民政府创建大冶重工业基地，采取了三种方式，在全国具有典型的代表意义。

第一种方式是国民政府资源委员会采取官办的形式，以汉冶萍公司为基础创建资源委员会华中钢铁有限公司。第二种方式是国民政府资源委员会采取合办的形式，与湖北省政府合办鄂南电力有限公司大冶电厂。第三种方式是国民政府资源委员会采取入股的形式，入股华新水泥股份有限公司，在战后兴建中国最大的水泥厂——大冶水泥厂。

从 1947 年全国电力工业的地理分布状况来看，更能说明工业布局的不合理性，内地电力工业仅占全国的百分之十多一点。国民政府创建大冶重工业基地，兴

图 4–7 华新水泥厂引进美国的水泥窑

资料来源：刘金林摄影。

建大冶电厂，当时国民政府兴建电力工业的近三分之一的发电设备，即 1.5 万千瓦分配给大冶，此外大冶原有设备约 9 千千瓦(电厂与煤矿)。当时大冶设备容量约 2.4 万千瓦，约占 1947 年全国的发电设备容量的 2.4% ，中南地区的近三分之一。逐步改变中国重工业集中在沿海包括华东、东北等不合理的工业布局。由于大冶地理位置在长江中游，中国中部，与沿海地区比较，国防地位特别重要。随着大冶钢铁工业、水泥工业的兴建以及煤炭工业的恢复，大冶对中国重工业及国防工业布局产生了深远的影响，为新中国重工业布局提供了宝贵的经验，奠定了基础。

2. 为湖北重工业的发展奠定了坚实的基础。

1949 年，湖北全省工业总产值仅 4.73 亿元(按 1957 年不变价，人民币，下同)，占当年工农业总产值的 22%。湖北轻重工业发展极不平衡，重工业比重过低，轻重工业内部发展畸形。在全省工业总产值中，轻工业产值为 3.96 亿元，占 83.7%。重工业仅 0.77 亿元，所占比重不到 1/5。

从工业部门来看，主要工业部门通过三年的恢复，发展到了一个前所未有的新高度。电力行业开始走向联网、互相调剂余缺的新阶段。1949 年 7 月武昌——大冶 112 公里的 6600 伏输电线路开始施工，1951 年 4 月建成投产， 武昌与黄石实现了

表 4-5 湖北省 1952、1936 年主要工业产品产量对比表

名称	单位	1952	1949	1936	1952 年与各年增长或下降比	
					1949	1936
钢	万吨	4.44	0.03		+147 倍	
生铁	万吨	2.61	0.3	1.4	+7.7%	+86.43%
发电量	亿度	1.63	0.8	0.83	+1.04 倍	+96.39%
水泥	万吨	25	2.29	3.4	+9.92 倍	+6.35 倍
原煤	万吨	41.47	23.5	49.02	+76.46%	–15.40%
棉纱	万吨	2.28	0.95	1.57	+138.95%	+45.09%
棉布	万米	5328	1886	4493	+182.50%	+18.58%
卷烟	万箱	11.03	9.23	11.33	+19.50%	–2.65%

资料来源:《湖北省志·工业》,第 51 页。

联网。这是湖北电力工业发展的一次飞跃,黄石的电力源源不断地输入武汉,促进了武汉经济的发展。

轻重工业结构发生了较大的变化,初步改变了轻重工业畸形发展的状况。按 1957 年价格统计,1949 年轻重工业产值分别为 3.96 亿元和 0.77 亿元,分别占当年全省工农业总产值的 18.4%和 3.6%。到 1952 年分别增长到 7.59 亿元和 2.14 亿元,分别占当年工农业生产总值的 23.5%和 6.6%。轻工业所占比重由 1949 年的 83.8%,下降到 1952 年的 78%,重工业则由 16.2%上升到 22%,增长了 5.8 个百分点。这说明,工业中轻重比例有了一定的改变,且重工业产值增长速度是轻工业增长速度的 1.98 倍。重工业内部结构也发生了重大变化。采掘业、原材料业和制造业三者的比例已经由 1949 年制造业比重过大、采掘业和原材料业比重太小、头重脚轻的失衡状态,发展到 1952 年已经逐渐趋合理的比例关系。其中建材业获得了突飞猛进的增长,其所占比重增加了 38.4 个百分点,采掘业也有一定增长,而制造业则下降了 40 个百分点,重工业主要分布在黄石地区。①

3. 大大促进了黄石地区工业化与城市化进程。

近代黄石经济发展,有一个奇怪的现象,就是工业化发达,城市化缓慢。钢铁工业的发展是影响黄石工业化和城市化进程的关键所在。黄石工业化和城市化起步于1890 年张之洞创办大冶铁矿。由于张之洞错误地把铁厂建在汉阳,始终把黄石作为矿产资源产地对待,黄石城市化进程非常缓慢。

近代黄石市区位于从铁山到黄石港三十余公里长、一百余平方公里的狭小范围内,面积不到湖北省的千分之一,大冶县的十分之一。到 1949 年底,黄石集中了

① 徐鹏航:《湖北工业史》,湖北人民出版社,2008 年。

湖北甚至是中南地区的钢铁、水泥、电力以及煤炭等重工业，出现了近代黄石六十年工业化发达，城市化缓慢的怪现象。黄石工业化发达体现在：近代黄石市区分布着亚洲最早最大的钢铁联合企业汉冶萍煤铁厂矿有限公司主体部分、1890 年由湖广总督张之洞开办的中国第一家用机器开采的大型露天铁矿——大冶铁矿，汉冶萍煤铁厂矿有限公司 1913 年开始兴建的当时中国最先进的钢铁基地——大冶钢铁厂，1907 年开始兴建的南方第一水泥厂——湖北水泥厂，1890 年开始修建的中南地区第一条铁路——大冶铁矿运矿铁路、前身是 1921 年开始发电的大冶钢铁厂袁家湖火力发电所，1945 年开始兴建的中南地区第一大电厂——大冶电厂，创办于 1920 年的湖北省第二家用机器开采的大型露天铁矿——象鼻山铁矿，1919 年通车的湖北省境内第二条铁矿专用铁路——象鼻山铁矿运矿铁路，1909 年开始创办的湖北省最大的煤炭基地——源华煤矿公司(由富源、富华两大煤矿组成)，长江最大的运矿港口——黄石港口，1893 年兴建了老汉矿码头，后来又兴建了东汉矿码头、新汉矿码头以及沈家营矿码头等，在长江开辟汉冶航线。清末民初，黄石地区是中国唯一拥有钢铁、水泥、煤炭、电力等重工业部门齐全的矿冶工业基地，其中绝大部分工矿企业是由中国民族资产阶级兴办的，是近代中国民族重工业分布最集中的地区。

随着大冶钢铁厂的兴建以及日本在黄石创办“大冶矿业所”，城市化缓慢的现象有所改善。抗日战争后期，国民政府认识到黄石地区的重要性，1945 年 8 月日本投降后，国民政府接管大冶矿业所，在此基础上创办华中钢铁公司。华中钢铁公司是国民政府筹建的南方最大的钢铁工业基地。1948 年，国民政府将石灰窑和黄石港两镇合并为石黄镇，这是黄石城市进一步一体化。

1950 年 8 月 21 日黄石市诞生。黄石市的建立，加速了黄石地区工业化和城市化的进程，特别是城市化发展迅速，20 世纪 50 年代初期，是国民经济恢复时期，黄石的发展与全国其他地方还是不同，不是恢复，而是快速发展，使黄石成为中南地区最重要的重工业城市，是中国南方最有活力的城市。城市建设进一步加快，黄石城市化真正形成就是这个时期，主要是移民城市的形成。

近代黄石从张之洞开始以矿产资源产地为发展目标，企业大量使用没有技术含量的农民，本地贫苦农民大约占百分之九十五，移民的人数所占比例不大。到 1949 年黄石市区 4 万 5 千人，从清朝末年到 1949 年黄石市区人口没有明显变化。1949 年 5 月，黄石最大的厂矿——华中钢铁有限公司共有职工 1395 人，而当时黄石产业工人和技术人员远远不到 1 万人。新中国成立前黄石城市人口不多，城市公共设施等建设还很落后，黄石城市化没有完全形成。新中国实现了华中钢铁公司 1946 年提出的黄石建市设想。黄石移民城市真正形成是在解放以后。1949 年黄石市区 4 万 5 千人、1953 年 11 万、1964 年 22 万、1982 年 43 万，三十年的时间，黄石市区人口增长近 10 倍，其中绝大部分是移民。此时黄石移民城市才真正形成。

钢铁工业等重工业促进了黄石工业化和城市化的进程。近代黄石集中了中国最优秀的钢铁工业、水泥工业、煤炭工业、电力工业以及地质勘探专家、科学家等大量人才，有许多是留学的博士、硕士，拥有丰富的资源以及优越的地理位置，建设了许多的厂矿，但城市化发展缓慢，一个城市要真正得到更快更好的发展，还是要有一个强大的国家，一个安定的社会环境。新中国的成立实现了近代黄石无数科学家和广大工人群众的梦想，这是黄石百年重工业发展的历史见证。

图 4–8 黄石十里钢城

资料来源：刘金林摄影。

第二节 黄石港第七次重工业布局
——新中国领导人筹建第二钢都(1950—1954)

一、周恩来为建大冶钢铁厂给苏联发电报——新中国钢铁工业布局

1949年5月15日，中国人民解放军四野四十三军解放了黄石港，5月27日，中国人民革命军事委员会武汉市军事管制委员会任命王厂、陈希为正副军事代表，接管了华中钢铁有限公司。6月13日宣布，厂名暂定为武汉市军事管制委员会华中钢铁公司(以下称华钢)。9月1日，华钢正式定名为中原临时人民政府华中钢铁公司，10月华钢隶属中原临时人民政府工业部领导。

当时华钢仅有66立方米高炉1座，1.5吨转炉2座，250毫米轧钢机1套，另1套430毫米轧钢机尚未安装，其辅助生产设备残缺不全。经过驻公司军事代表和全公司职工的艰苦努力，华钢很快恢复了生产。1949年6月，1.5吨转炉和250毫米轧钢机开始生产。11月下旬，冷铸车轮开始试产，1950年上半年，将66立方米高炉改造为83立方米，6月25日炼出第一炉铁，年内还自建了1座15吨平炉，安装了1套430毫米轧钢机，并先后投产。这期间全公司开展了生产劳动竞赛，建立了生产责任制，实行了定额管理和成本核算，同时，还对公司组织机构进行了改组。由于实施了以上措施，1950年钢产量达到5000余吨，生铁产量近4000吨，冷铸车轮产量由1949年97件猛增到2463件。

由于华钢在中国钢铁工业上占有一定地位，故公司刚成立就得到党和国家的高度重视。1949年12月，党中央召开的第一次钢铁会议上讨论了华钢的生产和发展，决定1950年给华钢投资相当于4万吨小米价格的经费，将其年生产能力由万吨扩大到3万吨。为了适应生产发展的需要，公司设置了相应的管理机构，即1室(技术室)、4厂(炼铁厂、炼钢厂、轧钢厂、机械厂)、4处(经理处、行政处、铁山保管处、业务处)。这期间，中原临时人民政府任命了公司监委、副监委负责党务工作。

1950年8月，华中钢铁公司改属中南重工业部领导。1950年11月，美国发动了侵略朝鲜的战争，并威胁到我国东北地区的安全，中央命令将大连建新工业公司所属大连钢厂迁入华钢，并另添部分设备，使华钢在原有基础上改建为大冶特殊钢厂。迁来的设备有1.5吨电炉1座，3吨电炉1座，6吨电炉1座，500毫米钢轧机(主马达及电气设备)、300毫米轧钢机各1套，2吨锻锤2台，1吨锻锤3台，0.5吨锻锤1台，15吨吊车1台等。随同设备一起调入的干部、工程技术人员和工人670余人。人员和设备年底前陆续到达华钢。为了顺利完成迁建任务，1950年12月建立了建厂委员会，领导迁建工作。

1951年3月，制订了建厂计划报告书并呈送中南工业部和中央重工业部。4

月,经中央重工业部批准拨款建厂(重计综字第 258 号文),投资 577 亿元(老币)。建厂工程于同年 8 月 2 日正式动工。1952 年底,大连南迁的设备基本安装完毕,并先后投入生产。但由于扩建计划变更和施工力量不足,至 1952 年底,大冶特殊钢厂的基建工程只完成总投资的 64.8%,余下的经费呈报中央转入 1953 年年度计划。

迁建工程的完成,增强了华钢的技术装备力量,使钢产量从 1949 年的 253 吨增加到 1952 年的 4.4 万吨，增长了 174 倍；钢材产量从 1949 年的 92 吨增加到 1952 年的 3 万吨,增长了321 倍。职工总数由 1949 年的 1000 余人增加到 1952 年的 5000 余人。从 1952 年秋季起,华钢开始用电炉冶炼优质钢。1953 年,平炉也开始冶炼优质钢。生产品种改变,为冶钢日后“白普转优”奠定了基础。

1951 年 4 月,华钢再次变更隶属关系,由原中南重工业部领导改为由中南军政委员会工业部领导。1952 年 10 月,华钢成立了工厂管理委员会,负责领导全公司生产改革运动。

新中国建立后,为改变钢铁工业主要分布在东北的不合理布局,中央决定兴建大冶钢铁工业基地。周恩来总理就我国政府决定推迟本溪改建先兴建大冶钢铁厂致苏联政府的电报中说:“根据我国中央人民政府的决定，目前阶段先进行大冶钢铁厂(在武汉附近)的建设工作,而把本溪公司的恢复改建工作推迟。并将大冶建设的设计与制造设备委托苏联进行。为了加速这一工作,请求苏联政府派出专家小组即来中国帮助我们制定计划任务书和收集设计资料。在派来的专家中应包括指导进行矿山地质、工程地质的勘测、钻探、研究工作的专家,比较长期地留在中国工作。”

此外，中央财委党组关于全国钢铁工业的发展方针速度与地区分布问题向中央的报告如下：

毛主席并中央：

最近我们反复考虑了全国钢铁工业的发展方针、速度与地区分布的问题。因为钢铁工业是一切工业的骨干,没有钢铁工业就谈不到机械制造工业(这里说的机械工业是包括一切工业设备的制造工业,铁路机车车辆制造工业、造船工业、汽车拖拉机制造工业、兵器制造工业等而言),也就谈不到国家的工业化。钢铁工业的方针和地区分布问题决定了，才能对其他工业，特别是机械制造工业作全国的合理配置。我国的钢铁工业是很落后的(苏联在开始第一个工业计划的时候,钢锭的年产量是四百万吨,我国一九五二年计划钢锭年产量才一百万吨),所以目前阶段必须在钢铁工业上付以最大注意和尽最大努力。①

……

如果中央同意在第一个五年计划时期,在两点建厂的方针,则只能就本溪、石景山、大冶之中选择一地。本溪和石景山两地都有一些炼铁设备的基础。本溪已请

① 武钢志编纂委员会:《武钢志》,武汉:武汉出版社,1988 年。

了苏联作设计(按合同规定应于今年完成初步设计),建厂时间可能比别处快些。但是本溪和鞍山相距很近,如果第一个五年计划的两个大钢铁厂都放在东北,势必把其他工业也都放在东北,在地域分布上是不合理的。石景山虽在华北,但仍在我国的北部,而且地近海岸,兴建新的大工厂是不适宜的,同时龙烟铁矿的地质情况也还不够清楚(与本溪、大冶比较而言)。大冶处在我国的中心地区(距海岸线七百公里),有长江水运之便,产品可以就近供应中南、西南、华东广大地区,大冶建成后,可以把武汉变成一个新的工业地带。在地域分布上将使有东北、武汉一南一北两个工业基地。因此,我们认为无论经济上、国防上考虑,第二个钢铁厂以放在大冶为适当。①

担任鞍钢设计的苏联钢铁冶金设计院长赫列希尼可夫所率的代表团最近来中国,我们请求他们到大冶作了短期的视察,他视察后的口头报告大要为:

(一)同意中国的第二个钢铁中心应设大冶地区。

(二)对于建厂规模提出了年产一百二十万吨至一百三十万吨,及年产二百四十万吨至二百五十万吨两个方案。他们说:就生产成本和中国今后将继续增建钢铁厂两点来说,建设二百四五十万吨的厂比之一百二三十万的合理些。

(三)认为大冶的矿山地质资料很不充分,应加紧进行,特别希望在大冶铁矿之

图 4-9 现在保存的华中钢铁公司时期的厂房

资料来源:刘金林摄影。

① 武钢志编纂委员会:《武钢志》,武汉:武汉出版社,1988 年。

外，再发现一处大的铁矿，原料才有保证。

(四)大冶现在厂址虽有可能建厂，但土质不好，厂区太小，建设费很贵，建议在大冶武汉附近，再选几个厂址，与现在厂址对比后再最后确定。

(五)按现有资料，大冶尚不能立即进入设计工作，而必须继续收集资料，进行矿山地质及工程地质勘察、钻探、研究工作，准备编制"计划任务书"。

(六)如果确定先建大冶则请求本溪的设计工作开始推迟。

总括我们的研究及苏联专家的视察报告我们向中央提出以下建议：

(一)目前就应做的工作是集中全国的力量，特别是技术人员，首先进行鞍钢的恢复与改建工程，争取迅速完工。

(二)确定大冶为第一个五年计划间开始建设的第二个钢铁基地，立即抽调力量，集中于矿山地质，工程地质的勘测、钻探、研究工作和厂址选择的工作。

(三)大冶的设计工作委托苏联进行，为了争取时间即向苏联聘请专家，请其来中国指导大冶矿山地质与工程地质工作，帮助制定大冶的"计划任务书"并收集设计资料。

(四)正式通知书里苏联，本溪在第一个五年计划期间，只恢复伪满时期留下现未开工的两台炼铁炉， 两台炼焦炉和供给这两台炼铁炉原料而必须进行的矿山和选矿等工程。除这些设计外其它他部分的设计可以暂缓进行。

上述意见，对国家建设关系极大，请中央指示。

中财委党组

一九五二年三月十九日

中央关于钢铁工业发展方针等问题的批示

中财委党组并告各中央局：

中财委党组三月十九日来电悉。中央完全同意关于全国钢铁工业的发展方针速度与地区分布问题的报告及建议，望中财委即据此迅速布置工作。惟除四项建议外，对于包头附近的铁矿，仍应继续进行勘察工作，如需苏联专家指导亦应及时聘请。兹将中财委党组报告转发各中央局供参考。

中央

五月六日[①]

中共中央中南局关于拥护中央在武汉大冶区建立巨型钢铁中心的决定(摘要)

中央关于在武汉大冶区建立巨型钢铁中心的决定，我们十分拥护。钢铁工业是工业化的骨干和基础，没有它，纵然一般工业有所发展，也是不能工业化的。钢铁工业建设的数量与速度，将对我国增强国防、加速实现社会主义是有严重意义的。由

①② 武钢志编纂委员会：《武钢志》，武汉：武汉出版社，1988 年。

于钢铁工业中心的建设，自然一系列的机器工业随之而来，成为巨大的工业基地。我们必须积极准备迎接这一伟大艰巨的任务。

中南局准备有计划地抽调大量干部，准备国家基础工业建设。

一九五二年五月六日[2]

综合《周恩来总理就我国政府决定推迟本溪改建先兴建大冶钢铁厂致苏联政府的电报》《中央财委党组关于全国钢铁工业的发展方针速度与地区分布问题向中央的报告》《中央关于钢铁工业发展方针等问题的批示》《中共中央中南局关于拥护中央在武汉大冶区建立巨型钢铁中心的决定》等文件内容，中央初步决定在黄石地区兴建大型钢铁工业基地。

二、刘少奇书写建设大冶钢铁厂的指示——第二钢都的筹建

新中国成立初，全国只在东北有一个大型钢铁基地，满足不了国民经济发展的需要。在国家第一个五年计划期间，党中央拟订以华钢为基础建设中国第二个钢铁工业基地，初定名为大冶钢铁厂(代号三一五厂)。1950 年，中央重工业部钢铁局会同华钢，开始搜编华钢厂址的成文资料。1952 年 5 月 1 日，中央重工业部决定成立由华钢领导的筹建大冶钢铁厂的办事机构“三一五厂筹备处”，筹备处设在华钢基本建设处楼上(现冶钢公安处)。“三一五厂筹备处”日常工作主要由华钢经理高芸生负责，有关建厂筹备事宜均由华钢负责处理。1952 年 5 月 6 日中央重工业部正式决定建立中国第二个钢铁工业基地，同年 8 月，中央重工业部再次指示：“要求该厂建设提早完成”。随即，大批干部、工程技术人员、工人队伍迅速云集华钢并开展工作。

中央重工业部为了加强和适应大冶钢铁厂(三一五厂)的筹建工作的领导，经与有关部门研究，于 1952 年 12 月，决定成立一个综合性的领导机构，名称仍称华中钢铁公司(以下简称新华钢)，领导“三一五厂”的筹建和华钢的生产。1953 年 3 月 1 日，原华中钢铁公司(即冶钢前身)奉命改厂名为大冶钢厂，属新华钢领导。这样，新成立的华中钢铁公司的办公地点，于 1953 年 4 月 21 日由冶钢厂内迁到汉口江汉路原工业部大楼办公。

当时国家副主席刘少奇，亲自书写修改建设大冶钢铁厂的指示，在黄石地区兴建大型钢铁工业基地已上升到国家最高层面。

刘少奇对中央关于建设大冶钢铁厂指示的修改

中南局：

---

① 武钢志编纂委员会：《武钢志》，武汉：武汉出版社，1988 年。

建设大冶新厂为我国第二钢铁工业中心的任务是十分艰巨的，人力组织（包括老干部及技术人员），必须依靠中南解决，中央要求该厂建设提早完成，并将争取苏联设计组迅速来华，目前关键除加强资源及工程地质、钻探外，请你们即加强建设该厂之筹备机构，及大力地调动干部。前次中财委曾与李一清、刘杰同志商议，为使大冶取得建设经验，先从中南调集干部与技术人员到鞍山参加工作，他们认为亦有必要，因此我们要求中南局即从大区及各省市分批调集五百名机电技术人员，并先调六十名地委县委一级干部，做骨干，下半年及明年年初分批去鞍钢参加建厂工作的实习，以便他们在将来能够领导大冶建厂工作。第一批干部应于九月即行出发。但中南重工业部之大冶钢铁中等技术学校，及工业部直属之机电中等技术学校，应全部保留部分上分散。动员技术人员和技术工人到鞍山工作时，应进行很好的政治动员，对他们的工资待遇及家属问题应妥善解决，并应有负责人和他们谈话，以免他们到鞍山后不安心工作和学习，甚至私自逃跑回来。又，大冶建厂筹备机构，需要适当加强，并请考虑以潘琪同志接替刘杰同志主管筹备处工作。

中央

八月十七日[①]

国家副主席刘少奇建设大冶钢铁厂的指示，更具体化，涉及第二钢铁工业中心的筹备机构、干部队伍、技术人员、人才培养等问题。

三、毛泽东视察华中钢铁公司及“办大办好”指示的真实含义

1953 年 2 月 19 日，毛泽东主席在中共中央办公厅主任杨尚昆、公安部长罗瑞卿的陪同下，乘坐 “长江”舰，前来黄石视察。当时黄石建市不久，交通不便，社会治安比较复杂，罗瑞卿劝告毛主席在船上看看黄石就可以了。毛泽东主席执意要来黄石亲自看看，他坚定地说：“黄石是重要的工业基地，路不好走不要紧，我就是骑着驴驹也要去看看。”晚上 6 时，“长江”舰驶进黄石港口，毛泽东主席在黄石市委书记杨殿奎、华钢党委书记高芸生的陪同下，乘车来到华钢招待所。在招待所，毛主席听取华钢负责人的汇报后，就来到生产车间。主席视察得十分仔细，遇到不明白的问题就问，毛主席先后视察了轧钢厂、化验室、炼钢厂、锻造厂、炼铁厂。在炼钢厂高炉旁，毛主席与炼铁工人赵同海等亲切交炎：“家里有几口人?每月拿多少工资?生活过得好不好?领导关不关心你们的生活?”工人们都高兴地作了回答，主席听了连声说：“很好，很好。”走出炼铁厂，已是晚上八点多钟，毛主席对杨殿奎、高芸生等人说：“希望你们把这个厂办大办好。”在人们的欢送声中，毛泽东主席结束了首次黄石之行。毛主席的“办大办好”当时是指创建中国第二大钢铁工业基地，1951——

① 武钢志编纂委员会：《武钢志》，武汉：武汉出版社，1988 年。

图 4-10 扩建中的华钢炼钢厂

资料来源:《大冶钢厂志》第一卷。

图 4-11 华钢大冶技校宿舍楼

资料来源:刘金林摄影。

图 4–12 高芸生

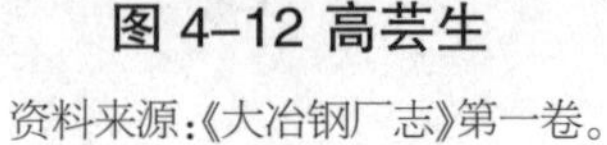

资料来源:《大冶钢厂志》第一卷。

图 4–13 高芸生和苏联专家到大冶铁矿察看资源情况

资料来源:《大冶铁矿志》第一卷。

1954 年,中南局、湖北省、黄石市的工业建设重点主要放到建设第二大钢铁工业基地大冶钢铁厂上。

四、大冶钢铁厂迁址武汉的得失

第二次黄石与武汉钢铁厂址之争是新中国现代钢铁工业的开始阶段。1952 年 3 月 19 日中央财委党组将建设大冶钢铁厂的意见,正式向党中央、毛主席、周总理写了《关于全国钢铁工业的发展方针速度与地区分布问题的报告》。报告中提出:在国家经济建设第一个五年计划时期,除应该加强东北鞍钢的恢复建设外,还应该在华中地区进行建设第二个钢铁工业中心的工作。“大冶处在我国的中心地区(距海岸线700 公里),有长江水运之便,产品可以就近供应中南、西南、华东广大地区,大冶厂建成后,可以把武汉变成一个新的工业地带。在地域分布上将使我国有东北、武汉一南一北两个工业基地。因此,我们认为无论从经济上、国防上考虑,第二个钢铁厂以放在大冶为适当”(引自 1952 年 3 月 19 日财经寅 NO.198 文件)。[①] 1952 年 3 月 27 日,周总理在中央财委转呈贸易部《关于委托苏联进行大冶钢铁厂的设计勘察工作,并通知苏方推迟本溪的总体初步设计工作》的函件上,亲笔批示:“同意”,决定将黄石建厂的设计、勘察及制造设备和交付设备的工作委托苏联进行。1952 年 5 月 1 日,中央重工业部决定成立由华钢领导的筹建大冶钢铁厂的办事机构“三一五厂筹备处”,筹备处设在华钢基本建设处楼上。“三一五厂筹备处”日常工作主要由华钢经理高芸生负责,有关建厂筹备事宜均由华钢负责处理。以华中钢铁公司为基础的新中国第二个钢铁工业基地在黄石筹建。

① 武钢志编纂委员会:《武钢志》,武汉:武汉出版社,1988 年。

由于苏联专家的建议,1954 年全国第二个钢铁工业基地由大冶迁址武汉青山兴建。从 1878 年盛宣怀经过考察确定在大冶创办钢铁工业到 1952 年中央确定大冶为第二个钢铁工业基地,经过清朝末年、北洋政府、国民政府以及新中国建立初期的各个时期七十多年的科学考察研究确定的大冶钢铁工业基地厂址被改变。

1952 年 4 月,中央财委组建选厂委员会,由中南工业部部长刘杰负责,成员包括中央和地方有关部门的负责人以及焦化、轧钢、供排水、土建、勘测等方面的中国专家和工程技术人员。选厂委员会经过反复研究,决定以下陆、油坊岭及徐家棚三处作为候选厂址。

1954 年 2 月, 以苏联黑色冶金工厂设计院列宁格勒分院院长别良其可夫、总工程师格里高扬为首的苏联设计组来武汉考察,并于 1954 年 3 月 26 日提出了《厂址选择建议书》,正式推荐武汉青山地区作为新厂厂址。同年 5 月 12 日,国家计委、建委批准在青山地区建厂。

选定的青山厂址,具有以下优点:第一,厂区距长江近,有利于供排水以及水运。靠近京广铁路,接轨距离短,有利于设备、原材料和产品的运输。第二,靠近中南地区经济文化中心武汉市,便于取得地方的支持和人力、物力等方面的支援,也能为武汉市建设和发展奠定雄厚的工业基础。第三,厂区工程地质条件较好,保证厂房坚固耐久,能充分满足长期生产的使用要求。第四,通过设计部门的周密考虑,合理设计,可以更进一步发挥青山厂址的优越条件。①

从苏联专家组提出的《厂址选择建议书》来看,厂址选择的关键是厂区工程地质条件较好,即第三、四点。第一点大冶也具备这一优势。我们将从以下几个方面探讨分析苏联专家组的厂址选择问题:

1. 从历史角度进行分析。前文分析张之洞创办汉阳铁厂,是一次失误的厂址选择,苏联选址的第二点有与张之洞类似的阐述。

2. 从当时钢铁工业发展基础进行分析。战后国民政府在大冶兴建国防重工业基地,新中国成立后进一步加大建设力度。1950—1952 年,国家用于大冶华钢改造扩建投入达 1293 万元,占整个湖北省总投资的 15.43%。经过三年恢复时期,华中钢铁公司生产规模有了很大发展,1952 年大冶已成为南方三大钢铁工业中心之一, 大冶当时已汇聚了全国钢铁技术人才和建设人才, 已建成了全国最大的水泥厂、中南地区最大的电厂,武汉的用电也是由大冶输送的,大冶建设钢铁工业的基础明显好于武汉。当时中国很贫穷、很落后,在武汉重新建厂,就出现了重复建设问题以及浪费人力、物力等问题。

3. 从企业管理方面进行分析。1954 年 7 月 15 日,《华中钢铁公司为了适应新的任务必须改组机构及当前急需解决的几个问题的报告》节选如下:

新厂址经苏联设计组建议,中央批准。确定在武昌青山背后地区建设,并改原

① 武钢志编纂委员会:《武钢志》,武汉:武汉出版社,1988 年。

华中钢铁公司大冶钢铁厂名称为武汉钢铁公司。按将来发展年产 300 万吨钢的厂址布局,现按合同规定年产 150 万吨钢的规模进行设计。

……

为了适应新的任务的需要,当前几个迫切需要解决的问题如下;

公司的组织机构

现在的机构不能担负现在的任务,必须改组,如何改组呢?

新的机构必须根据以下几个原则进行改组。

(1)便于武汉大厂筹备工作的进行。

(2)便于在大冶练兵练将按期完成扩建任务,不削弱大冶施工的领导。

(3)保持两个摊子的统一领导。

(4)职责清楚各负专责……①

从当时华中钢铁公司管理方面来看,已出现了比较混乱的问题,在当时人才缺乏的情况下,要兴建两大钢铁厂,组建两套领导班子,企业管理出现问题在所难免,特别是党政机关包办企业问题严重。还有一个更复杂的问题就是行政区划问题,由于当时及以后建设的钢铁厂矿产资源产地大冶铁矿、灵乡铁矿、金山店铁矿都位于大冶境内,厂址在武汉就出现了多个行政区管理的问题,复杂性可想而知,后来出现钢铁厂与黄石市等地方政府之间的矛盾在所难免。行政区划问题是中国经济发展和地区稳定的一个重大问题。

4. 对当时世界钢铁工业布局的成功经验进行分析, 从发达国家钢铁工业布局来看,如德国鲁尔区克虏伯公司、日本八幡制铁所等大型钢铁基地主要分布在资源产地以及非行政中心特大城市,从现在的观念来看,首都钢铁公司、广州钢铁公司的搬迁说明,钢铁基地布局在特大中心城市不是很好的选择方案。

5. 从长江中游、湖北工业城市布局进行分析。湖北是中国极少见的一城独大的省份,这也是湖北经济发展不快的一个重要原因。钢铁厂址选在武汉,使一城独大的局面进一步扩大。20 世纪 50 年代初的大冶重工业已超越武汉,成为 1952 年中央确定的第一类重工业中心城市。由于厂址选在武汉, 使大冶失去了发展机会,1954 年中央确定武汉为第一类重工业中心城市,大冶(黄石)被中央排除在第一类、第二类、第三类城市之外,成为采取维持、不用重点建设的一般城市。与长江下游以上海、南京为中心的长江三角洲地区以及长江上游以重庆、成都为中心的四川地区相比,以湖北为中心的中国中部及长江中游地区成为中国经济的塌陷地区。

6. 最后就厂址具体位置进行分析。中国选厂委员会决定以下陆、油坊岭及徐家棚三处作为候选厂址的方案,1954 年初苏联专家否定了油坊岭和徐家棚两处,而

① 华中钢铁公司:《华中钢铁公司为了适应新的任务必须改组机构及当前急需解决的几个问题的报告》,转引自《武钢志》,武汉:武钢志编纂委员会,1985 年,第 341 页。

② 武汉市政协文史资料委员会:《武汉文史资料总第 43 辑 江夏春秋往事篇》,1991 年。

对大冶下陆地区感兴趣，当时苏联专家马稚可夫已经在做设计方案并绘制总平面布置图。[②]确定武汉青山为厂址，具有偶然性，而当时的青山已经确定为第二汽车制造厂的厂址，随着后来建设武钢，二汽没有建成，延缓了湖北汽车工业的建设步伐，四十多年后二汽的中心又建在了武汉，湖北汽车工业出现了重复建设问题。大冶下陆地区西连大冶铁矿，东接团城山以及黄石市区，南面有广阔的罗桥、黄金山地区，当时是大冶铁路运输的中心，交通设施完备，从后来在下陆区建成的大冶有色金属公司、下陆钢铁厂和黄石第二钢铁厂等大中型厂矿来看，工程地质条件也比较好。[①]

大冶厂址的选择除了苏联专家的意见起决定作用外，中央的态度也非常关键。由于当时大冶华中钢铁公司连续出现四次重大事故(八卦咀工地工棚倒塌，高炉爆炸，趸船拔杆折断，四二九地质队炸弹爆炸)，1953 年 2 月 3 日八卦咀工地工棚倒塌，造成职工伤亡 81 人，其中死亡 5 人，2 月 19 日毛泽东主席视察华钢，5 月 13 日他在《中共中央批转中纪委关于华中钢铁公司问题的报告》作了批示，这是大冶失去第二个钢铁基地的一个非常重要的政治因素。

这四大事故均发生在 1952 年 12 月全厂安全卫生大检查之后，影响极坏。原因是大检查只是形式，领导没有很好地注意安全生产，盲目追求“新纪录”，对机器的性能心中无数，一些主要设备没有备品。事故发生后不检讨原因，对有关负责人很少处理。在生产上，只要生产，不管经营。在领导上，对干部不作思想工作，偏听偏爱，造成干部离心离德；对技术人员不重视也不教育。产生以上问题的主要原因是：领导存在层层包办问题，市委书记包办华钢党委，党委包办行政，少数人包办党委，出了问题则互相推诿；领导干部长期不团结；工会、青年团形同虚设；领导上认为，有了运动就有了一切，没有很好掌握运动规律；市委和企业主要领导有严重的个人英雄主义，严重脱离群众。[②]而当时大冶钢铁厂与黄石市委领导之间，产生一些矛盾，影响着党内团结及建设工作。[③]这些因素对后来厂址的选择起到了一定的作用，对大冶非常不利。

随着中国第二个钢铁基地确定在武汉青山建设，不仅湖北省错失了建成第二个武汉的绝好时机，张之洞、盛宣怀百年前兴建汉冶萍，在湖北建成武汉、大冶两大全国重工业中心的宏伟蓝图最终没有实现。

20 世纪 50 年代新中国经济恢复时期，是近代中国重工业探索的延续阶段，当时接收的以汉冶萍公司国有化为核心的大型重工业大多为国民政府资源委员会主管的企业，设备、技术以及人才的继承性是当时重工业本土化的特色，依靠苏联先

① 刘金林：《汉冶萍历史续编》，黄石：湖北师范学院矿冶文化研究中心，2010 年。

② 中共中央文献研究室：《中央关于批转中纪委关于华中钢铁公司问题报告的指示》，《建国以来刘少奇文稿第五册》，北京：中央文献出版社，2008 年。

③ 王淇、陈志凌：《中共党史人物传 第 75 卷》，北京：中央文献出版社，2000 年。

图 4-14 华钢炼铁厂 83 立方米高炉

资料来源:《大冶钢厂志》第一卷。

进技术援助是当时全球化的突出表现。当时在全球化与本土化探索过程中,苏联先进理念与中国本土特色之间的矛盾突出,如企业管理上出现没有管理经验的革命干部管理企业,出现党委包办企业行政管理的现象,特别是在钢铁厂址选择方面出现了失误。苏联专家重点考虑的是厂区工程地质条件较好这一先进理念,而中国本土特色的行政区划以及地区稳定发展、地区历史以及中国当时落后的国情等因素没有得到关注,特别是没有关注中部地区以及长江中游地区经济的整体发展布局。如果选择大冶,可以保大冶、武汉两座城市发展(第一、二类城市为重点发展),当时苏联专家制定的发展计划是大冶 80 万人口,而当时武汉也只有 130 万人口。要选择武汉,就放弃大冶,武汉被中央确定为第一类城市,而大冶被中央确定为最后一类(第四类)城市,最终没有出现大冶与武汉双赢的格局,“汉冶”双城与“成(成都)渝(重庆)”“济(济南)青(青岛)”等双城一样是近百年中国众多民族精英努力探索奋斗的目标,特别是历届政府重点建设的程度远远超过“成渝”“济青”等双城。大冶是中国洋务运动时期重点兴建的、最具潜力的唯一在新中国时期没有发展成为全国工业中心的城市,现在与上海、天津、武汉、南京、唐山等第一批近代工业化城市相比,差距越来越大,这不能不说是百年中国重工业化探索中的一次失误。随着新中国重工业优先发展战略的确立以及苏联帮助我国设计的 156 个工业项目的全面建设,新中国重工业体系初步建立,这也是近代中国重工业探索全球化与本土化百年努力奋斗的结果。

第三节 大冶工矿特区的创建与黄石市的建立

一、大冶特区的建立

1949 年 5 月 15 日,石黄镇解放,中共中央即指示“迅速派要员对石灰窑工业区进行接管。”中共中央华中局的代表为时任中原职工总会副主席兼组织部长的何英才。几乎在同时,武汉市军事管制委员会命令:“任命本会物质接管部工业处副处长金实蘧同志兼任石灰窑工业特区特派员。在该区设立特派员办事处。代表本会在黄石港、石灰窑、下陆、铁山等地执行工矿企业之接管任务。并负责领导该区之工业行政及地方行政。”是年 5 月 21 日,金实蘧受武汉军事管制委员会主任谭政、副主任陶铸之命与何英才一道抵达石黄镇,在与中国人民解放军第四野战军 43 军留守部队取得联系后,即开始实施对石黄镇的全面接管工作。组建了中共石灰窑工业特区委员会,隶属中央华中局。特区政府下辖黄石港镇、石灰窑镇、铁麓乡、长乐乡、申五乡和下章乡。同时筹建中国人民解放军石灰窑工业警备司令部。

6 月 12 日,金实蘧主持召开“武汉市军事管制委员会石灰窑工业特区特派员办事处”成立大会。不久经中原临时人民政府批准设置“湖北大冶特区办事处”取代石灰窑工业特区特派员办事处。10 月,湖北省人民政府鄂民字 715 号文批准,设立“石黄工矿特区”。特区本身的布告、文件和钤记则为“湖北省大冶工矿特区人民政府”。

何英才(1905—1974),山西洪洞县人,时任中共石灰窑工业特区区委书记兼华中职工总会石灰窑工业特区办事处主任。金实蘧(1919—1990),山东济南市人,时任石灰窑工业特区特派员,中共石灰窑工业特区区委副书记。他们在任期间,建立健全了黄石地区各级党、政、军、群组织,迅速稳定了社会秩序,为黄石的社会、经济的恢复和发展奠定了政治基础。

1950 年 6 月 1 日,时任湖北省政府秘书长的韩宁夫同志根据湖北省人民政府主席李先念的意见,给省民政厅一份公函称:“李主席的意见:拟将大冶石灰窑特区改组为市,定名为石黄市,属省直辖,希即撰办府稿,向上级请示核准为荷!”6 月 6 日,湖北省民政厅给大冶专署来信:根据李主席的意见,拟将石灰窑特区改组为市,我们急需办公文到中央去请求,按中央政务院规定:凡增设市、县级机构,应说明理由,并附详图、人口、土地面积等基本数字,希接信后于五日内将资料上报省民政厅。6 月 16 日,湖北省人民政府以鄂民政特字第 104 号文,向中南军政委员会请求,将石黄工矿区改组为市,定名石黄市。①

① 龚长根、彭汉云:《记忆》,《黄石日报》,2010 年 8 月 19 日。

二、中央确定大冶为新中国初期八大重工业基地之一

1952 年 5 月,国家拟将华中钢铁公司建为大型钢厂,由中南交通企业公司编制《黄石市都市规划》,规划以黄石港、石灰窑为主,拟在磁湖外从八卦嘴至牛尾巴修拦湖大堤,增辟新区 2.8 平方公里,确定胜阳港为市中心区,规划了石灰窑至龚家巷、沈家营至疗养院、道士洑至黄石港等 12 条主次干道。

1952 年 9 月, 中央人民政府政务院财政经济委员会召开全国城市建设座谈会,确定大冶(黄石市)为第一类城市,即全国八大重工业中心城市。1953 年编制《黄石市区总体规划》,此计划为配合国家"315"厂建设,创建全国重工业中心,由苏联专家巴拉金编制,规划市区总面积 400 平方公里,人口 80 万。规划长乐山南为"315"厂厂址,为解决大厂的航运交通和供排水问题,规划开凿运河从戴司湾经磁湖至下陆。1954 年,因 "315"大厂确定建在武汉青山,规划没有实施,同年召开的全国城市建设工作会议,大冶(黄石市)从第一类城市降到第四类城市。

表 4–6　新中国成立初期(1952 年)中央确定的主要工业城市一览表

类别	城市性质	城市
第一类	重工业中心(八个)	北京、包头、大同、齐齐哈尔、大冶、兰州、成都、西安
第二类	工业比重较大的城市(十四个)	吉林、鞍山、抚顺、本溪、沈阳、哈尔滨、太原、石家庄、郑州、洛阳、武汉、邯郸、湛江、乌鲁木齐
第三类	部分工业城市(十七个)	长春、佳木斯、大连、天津、唐山、上海、青岛、南京、杭州、济南、重庆、昆明、内江、贵阳、广州、湘潭、襄樊
第四类	一般城市	上述城市以外的其他城市

资料来源:中国社会科学院、中央档案馆编,《1949–1952 中华人民共和国经济档案资料选编.基本建设投资和建筑业卷》,中国城市经济社会出版社,1989 年版。1952 年 9 月中央人民政府政务院财政经济委员会副秘书长周荣鑫:《在中财委召集的城市建设座谈会上的总结》,转引自陆强主编:《城市建设展新姿》,四川人民出版社,1999 年版。

三、黄石市的建立

华中钢铁公司最早提出建立黄石市,1946 年, 国民政府资源委员会华钢筹备处在上报给行政院的《黄石市市政建筑纲要》的前言中明确指出:"石灰窑临大江南岸,居武汉、九江之间,为汉冶萍公司之发祥地,西距著名产铁区铁山二十余公

里,而附近产煤亦多,石灰石则随处可采,故又为水泥原料之出产地,西北五公里为黄石港,则大冶及其邻近各县之商货和农产品皆聚散于此,故商业亦颇繁盛。

抗战胜利,过去列强所加于吾人之束缚,已无复存在,今后振兴国防工业,大冶铁矿将占最重的地位,现资源委员会已着手筹设华中钢铁公司,大冶电厂亦将开始建设,水泥事业则有华新水泥公司筹设新厂,而民营煤矿则纷纷复兴……今后之石灰窑以至黄石港,将成为几个天然繁盛之工商业区,盖可断言者。惟石灰窑原有市区规模过小……故建设新市区,实已刻不容缓。经再三研讨,拟将黄石港、石灰窑连成一气,合称为'黄石市'。在张家湖(今磁湖)外,增辟新地加以计划经营,使之成为一崭新新市区,利用张家湖山水风景为市民游憩之所,查美国有黄石公园名闻于世,他日吾人之计划如果能实现则可谓巧合矣。世外桃花源,其将实现吾人之理想乎……"①

从《黄石市市政建筑纲要》前言来看,黄石地区交通发达、矿产资源丰富、工业基础好,建市条件已经具备。此纲要推进了黄石城市化的进程,也引起国民政府的重视。随着华中钢铁公司正式成立,以及大冶电厂新厂、华新水泥公司大冶水泥厂的兴建,黄石成为国民政府重点建设的工业基地,1948 年,国民政府将黄石港、石灰窑合并为石黄镇,进行统一行政管理,黄石向城市化迈出了一大步。

1949 年 5 月 15 日,黄石解放,武汉市军事管制委员会接管,并设立石灰窑工业特区特派员。不久经中原临时人民政府批准,设置湖北大冶特区办事处,直属中原临时人民政府领导。1949 年 9 月 29 日,又经中原临时人民政府批准,设立特区人民政府。1950 年 4 月,时任中共湖北省委书记、省政府主席的李先念专程来到大冶工矿特区视察。他听取了华钢负责人有关恢复生产情况的详细汇报,之后不久,李先念批准将大冶工矿特区改组为市的请示。

1950 年夏,湖北省人民政府关于建立黄石市一事以民政特字第 104 号向中南军政委员会呈报了专题请示。请示中提出了建立黄石市的三条理由:"一、该区系我省著名之工矿区,产业工人、码头工人很多,铁、煤及石灰等产量丰富,对我省将来工业建设之重要,原料及动力的供给,系巨大的来源,发展前途颇大。二、该区交通方便:公路可直通武昌(计长 108 公里),铁路现在石灰窑至铁山一线(计长 25 公里),可供运输矿砂之用,将来如自该线建一支线,即可通粤汉铁路(计长约 70 公里),水路黄石港可停靠沪汉线巨轮,故水陆交通便利。三、该区土地与人口。据初步统计土地面积为 20106 市亩,人口为 166207 人。根据以上各种情况,该区已具备设市的条件。为了我省建设前途,必须有计划地发展该区工业。因此我们建议将该区改组为市,定名为石黄市,归我省直辖,以便加强其领导,而利该区工矿业的发展。"

① 行政院资源委员会华中钢铁有限公司筹备处:《黄石市市政建筑纲要》,黄石市档案馆。

7月12日，中南军政委员会以会民字第0103号文向湖北省人民政府发复文：同意将石灰窑、黄石港工矿区合并建省辖市，定名为黄石市，并呈请中央人民政府政务院核备。8月21日，中央人民政府政务院核准："将石灰窑、黄石港合并为省辖市，并定名为黄石市"。值此，黄石市正式诞生。

四、黄石建市初期的发展及新中国第二大钢铁基地的形成

1. 黄石市成为新中国成立初期南方重要的钢铁工业中心、中南地区最重要的重工业城市、新中国重要的矿冶工业基地。

随着华中钢铁公司的兴建和扩大，黄石工业重要性进一步显现，在华钢的多年努力下、在湖北省领导的直接推动下，1950年黄石市诞生。黄石市的建立，促进了黄石地区工业的发展，使黄石城市建设进一步加快，国家加大了投入，使建国初期的黄石，成为中国南方重要的钢铁工业中心。1950—1952年，国家用于华钢改造扩建投入达1293万元，占整个湖北省总投资的15.43%。经过三年恢复时期，华钢生产规模有了很大发展，1952年钢产量达到4.44万吨，钢材产量达到2.96万吨。华钢是黄石市以及湖北省唯一的钢铁厂，华钢的钢、钢材产量代表黄石全市以及湖北全省的产量。参见下表，黄石市钢、钢材产量超过中南区五省二市，成为中南地区最大的钢铁工业城市，当年钢、钢材产量在中国南方各省市中位列上海(7.14万吨和14.11万吨)、四川(4.8万吨和4.9万吨，今重庆的产量)之后，成为南方第三大钢铁工业中心。随着华钢、大冶电厂新厂、华新水泥公司大冶水泥厂新建扩建的完成，1952年黄石市主要工业产品钢、钢材、水泥(24.99万吨)产量居中南区各省市第一位，发电量(0.65亿千瓦小时)居第三位，煤炭(29万吨)居第四位，当时黄石市成为

表4-7　中南区六省二市1952年主要工业产品产量简表

地区	钢(万吨)	钢材(万吨)	水泥(万吨)	发电量(亿千瓦小时)	煤炭(万吨)
武汉市				0.93	
广州市	0.03		15.09	1.07	
河南省				0.40	330
湖北省	4.44	2.96	25.00	1.63	41.47
湖南省			0.03	0.77	175.63
江西省				0.35	104.77
广东省	0.03	0.08	15.09	1.22	18.88
广西省				0.35	9.74

资料来源：《新中国五十年统计资料汇编》《武汉市志》《广州市志》。

备注：湖北省包括武汉的产量，广东省包括广州市的产量。

中南地区最重要的重工业城市，成为新中国重要的矿冶工业基地。

2. 新中国第二个钢铁工业基地的形成。

随着华中钢铁公司扩大和发展，1952 年 5 月 6 日，中央正式决定在黄石地区建立中国第二个钢铁工业基地。中央财委主任陈云亲自召见中南工业部部长刘杰，责成其迅速成立筹备机构，集结力量，尽快开展厂址和资源勘探工作。1952 年 12 月，为了适应筹建工作需要，在原来成立的大冶钢铁厂办事机构“三一五厂”筹备处的基础上，成立一个综合性的领导机构，名称仍称华中钢铁公司，隶属重工业部领导。1953 年 3 月 1 日，华中钢铁公司黄石地区钢铁主业部分奉令改称大冶钢厂（华钢保留了大冶铁矿以及象鼻山铁矿、武汉的房屋和财产）。 4 月 21 日，华中钢铁公司由黄石迁往武汉办公，办公地点在汉口江汉路 104 号。随后，开始了大规模的建设“三一五厂”准备工作，如集结力量，建立机构，开展资源勘探、测量、水文地质勘察、工程地质勘察、选择厂址、搜集资料、培训人员、开展工业试验、设计、施工等一系列准备工作。如为选择厂址，进行了大量勘察工作。经勘察初定油坊岭、下陆和徐家棚 3 处为候选厂址。1954 年初，苏联专家组来汉，反复察看了武汉市青山一带，提出在青山设厂的意见书，后由国家计划委员会、国家建设委员会于同年 5 月 12 日批准同意，厂址选定在武汉市青山地区。1954 年底，确定华中钢铁公司更名为武汉钢铁公司，华中钢铁公司圆满完成了历史使命。1955 年 8 月，划归武汉钢铁公司的大冶铁矿剥离基建工程开始施工，10 月，武钢青山厂区工程正式破土动工。1958 年 7 月 1 日，大冶铁矿提前产出矿石，15 日，武钢炼钢厂开工兴建，8 月 12 日，焦化厂一号焦炉提前建成出焦，9 月 13 日，炼铁厂一号高炉提前建成，毛泽东主席莅临炉台观看出铁，新中国第二个钢铁工业基地诞生。

图 4—15 大冶钢厂苏式建筑群鸟瞰

资料来源：刘金林摄影。

图 4–16 第二钢都筹备处办公楼

资料来源：刘金林摄影。

图 4–17 第二钢都筹备处办公室

资料来源：刘金林摄影。

第五章 黄石港近代工业模式

第一节 黄石港近代工业模式概况

一、中国近代重工业发展的成功之路——黄石港模式

从洋务运动时期开始，大冶在近代化过程中，逐步形成了以工业化为标志的城市近代化成功探索模式——黄石港模式，即充分利用所处的长江黄金水道的优越地理位置以及所拥有的丰富的铁矿、铜矿、煤矿、石灰石矿等资源，形成了以港口+资源型城市近代化的重工业发展模式，为近代荆楚大地探索出一条中国近代重工业发展的成功之路。

随着第一家现代化钢铁联合企业——汉冶萍公司的诞生，使大冶成为近代中国重工业的发祥地，成为亚洲以及中国钢铁工业的摇篮。洋务运动时期，发源于大冶的汉冶萍公司改变着中国重工业布局，使湖北地区成为中国最早最大的重工业基地。抗战时期，随着大冶重工业的西迁，对西南重工业基地的形成产生了重大而深远的影响。近代后期大冶国防重工业基地的确立，为新中国初期湖北重工业基地的兴建奠定了坚实的基础，改变了中国重工业集中分布在沿海和东北的不平衡布局。

黄石港模式的成功，是历届中央政府和地方政府重视的结果。从《近代历届政府重点建设的重工业基地一览表》了解到，大冶是清政府、北洋政府以及国民政府等历届政府重点建设的重工业基地，汉冶萍地区以港口型城市发展的武汉重工业的最终失败以及以资源型城市发展的萍乡的衰落充分说明了这一点。

抗战胜利后，国民政府在大冶筹建全国最大的钢铁工业基地——华中钢铁公司，兴建大型的大冶电厂以及全国最大的水泥基地——大冶水泥厂。以这三大企业为中心的大冶国防重工业基地的兴建是以翁文灏、钱昌照、孙越崎等为代表的资源委员会著名重工业专家在近代中国重工业建设中的成功探索，也是黄石港模式探索成功的主要标志。

这是一条中国近代民族重工业的发展模式，即以国营事业为中心的港口资源型国防重工业发展的黄石港模式。

黄石港模式以国营事业为中心，不仅是企业属于国家所有，即企业国营化，还要求管理科学化、人才专业化。大冶模式在借鉴西方先进的管理制度的前提下，注重企业管理科学化、人才专业化，企业的管理和技术人才都是有丰富管理经验和技

表 5-1 近代历届政府重点建设的重工业基地一览表

城市	主要重工业部门（民国初年）	清政府	北洋政府	国民政府(抗战前及期间)	国民政府(抗战后)
大冶	钢铁、煤炭、水泥、电力、机械、有色	√	√	√	√
武汉	钢铁、电力、机械	√			
北京	电力、钢铁		√		√
天津	电力、机械	√			
唐山	煤炭、水泥、机械	√			
鞍山	钢铁			(日本侵占后重点发展)	√
上海	电力、机械	√			
重庆	电力、机械			√	
太原	电力、机械		√		

说明:√表示政府重点建设的重工业基地。清政府和北洋政府时期,主要是通过地方政府投资建设的重工业基地。

术专业深造的高级人才,如:华中钢铁公司代总经理张松龄,南开大学矿科毕业,到美国进修学习,曾任六河沟炼铁厂工程师、本溪煤铁公司总经理。华中钢铁公司筹备处主任、总工程师刘刚,北洋大学矿冶系毕业,到英国设菲尔德大学冶金系进修,曾任资源委员会矿冶专门委员、大渡口钢铁厂高级工程师。华中钢铁公司副总工程师丘玉池,获英国伦敦大学矿冶学院冶金系学士学位、德国亚琛工科大学冶金系博士学位,曾任资源委员会专门委员。

黄石港模式在重工业厂址选择上注重基地国防化、港口资源化。翁文灏非常注重重工业厂址的选择,他认为:“选择地点必须注意到国防安全、运输便捷、资源丰富,因而决定以江西、湖南、湖北为建设中心。”国民政府筹备建设的马鞍山中央钢铁厂由于离海岸线较近,从国防安全的角度上考虑不适应,湘潭中央钢铁厂由于煤铁资源不够丰富,交通也不如长江沿岸便利,都被翁文灏否决了,他认为:大冶为中国的腹地,距离东、南海岸线均在1000公里左右,国防安全有保障,靠近长江边,交通方便,且附近的大冶铁矿为世界著名的富矿,开采规模大,还有盛宣怀开办的汉冶萍公司残存的资产都集中在这里。

二、为近代湖北经济的崛起以及新中国湖北经济的恢复与发展做出了巨大贡献

1. 黄石港重工业为近代湖北经济的崛起作出了巨大贡献

黄石港是中国近代以采矿与冶炼为核心的重工业基地，采矿与冶炼的绝大部分产品的销售市场在外地,湖北地区成为大冶工业品的主要输出地。汉冶萍公司的

钢铁产品成为湖北以及全国各地工业发展、交通运输建设的主要原材料。大冶水泥工业为湖北以及各地经济发展做出了重大贡献。武昌的武汉大学,汉口的江汉关、汇丰银行、花旗银行以及粤汉、平汉、津浦铁路等建筑都使用大冶宝塔牌水泥。大冶煤炭是湖北地区工商业以及人民所必需的生活燃料,1935 年大冶煤炭在汉口的销量达 32 万吨。发源于大冶的汉冶萍公司成就了清末民初武汉重工业的第一次崛起,归属于大冶的汉冶萍公司被华中钢铁公司所继承,使大冶成为民国后期新建的最大重工业基地。近代武汉与大冶工业的崛起最终成就了近代湖北经济的崛起。

2. 黄石港重工业为新中国湖北经济的恢复与发展做出了巨大贡献

1949 年 5 月, 大冶工矿区解放, 1949 年 9 月, 设立大冶工矿特区,1950 年 8 月,改名为黄石市。

1952 年 5 月,中央正式决定在大冶建立中国第二个钢铁工业基地。当时大冶与上海、重庆成为长江三大钢铁工业中心,大冶主要工业产品水泥、电力、煤炭产量居长江沿江城市第二位,成为长江沿岸钢铁、水泥、电力、煤炭等最大输出地,为湖北以及长江沿江城市经济恢复和发展做出了重大贡献, 特别是武汉等城市的恢复与发展所需要的钢材、水泥、电力、煤炭主要靠大冶供应。

三、改变了中国重工业布局,为新中国重工业发展提供有益的经验

以国营事业为中心的大冶国防重工业基地的兴建是黄石港模式最重要的成就,改变了中国以沿海、东北为中心的重工业布局,为新中国初期国民经济的恢复与发展提供了大型国营经济支柱企业,促进了新中国第二个钢铁工业基地的兴建。黄石港模式不仅为新中国重工业的发展提供了许多宝贵的经验, 对现今重工业的发展也有很好的借鉴意义。

四、成为近代重工业人才中心,为新中国重工业的发展提供了大量人才

许多实业家、科学家也钟情于这片土地。黄石地区是近代重工业人才以及名人聚集的地区,钢铁工业人才从近代早期的武汉,后期的鞍山、本溪、石景山等地汇聚大冶,水泥工业人才从唐山、天津等地汇聚大冶,煤炭工业人才从萍乡等地汇聚大冶,电力工业人才从大西南等地汇聚大冶,这就是大冶工业的魅力所在,大冶是中国近代以钢铁、水泥为核心的重工业人才摇篮。大冶工业奇迹的创造,除了有张之洞、盛宣怀、翁文灏等人的卓越贡献之外,中国一大批科学家、技术人员和矿冶工人付出了巨大的努力。众多钢铁、水泥等重工业人才从大冶走向全国,促进了中国近现代重工业的发展。

第二节 黄石港近代工业遗产

保存了一座完整的中国近代重工业遗产之城——工业遗产特区。黄石港重工业文明为近代荆楚文化保存了一座完整的中国近代重工业遗产之城，也就是一百二十年前汉冶萍铁路建成后形成的近代大冶工矿区的城市格局。由于工业遗产集中分布,2011 年湖北省政府批准设立黄石工业遗产片区,2012 年入选中国世界文化遗产预备名单,这是中国近现代工业遗产获得的最高殊荣。

大冶工矿特区即今天黄石市区的形状呈"入"字形,是兴矿建厂,通过铁路连接厂矿、村镇,逐步形成的城市格局。1892 年"入"字形框架形成以后一直延续到现在,黄石是一座百年城市格局基本没有变动的城市。"入"字形城市格局的两条线是城市形成的核心骨架,"入"字的"撇"线是指 1892 年建成的汉冶萍铁路线,它是城市形成的生命线。"入"字的"捺"线是指从 1892 年开始兴建的汉冶萍运矿码头以及众多厂矿码头所形成的长江航线(后来汉冶萍铁路延伸与长江航线平行)。两条线连接了黄石港、石灰窑(今西塞山区)以及下陆、铁山等村镇,连接了大冶铁矿、大冶钢铁厂、大冶水泥厂、大冶电厂、源华、利华煤矿等厂矿。

1892 年建成的汉冶萍铁路是中国现存的近代最早、使用时间最长的城市轨道铁路。汉冶萍铁路又名大冶铁路、铁山运道等,它不仅运输铁矿石等工业原料,它还是近代黄石的城市客运铁路，当时大冶工矿区居民的最主要交通方式就是这条汉冶萍铁路。著名实业家郑观应 1896 年为汉冶萍铁路制定的《增订铁路火车卖票章程》中第一条规定了旅客乘车买票的价格,全程八十文钱,每一站二十文钱;第二条规定了十二岁以下至六岁的小孩为半票,六岁以内的小孩免票。1947 年国民政府资源委员会华中钢铁有限公司接管汉冶萍铁路后,制定了《运务列车发售客票暂行办法》。

黄石工业遗产特区的工业遗产不是各自孤立存在的，而且可以通过汉冶萍铁路连接起来，实际上是一条文化线路遗产。汉冶萍铁路连接了汉冶萍煤铁厂矿旧址、源华煤矿旧址、华新水泥厂旧址、黄石国家矿山公园(大冶铁矿东露天采场)。新中国成立后,延伸到铜绿山(铜绿山古铜矿遗址博物馆),完全具有文化线路的遗产价值。

建议按照近代黄石城市厂矿高度集中,铁路相连的分布特点,采用火车旅游是一种比较好的方式。下面就以汉冶萍老式火车铁路游,进行模拟旅游。

现在让我们穿越时空隧道,跟随着学生旅游团,乘坐老式火车,沿着汉冶萍铁路,游黄石工业遗产,重温我们家乡辉煌的工业史。第一站是西塞山下汉冶萍(旧址)站,游汉冶萍广场,参观汉冶萍煤铁厂矿旧址,两座当时亚洲最大的炼铁高炉遗址向对我们述说着亚洲最早最大的钢铁联合企业汉冶萍煤铁厂矿有限公司的历史。临走时,我们向张之洞塑像敬礼,感谢他为黄石做出的巨大贡献。

火车缓缓前行,停到了第二站源华煤矿(旧址)站,参观源华煤矿矿井遗址,感

表 5-2　汉冶萍铁路旅游站点附近工业遗产分布简表

序号	旅游站点	站点附近工业遗产分布
1	汉冶萍煤铁厂矿旧址	汉冶萍旧址包括:冶炼铁炉、高炉栈桥、日欧式建筑群、瞭望塔、张之洞塑像、汉冶萍界碑。新中国第二钢都工业遗产包括办公楼、厂房、苏式建筑群
2	源华煤矿旧址	源华煤矿办公楼、宿舍楼、井口、厂房、小铁路、毛主席塑像以及江边铁路、煤场。利华煤矿井口
3	卸矿机码头	卸矿机码头、华记湖北水泥厂码头、海关山名人楼及挹江亭
4	华新水泥厂旧址	华新水泥厂旧址包括一、二、三号窑、办公楼、水泥库、高级职员宿舍楼、毛主席塑像、湖底隧道等。黄石电厂厂房、煤仓
5	汉冶萍操车场	汉冶萍操车场包括铁路、站台。华记湖北水泥厂旧址包括办公楼、厂房、烟囱。袁仓煤矿三楚第一井、厂房
6	下陆车站	下陆车站、大冶铁矿下陆机修厂俱乐部
7	大冶有色	大冶有色苏式建筑群、办公楼、冶炼厂厂房
8	大冶铁矿	黄石国家矿山公园(大冶铁矿东露天采场)包括东露天采场、汉冶萍平巷、日军碉堡、毛主席石雕像以及大冶铁矿博物馆、盛宣怀纪念碑
9	铜绿山古铜矿遗址	铜绿山古铜矿遗址包括古代采铜矿井、炼炉以及博物馆。铜绿山矿露天采场以及新冶铜矿矿井、厂房

图 5-1 从西塞山到汉冶萍旧址

资料来源:刘金林摄影。

图 5–2 新冶钢及汉冶萍旧址远眺

资料来源：刘金林摄影。

图 5–3 源华煤矿办公楼

资料来源：刘金林摄影。

受当时煤矿工人的辛劳，看着黄石煤矿博物馆的图片，听着讲解，仿佛看到了源华煤矿的辉煌。随后，游飞云洞革命遗址，听长辈们讲林育英在黄石创建共产党的故事，我们也身临其境把自己当成了演员，演义黄石第一代共产党人的革命壮举。离开飞云洞，我们乘坐上了中国第一条翻越高山的架空索道——利华煤矿高架索道缆车，有飞上天的感觉。时间太短了，不知不觉来到了黄荆山南边的柯家湾，参观了利华煤矿。中午到老乡家吃了可口的农家饭，听老奶奶讲述冼星海率领的武汉大学学生救亡歌咏队和著名戏剧家洪深率领的上海救亡演剧二队来这里演出的情形，仿佛听到《义勇军进行曲》的歌声在矿山和乡村中回荡。我们又乘坐高架索道缆车翻越高山，飞向长江岸边，来到第三站港口(卸矿机码头)站，参观了汉冶萍运矿码头。看到日本侵略黄石时修建的两台运输铁矿石的卸矿机，像是在对我们诉说当年日本侵略者掠夺我们宝贵财富的罪行。火车继续前进，我们看到了两座红旗桥，第四站华新与电厂站到了，进第一座红旗桥，游华新水泥厂遗址公园，包括华新水泥厂一、二、三号窑旧址、烧成车间、制成车间等。一、二号悬窑为1946年美国埃利斯公司生产，三号窑名为"华新窑"是中国自产，都是当时先进的水泥生产设备。参观了水泥博物馆后，我们感觉到远东第一水泥厂，名不虚传。出第二座红旗桥，我们参观了大冶电厂旧址、黄石电厂博物馆，深感中南第一大电厂对国家贡献真大。

我们结束了第一天旅行，住进沈家营吴王庙五星级大酒店。听说这个地方曾经是中国著名实业家盛宣怀看中的，也是亚洲第一家钢铁厂的厂址，由于当时没有资金，他的宏伟计划没有实现。第二天一大早，我们又开始了愉快而紧张的旅行。火车来到下陆站，我们参观中南地区现存最古老的火车站——下陆车站。在大冶铁矿下陆机修厂工人俱乐部旧址，我们看着俱乐部里的照片，犹如看到下陆大罢工那激动人心的场面，罢工司机开启老火车的汽笛，工人们浩浩荡荡地从下陆奔向石灰窑，他们的怒吼声响彻云霄。我们乘坐张之洞坐过的火车来到大冶铁矿站，参观大冶铁矿博物馆，这里记述着张之洞和毛泽东等人视察的足迹。游黄石国家矿山公园，层层叠叠的螺旋状的矿冶天坑令人感受到人类征服大自然的壮举。下午的终点站大冶铜绿山站之旅，让我们了解到了一部活的采矿史。参观铜绿山古铜矿遗址博物馆，博物馆展览大厅清晰地再现了3000年前，矿工开拓井巷采掘矿石的情境。设置在大厅南侧的辅助陈列室，运用出土文物、矿石标本、照片、图表、模型等反映了遗址的地质地貌、发掘经过、年代测定、采冶结合等状况，并陈列有出土器物，让我们眼花缭乱。

汉冶萍铁路沿线工业遗产非常丰富，既有三处全国重点保护文物单位：汉冶萍煤铁厂矿旧址、华新水泥厂旧址、铜绿山古铜矿遗址，又有全国第一座国家矿山公园——黄石国家矿山公园(大冶铁矿东露天采场)，还有许多近现代工业遗产，特别是近代工业遗产有着非常重要的历史价值，它们所反映的近代黄石港重工业在全国占有极其重要的历史地位。

图 5–4 黄荆山煤矿铁路遗迹

资料来源：刘金林摄影。

图 5–5 大冶铁矿东露天采场

资料来源：刘金林摄影。

第三节 黄石港近代工业精神

爱国是黄石港精神的灵魂。近代大冶是中国民族重工业由失败走向成功的最突出代表城市。在近代中国早期工业城市中,大冶所面临的挫折是罕见的,大冶几乎所有的重工业部门初创时都面临着失败的命运,由失败走向成功是大冶工业的独特之处。面对汉冶萍公司停产以及破产危机、面对湖北水泥厂倒闭危机、面对王三石煤矿开采失败以及富源煤矿、富华煤矿破产危机、面对全部工业的被毁西迁、面对日本的侵略和残酷的掠夺,大冶人没有退缩,以爱国爱家乡为灵魂的黄石港精神,最终成就了近代中国的"大冶奇迹"。

开放是黄石港精神的动力。近代大冶工业的发展动力来源于对外开放,引进外资、先进设备和人才。清朝末年张之洞创办钢铁工业,引进德国资金兴建汉冶萍铁路,引进西欧先进设备、管理人才促进了湖北经济的发展。汉冶萍公司 1915 年向美国列德干利制造公司订购 800 立方米的高炉两座,是当时亚洲最大、最先进的冶炼炉,两座高炉成为当时长江沿岸最雄伟的工业建筑。华新水泥股份有限公司 1946 年从美国引进了两条当时中国最先进的水泥生产线,兴建大冶水泥厂。

创新是黄石港精神的源泉,主要表现在:

1. 近代工业资源整合的创新。第一次为汉冶萍资源整合,通过整合汉冶萍公司成为中国近代具有跨省、跨国、跨行业的大型公司。第二次为启新洋灰公司兼并湖北水泥厂。这次兼并后来使启新公司最优秀的人才几乎全部聚集到大冶,促进了大冶水泥工业的崛起。第三次为富源煤矿和富华煤矿合并创立源华煤矿股份有限公司,通过资源整合后的源华煤矿公司逐步走出困境,最终发展成为湖北省最大的煤炭工业基地。

2. 近代工业制度创新。企业制度采用股份制、筹集资金是近代大冶工业发展的最常见方式。近代大冶钢铁工业、水泥工业采用股份制,在重工业中具有开创性。

3. 近代交通方式的创新。汉冶萍铁路是中国现存的近代最早、使用时间最长的城市轨道铁路。利华煤矿高架索道是中国第一条翻越高山的架空索道。1900 年通航的汉冶萍铁路与江海联运到日本长崎、神户航线是中国第一条铁路与江海联运的铁矿运输专线国际航线。1909 年建成的湖北水泥厂高架索道成为中国水泥工业最早的索道运输线,开创了长江水道与高架索道联运的先河。

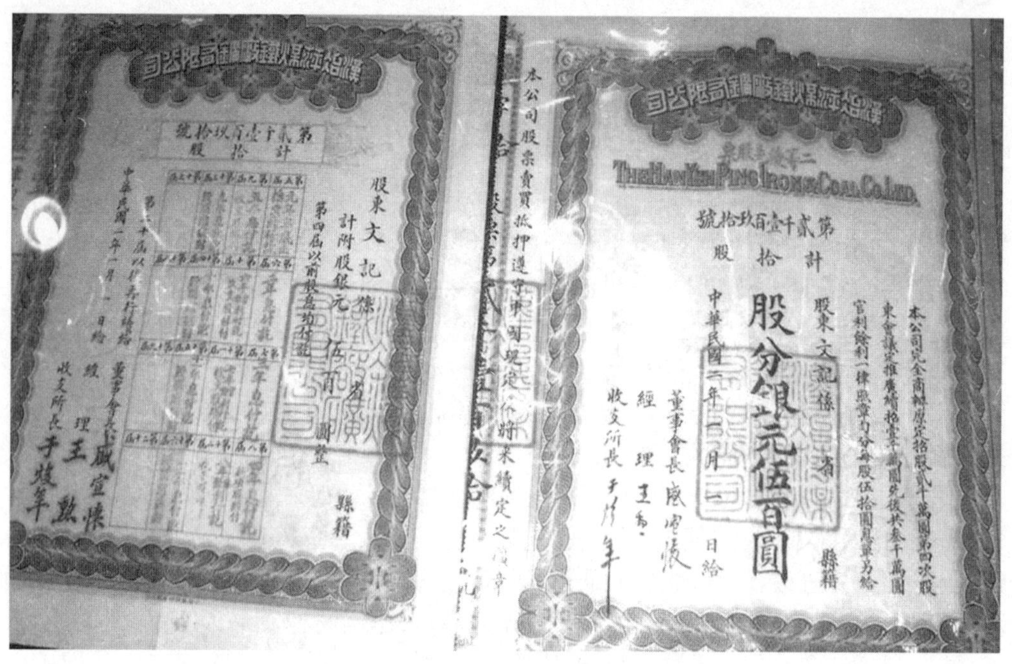

图 5-6 汉冶萍公司股票

资料来源：大冶铁矿博物馆，刘金林翻拍。

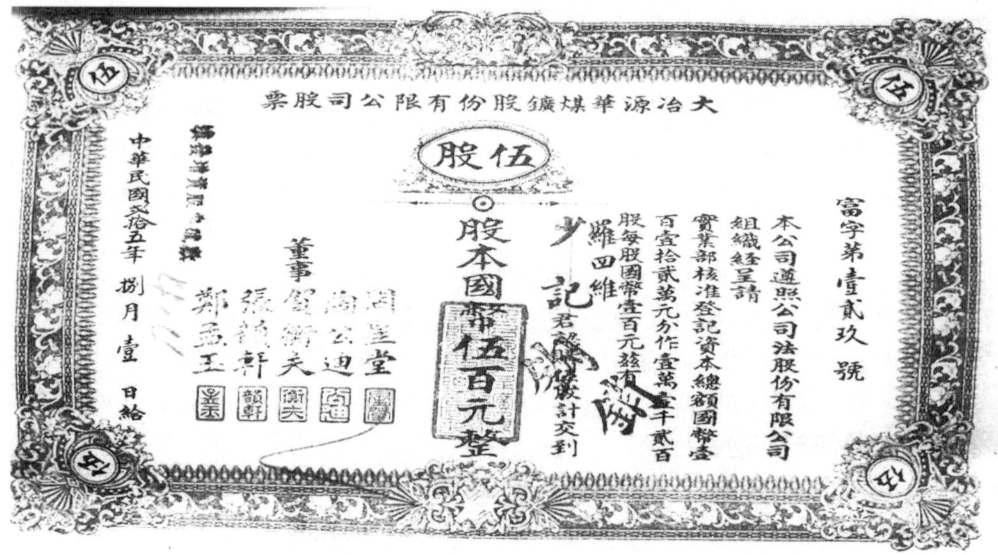

图 5-7 大冶源华煤矿股份有限公司股票

资料来源：黄石工矿集团有限公司提供。

下　篇

黄石港文化旅游模式研究

第六章 黄石港文化旅游开发的背景

第一节 老工业城市和资源型城市转型示范区

2017 年 4 月 21 日,国家发展改革委、科技部、工业和信息化部、国土资源部、国家开发银行联合印发《关于支持首批老工业城市和资源型城市产业转型升级示范区建设的通知》(发改振兴[2017]671 号),确定了全国 12 个城市(经济区)建设首批产业转型升级示范区,黄石是湖北省唯一一个。

国家首批产业转型升级示范区包括辽宁中部(沈阳-鞍山-抚顺)、吉林中部(长春-吉林-松原)、内蒙古西部(包头-鄂尔多斯)、河北唐山、山西长治、山东淄博、安徽铜陵、湖北黄石、湖南中部(株洲-湘潭-娄底)、重庆环都市区、四川自贡、宁夏东北部(石嘴山-宁东)等 12 个城市(经济区)。这 12 个城市(经济区)均是《全国老工业基地调整改造规划(2013—2022 年)》和《全国资源型城市可持续发展规划(2013—2020 年)》明确的典型老工业城市和资源型城市,是从全国 19 个申报城市(经济区)中评选出来的。

黄石既是资源型转型城市,又是老工业城市,特别是 2009 年被列入国家第二批转型试点城市以来,进行了黄石转型的探索和实践,形成了具有黄石特色的转型发展典型模式:

一是理念转型,推动发展思维从“唯矿恋矿”向“生态立市”转变;

二是产业转型,推动经济结构从“资源型”向“生态型”转变;

三是城市转型,推动城市格局从“沿江布局”向“全域发展”转变;

四是生态转型,推动城市面貌从“光灰城市”向“绿色新城”转变;

五是动力转型,推动发展动能由“要素驱动”向“创新驱动”转变。

根据《通知》精神,国家将在产业政策、创新政策、投资政策、金融政策、土地政策等方面加大支持力度。支持示范区在完善体制机制、提升产业结构等方面先行先试、率先突破,探索各具特色的转型升级新路径、新模式、新举措,形成一批可复制可推广的经验做法,为全国老工业基地转型发展积累经验、树立典型。

《通知》要求黄石产业转型升级示范区重点探索的示范领域为钢铁、有色、建材等传统产业改造升级和延伸产业链、加快电子信息、先进制造、生物制药、节能环保、新材料等新兴产业发展、加强与武汉等中心城市的合作及“港城联动”推动产业升级、绿色生态城市建设和工业遗产保护与再利用等有效途径。

黄石市获批全国首批老工业城市和资源型城市产业转型升级示范区，成为全国的标杆和表率,是对黄石市过去转型发展成果的充分肯定,也对黄石市未来推动经济转型发展和深化供给侧结构性改革、提升产业集约化发展水平、提高经济发展质量和效益有着重要意义,同时对引领全省老工业城市和资源型城市转型发展、实现我省老工业基地全面振兴起到重要作用。①

图 6-1 华新水泥露天采场

资料来源:刘金林摄影。

图 6-2 黄石建市前后兴建的煤矿工人住宅楼(十三排)

资料来源:刘金林摄影。

① 《黄石获批国家首批老工业城市和资源型城市产业转型升级示范区》,《黄石日报》,2017 年 4 月 22 日。

第二节 国家公共文化服务体系示范区

国家公共文化服务体系示范区是文化部、财政部在“十二五”期间共同开展的一项战略性文化惠民项目。这项工作的根本目的是推动各地研究和解决公共文化服务体系建设面临的突出矛盾和问题，探索建立公共文化服务体系可持续发展的长效保障机制，为同类地区提供借鉴和示范，为国家制定相关政策提供科学依据和实践经验。经过严格的申报、评审、公示等程序，2011 年 5 月，第一批创建示范区(项目)名单公布，包括黄石在内的 31 个城市(区县)获得示范区创建资格。2013 年 5 月，黄石全面完成了创建规划提出的各项任务，比对 72 条验收标准，黄石有 66 条优秀、6 条合格。10 月 31 日，国家公共文化服务体系示范区(项目)创建工作小组正式公布第一批国家公共文化服务体系示范区名单，黄石成为全国第一批、湖北唯一的创建国家公共文化服务体系示范区城市。

黄石公共文化服务体系主要表现在：

一是 13 大场馆+数字平台，构建丰盛的文化大餐。创建过程中，黄石已先后新建市图书馆新馆、博物馆新馆、群艺馆新馆、黄石大剧院等 13 个场馆，为市民提供多样的文体服务。黄石市新图书馆，藏书 83 万册，书本式期刊 800 种，电子版期刊 5000 多种，阅览座席 600 个，每天可接待读者 1500 位。同时构建了总馆—城区分馆—社区流动点的三级服务网络，让图书馆成为老百姓家门口的图书馆。此外，黄石还以“文化黄石 e 点通”为基础平台，以数字图书馆和文图博三馆网站为支撑，建立起面向基层的公共文化数字服务平台，老百姓足不出户可享精神大餐。

二是社区文化室+农家书屋，打造身边的文化生活。黄石市新建了 125 个标准配置社区文化室，新建、改建 28 个乡镇综合文化站和 674 个村文化室，同时建成 7 个社区全民健身活动中心、701 个农民体育健身工程和 120 个全民健身路径，农家书屋全覆盖。早晨上班前、傍晚晚饭后、农闲时节里，在黄石城区的大小广场、农村的庭院晒场，可以看到妇女们跳广场舞的健美身影。①

按照构建现代公共文化服务体系要求，在国家公共文化服务体系示范区的基础上，率先建成“设施网络健全、服务供给高效、组织支撑稳固、保障措施有力、惠及全民”的基本公共文化服务体系，使黄石公共文化服务体系建设总体水平达到全国先进、中部领先、湖北一流地位。

公共文化服务品牌效应扩大。加大文化精品创作力度，不断推出思想精深、艺术精湛、制作精良的公共文化产品。充分利用丰富的历史文化资源，擦亮“矿冶文

---

① 王焕冬:《历时两年 黄石成功创建国家公共文化示范区》,《楚天时报》,2013 年 11 月 6 日。

化”名片；积极培育一批文化活动品牌；建设一批文化名县（市）区、名乡镇（街道）、名村（社区）、名园和名馆；创建一批民间艺术之乡，再现一批具有国内影响的历史文化遗迹，形成一批在全国有知名度的优秀文化品牌。①

图 6-3 黄石市博物馆

资料来源：刘金林摄影。

图 6-4 黄石港区钟楼社区服务中心

资料来源：刘金林摄影。

①《黄石市人民政府办公室关于印发黄石市国家公共文化服务体系示范区后续管理建设规划的通知》，黄石市政府网站。

第三节 武汉城市圈“两型社会”示范区

武汉城市圈成为全国资源节约型和环境友好型城市综合配套改革试验区，为武汉城市圈旅游业发展带来了前所未有的机遇。作为资源依托型和劳动密集型的旅游业，具有绿色环保产业的特征，天然契合了“两型社会”构建的内在要求。

合理开发旅游资源，有利于形成节约型社会风气。对旅游资源进行统筹规划，结合特定的生态、地质、技术、文化与经济条件进行合理、有序、适度地开发。建立在科学基础上合理开发旅游资源，有助于促进市场秩序走向良性运行，对于解决当前武汉城市圈旅游市场混乱局面有较好的治理作用，同时也有利于形成节约型社会风气。

旅游业的发展有利于促进环境友好型社会的形成。“两型社会”的建成，将使一个城市变成天堂般的“宜居城市”“和谐城市”，它将拥有无限的发展潜力，它时时给生活在这里的人们带来尽可能多的欢乐、祥和、幸福。旅游业的可持续发展，建立在对资源合理利用的基础上，而环境友好型社会的建立就是注重合理开发的一种发展理念，其本质是人与自然的协调可持续发展。建立环境友好型社会，有利于旅游业的可持续发展。

武汉城市圈为全省旅游业的快速发展发挥了积极作用。2008 年初，武汉城市圈开始推行旅游对接营销方案，在旅游规划、旅游品牌、旅游开发、旅游促销、旅游线路、旅游市场等方面实现一体化。由湖北省旅游局牵头，武汉城市圈 9 个城市建立了旅游局长联席会议制度，确立了“联手结对、联媒宣传、联合促销、联企开发”的思路，定期召开会议研究解决发展中遇到的问题。①

2010 年制定的《武汉城市圈旅游发展总体规划》(2010—2030)，旨在促进武汉城市圈旅游一体化发展，加速建设新型的以武汉为龙头的都市旅游综合体；不断增强城市圈旅游发展的核心竞争力，使之成为城市圈现代服务业发展与产业转型升级的新增长点和“两型社会”建设与改革的先导产业；为把武汉城市圈建设成为全国重要的区域性旅游目的地、全国低碳旅游业的典型示范区以及中国最滋润的山水休闲地提供宏观决策的科学依据。

---

① 李涛：《武汉城市圈旅游业发展路径研究》，《当代经济》，2009 年第 6 期。

第四节 国家登山健身步道建设

2015 年初的黄石“两会”上，一件关于“黄石创建国家登山健身步道”的议案，一经提出便受到众人的关注。议案建议大众山、黄荆山、父子山等山脉所在的辖区，做好与《黄石市国家登山健身步道规划》的对接工作，同时做好黄石国家登山健身步道建设工作，并纳入本级政府工作计划及考核体系。

议案一经提出，市体育局高度重视，迅速组建专班，高起点、高标准地启动了黄石国家登山步道的前期规划工作。3 月，来自国家体育总局登山运动管理中心、中国登山协会户外运动专业委员会及省体育局等单位的多位专家亲临黄石，听取审议《黄石国家登山健身步道总体规划和修建性详细规划》，并一致评审通过该规划：在黄石，建成“中国最具人文气质的国家登山健身步道系统”。

“在规划的制定过程中，着重突出登山步道系统与当地历史文化、自然风光与人文的相结合。我们希望能让更多的黄石市民走进山里，去探寻城市发展的故事，吸引更多的外地游客来到黄石，去感受这里的独特魅力。”规划设计方、北京山岳美途体育文化有限公司总经理聂健这样解释关于 “中国最具人文气质的国家登山健身步道系统”的定位。

一条最具人文气质的登山步道。

按照《规划》，黄石国家登山健身步道系统总长度约 390 公里，主要包括约 23 公里的铁山路线、约 55 公里的黄荆山路线、约 70 公里的龙角山路线、约 95 公里的父子山路线，以及连接各线路之间 147 公里绿道。通过境内铁山、黄荆山、父子山、龙角山四大山脉的有机连接，从而在黄石形成集聚“休闲、健身、旅游”等多功能、景观型户外运动健身圈。

对登山步道建设的“国家级”定位，则在《规划》中对整套登山健身步道系统，包括道路建设、森林防火、户外救援等方面做出了详细的说明，并涉及主线路及休息站、露营地、观景台、标识、警示系统、停车场、卫生间等配套设施建设，力求用最高标准打造黄石的国家登山步道，使四条登山步道建成后能满足黄石乃至全国登山爱好者的需求。

一次开发与保护并重的生态实践。

无论是在学界，还是在业界，关于自然资源开发与保护的争论始终存在。而对这次黄石国家级登山健身步道的建设，人们更愿意将它看作是一次成功的、开发与保护并重的生态实践。

黄石具有良好的山地资源条件，伴随着登山人群越来越多，各种需求随之显现，对现有的山脉资源进行统一规划、有效整合的要求日益紧迫。

2014 年 10 月，国务院下发的《关于加快发展体育产业促进体育消费的若干意见》指出，大力支持发展徒步走、登山露营、攀岩拓展、山地自行车等运动项目。黄石创建国家级登山健身步道正是题中应有之义。

目前全国已成功建成并被命名的国家登山健身步道示范工程有 13 个，其中以浙江省宁海县的登山步道最为出名。宁海登山步道，不仅让当地的乡村旅游、农家乐风生水起，每年还吸引大批全国各地的登山健身爱好者前往，极大地带动了当地的户外运动产业和休闲旅游业等。2014 年，在宁海，经常参加体育锻炼人数已经达到全县总人口的 45%；在地方经济发展指标中，宁海体育产业已占到全县 GDP 的 1.5%，远超全国 0.6%的水准。①

图 6–5 黄石港区大众山国家登山健身步道介绍牌

资料来源：刘金林摄影。

图 6–6 黄石港区大众山国家登山健身步道楠竹林入口

资料来源：刘金林摄影。

---

① 《登山步道：黄石城市新名片》，《黄石日报》，2015 年 9 月 14 日。

第七章 黄石港工业遗产旅游资源

黄石港所在的黄石地区矿冶工业遗产分布广泛，内容丰富，古代矿冶遗产独特，近代重工业遗产门类多，保存完整，具有重要的历史、艺术和科学价值，在我国具有重要而特殊的地位。黄石矿冶工业遗产完整地展现了我国古代灿烂的矿冶文明、近代曲折发展的工业历程、现代辉煌的工业腾飞之路，其完整性、系统性、代表性在全国罕见。2011年湖北省政府批准建立黄石工业遗产片区，主要有三处全国重点保护文物单位：汉冶萍煤铁厂矿旧址、华新水泥厂旧址、铜绿山古铜矿遗址和全国第一座国家矿山公园——黄石国家矿山公园（大冶铁矿东露天采场）组成。2012年黄石矿冶工业遗产入选中国世界文化遗产预备名单，这是中国近现代工业遗产获得的最高殊荣。黄石矿冶工业遗产与中国其他城市的工业遗产相比较，具有重要地位和突出的地方特色。

第一节 黄石工业遗产的分布与特色

一、黄石工业遗产的分布

国际工业遗产保护协会《下塔吉尔宪章》中阐述的工业遗产的基本概念是："凡为工业活动所造建筑与结构、此类建筑与结构中所含工艺和工具以及这类建筑与结构所处城镇与景观以及其所有其他物质和非物质表现，均具备至关重要的意义。""工业遗产包括具有历史、技术、社会、建筑或科学价值的工业文化遗迹，包括建筑和机械，厂房，生产作坊和工厂，矿场以及加工提炼遗址，仓库货栈，生产、转换和使用的场所，交通运输及其基础设施，以及用于住所、宗教崇拜或教育等和工业相关的社会活动场所。"

狭义的工业遗产，在我国，主要是自19世纪后半叶以来的近现代工业遗存。《黄石近现代主要工业遗产简表》反映出黄石地区近现代工业遗产分布广泛、内容丰富，特别是近代早期工业遗产之丰富在全国非常罕见。

广义的工业遗产包括史前时期加工生产石器工具的遗址、古代资源开采和冶炼的遗址以及包括水利工程在内的古代大型工程遗址等工业革命以前各个历史时

表 7–1　黄石近现代主要工业遗产简表

近现代工业发展阶段	工业遗产名称
近代工业初创时期（1875—1911 年）	汉冶萍铁路和码头、下陆车站、华记水泥厂码头、华记湖北水泥厂旧址、小红楼
近代工业发展时期（1912—1937 年）	汉冶萍煤铁厂矿旧址、源华煤矿办公楼、富源煤矿铁路运输专线、盛宣怀纪念碑、下陆俱乐部、上窑隧道、利华煤矿井口
抗战时期的工业（1937—1945 年）	卸矿机、公安路立交桥、日军碉堡残骸
近代工业辉煌时期（1945—1949 年）	华中钢铁公司办公楼、华新水泥厂旧址、华新高级职员宿舍、大冶电厂泵房、大冶电厂煤仓
现代工业初步发展时期（1949—1957 年）	新中国第二钢都筹备处、华中钢铁公司大连钢厂迁建工程旧址、华中钢铁公司大冶技校、大冶钢厂职工医院住院部、大冶钢厂苏式建筑群、新冶铜矿旧址、铁山桥洞
现代工业曲折发展时期（1958—1977 年）	大冶钢厂职工俱乐部、大冶有色苏式建筑群、铜绿山矿办公楼、毛泽东主席塑像、黄石造船厂、湖北拖拉机厂、黄石棉纺织印染厂、黄石麻纺厂、黄石锻压机床厂
现代工业阵痛发展时期（1978—）	美尔雅办公楼和厂房、康赛办公楼和厂房、华新湖底隧道、劲牌公司老厂区、东贝公司办公楼

期中反映人类技术创造的遗物遗存。①

黄石地区广义的工业遗产即古代矿冶遗址特别丰富，有一百多处，具有成片分布、相对集中的特点，② 主要集中分布于铁山—下陆、金牛—大箕铺、富池等三个区

表 7–2　黄石工业遗产分类简表

分类	部门	主要工业遗产
重工业	钢铁工业	汉冶萍煤铁厂矿旧址、大冶铁矿东露天采坑，第二钢都工业遗产
	水泥工业	华新水泥厂旧址、华记水泥厂旧址
	煤炭工业	源华煤矿旧址、袁仓煤矿
	有色工业	大冶有色苏式建筑群、新冶铜矿
	电力工业	黄石电厂宿舍楼、厂房
	机械工业	黄石造船厂、锻压机床厂、东贝公司、湖北拖拉机厂
轻工业	纺织工业	黄石棉纺织印染厂、黄石麻纺厂
	服装工业	美尔雅公司、康赛服装厂
	食品工业	黄石食品厂、黄石禽蛋冷冻厂
	饮料工业	劲牌公司

① 单霁翔：《关注新型文化遗产——工业遗产的保护》，《中国文化遗产》，2006 年第 4 期。

② 彭小桂、刘忠明、韩培光、刘晓妮、李伟东：《黄石市矿业遗迹分布及其类型》，《资源环境与工程》，2008 年第 2 期。

带。绝大多数为古铜矿遗址、时间久远，以铜绿山古铜矿遗址历史价值最高、在世界影响最大。

黄石城区古代矿冶遗址主要分布在铁山—下陆区。铁山区有李家院遗址、岔路村遗址、铁门坎遗址、黄土坡遗址，下陆区有占爱宇遗址、汪家巷遗址、老鹤庙遗址、肖铺冶炼遗址。

大冶市古代矿冶遗址主要分布在大箕铺—金牛公路沿线。

大箕铺镇有葫芦山采矿遗址、五里界城址、小箕铺遗址、三角桥遗址、叶花香采矿遗址。

金湖街道办事处有铜绿山古铜矿遗址、草王嘴城址、铜绿山铁屎包冶炼遗址、银屎背冶炼遗址、摇篮山遗址。牌坊遗址、茅城垴遗址、郭华一遗址、眠羊地遗址、大泉遗址、港背遗址。

陈贵镇有铜山口冶炼遗址、张万有冶炼遗址、跳水下冶炼遗址、当明山冶炼遗址、化牛山冶炼遗址、陈咸春冶炼遗址、细屋山冶炼遗址、细金云冶炼遗址、夏林余冶炼遗址、李德贵后背山冶炼遗址、李德贵冶炼遗址、王祠冶炼遗址、狮子山冶炼遗址、铜口山狮子山铜矿遗址、花炉山遗址。

灵乡镇有曹家嘴冶炼遗址、枫桥村冶炼遗址、余元垴冶炼遗址、石井山冶炼遗址、燕窝山冶炼遗址、解家畈冶炼遗址、新屋冶炼遗址、靠背山冶炼遗址、山下王湾冶炼遗址、国和冶炼遗址。

金牛镇有对面山冶炼遗址、下首山冶炼遗址、铁屎墩冶炼遗址、老屋卡冶炼遗址、邹界田冶炼遗址、尹家嘴冶炼遗址、烟包山冶炼遗址、瓦雪地冶炼遗址、彭家垸冶炼遗址、铁屎包冶炼遗址、王家后背山冶炼遗址、王家铺冶炼遗址。

阳新县古代矿冶遗址主要分布在富池镇港下采矿遗址、李家湾铜矿采矿冶炼遗址、鸡笼山金铜矿遗址、封山洞铜矿采矿冶炼遗址。

此外，黄石城区还有西塞山区河口镇铁铺垴遗址。大冶市还有罗家桥街道办事处蟹子地遗址、李家湾遗址，东岳路街道办事处石头嘴冶炼遗址，茗山乡罗家铺冶炼遗址、古塘墩遗址，金山店铁渣墩炼铁遗址等。阳新县还有白沙镇大路铺矿冶遗址等。

黄石矿冶工业遗产分布广泛，数量众多，包括地区分布广，市区、大冶和阳新拥有众多的广义和狭义的工业遗产；门类齐全，特别是以重工业遗产为主，该类遗产历史悠久、地位重要。

二、矿冶工业遗产第一城

大量的工业遗产奠定了黄石作为青铜古都、钢铁摇篮、水泥故乡的地位。与上海、无锡等城市的工业遗产相比,黄石近现代工业遗产的时间不是最早的、数量不是最多的,但黄石工业遗产从古代、近现代工业遗产的全面性、在世界历史地位的重要性、在全国工业部门的支柱地位、在全国重点文物保护单位的分布方面、在全国工业遗产保护的开创性方面来看,都是其他城市无可比拟的,黄石不愧为中国矿冶工业遗产第一城。

黄石是中国工业遗产保护和利用最早开始的城市。从 20 世纪 70 年代开始,中国工业遗产是从铜绿山古铜矿遗址的保护开始的,保护的级别之高、影响之大,在全国是罕见的。

铜绿山古铜矿遗址是中国最早、最丰富的古代矿冶工业遗产,是全国重点文物保护单位。

汉冶萍煤铁厂矿旧址是中国最早的近代钢铁工业遗产, 是全国重点文物保护单位。

黄石是中国同时拥有古代和近现代工业遗产全国重点文物保护单位的城市,古代的有铜绿山古铜矿遗址、鄂王城址、大路铺矿冶遗址。近现代工业遗产有汉冶萍煤铁厂矿旧址、华新水泥厂旧址。

华新水泥厂旧址是中国保存最完整的近现代大型水泥工业遗产。

大冶铁矿东露天采场是中国近现代最早的大型露天铁矿工业遗产。

黄石矿冶工业遗产无论在古代,还是近现代,都拥有全国最重要的工业部门,是当时最重要的支柱行业,在世界上有着重要的历史地位。

表 7–3 黄石矿冶工业遗产重要地位简表

级别	工业遗产地位描述
世界地位	1.铜绿山古铜矿遗址是世界保存最完整的古铜矿遗址 2.汉冶萍煤铁厂矿旧址是亚洲最早最大的钢铁联合企业工业遗产 3.华新水泥厂旧址是远东第一水泥厂工业遗产
中国地位	1.黄石是中国工业遗产保护和利用最早开始的城市 2.铜绿山古铜矿遗址博物馆是中国第一座工业遗产博物馆 3.汉冶萍铁路是中国近代使用时间最长的城市矿冶与客运铁路 4.黄石国家矿山公园是中国第一座国家矿山公园 5.汉冶萍公司档案是第一批中国档案文献遗产 6.黄石工业遗产片区是中国最早的工业遗产片区 7.华记水泥厂码头旧址是中国最早的水泥专用码头 8.华新水泥厂磁湖隧道是中国最长的水泥专用湖底隧道 9.大冶铁矿博物馆是中国第一座陈列铁矿山历史的博物馆

三、黄石矿冶工业遗产的突出特色

1. 历史的延续性与先进性

黄石的矿冶以及工业历史悠久，矿冶工业有三大发展阶段，即领先世界的古代矿冶业，领先亚洲的近代工业，领先中国的现代工业，这三个阶段都留下了宝贵的工业遗产。黄石工业遗产在历史悠久、领先中外以及同时具备古代、近代及现代工业遗产的完整性方面，居全国前列。

(1)领先世界的古代矿冶业——以铜铁为核心的矿冶之都(商朝晚期—19世纪70年代)

商朝晚期开始，我们的先人在铜绿山、铜山口、龙角山、丰山等地大兴炉冶，三千年炉火生生不息。据调查，黄石地区共发现古代矿冶遗址多达170余处，绝大部分属于先秦时期。这些矿冶遗址反映了远在古代，黄石地区矿冶生产的规模就极为宏大，是我国早期矿冶生产的主要基地之一。①

图 7-1　铜斧

资料来源：刘金林摄影。

1973年发现的大冶铜绿山古铜矿遗址，对古矿冶遗址的调查、发掘和研究成为中国古代青铜

图 7-2　铜绿山古铜矿遗址

资料来源：刘金林摄影。

① 张实：《矿冶文明与黄石地区的城市化》，《矿冶文化研究文集》，长江出版社，2011年。

器研究和中国考古学当时开辟的一个新领域。1980 年 6 月 2 日,夏鼐先生在纽约大都会博物馆召开的中国古代青铜器学术会上，向世界宣布:“铜绿山古铜矿的发现和发掘,对了解我国古代的社会生产,尤其是青铜业的生产具有重要意义。”

(2)领先亚洲的近代工业——钢铁摇篮、水泥故乡和煤炭摇篮(19 世纪 70 年代—1949 年)

钢铁摇篮:清朝末年,洋务运动兴起,1875 年,随着近代中国第一家新式煤铁工矿企业——湖北开采煤铁总局创办,在阳新县开采煤矿,在铁山发现大冶铁矿、购买矿山,并且制订了在黄石港创办亚洲第一座钢铁厂的建设规划。随着汉冶萍煤铁厂矿有限公司的创办,黄石成为近代中国钢铁工业的摇篮。主要工业遗产包括位于西塞山区和黄石港区的汉冶萍煤铁厂矿旧址、位于铁山区的大冶铁矿工业遗产以及分布在黄石港、西塞山、下陆、铁山四个城区的汉冶萍铁路和码头等工业遗产,这里有亚洲最早最大的两座炼铁高炉的遗址以及中国最早的铁矿运输铁路专线、车站等工业遗产。

水泥故乡:1907 年，清政府批准兴建湖北水泥厂,黄石是中国水泥工业的发祥地之一,1938 年国民政府经济部部长翁文灏任命王涛为华记湖北水泥厂搬迁的负责人,王涛领导搬迁及重新在湖南辰溪兴建华中水泥厂工作,后来王涛又创办了昆明水泥厂、筹建了江西水泥厂，管理贵州水泥厂。1943 年,华中、昆明两厂在重庆召开两公司的股东联席会议,成立华新水泥股份有限公司。1945 年 8 月抗日战争刚刚取得胜利,华新水泥股份有限公司决定成立筹备处回家乡黄石兴建中国最大最先进的水泥厂——大冶水泥厂。1946 年从美国引进了 2 条水泥生产线,这是当时亚洲最先进的水泥生产设备。主要水泥工业遗产包括位于黄石港区的华新水泥厂旧址和位于西塞山区华记湖北水泥厂旧址,特别

图 7–3 汉冶萍公司大冶钢铁厂厂区

资料来源:《大冶钢厂志》第一卷。

图 7–4　大冶铁矿得道湾采区

资料来源:《大冶铁矿志》第一卷。

是华新水泥厂旧址完整保存了20世纪40年代的亚洲最先进的水泥生产设备。

图7-5 富源煤矿全景

资料来源:黄石工矿集团有限公司办公室提供。

煤炭摇篮:从19世纪70年代湖北开采煤铁总局创办,在阳新县开采煤矿之后,黄石成为中国煤炭工业的发祥地之一。1891年张之洞在黄石开办王三石煤矿。1909年开办的富源煤矿和以后的富华煤矿和利华煤矿公司是当时湖北省规模最大的三大煤矿,它们成三足鼎立之势互相竞争,垄断湖北煤炭市场,并开辟了上海等全国市场。1936年富源煤矿和富华煤矿合并,组成源华煤矿股份有限公司。利华煤矿修建了中国第一条翻越高山的架空索道。黄石煤炭工业的运输设备和方式在中国处于领先地位。主要工业遗产有源华煤矿办公楼、井口和利华煤矿井口,特别是1922年修建的源华煤矿从山上的井口到长江边的运矿铁路保存完好,现在仍在使用。

(3)领先中国的现代工业——工业特区、重工业基地(1949年—现在)

1949年新中国第一工业特区——大冶工矿特区建立,随着华中钢铁公司、华新水泥厂、黄石电厂的投产,黄石成为领先中国现代工业的江南明珠。1950年黄石市建立,当时新中国重工业一穷二白,此时的三颗明珠耀眼夺目,华中钢铁公司将成为第二钢都,华新水泥厂已是远东第一水泥厂,黄石电厂是中南第一电厂。从19世纪到21世纪,黄石地区在中国和世界影响重大的工业部门和企业延续不断,黄石成为名副其实的中国近现代重工业之都,现代的明珠企业大冶钢厂(今新冶钢,即大冶

图7-6 大冶王三石村

资料来源:黄石工矿集团有限公司办公室提供。

特殊钢股份有限公司)、华新水泥股份有限公司、大冶有色金属公司、大冶铁矿、黄石电厂等依然璀璨。

图 7–7　黄石电厂(大冶电厂)

资料来源:刘金林摄影。

主要工业遗产有第二钢都筹建时期的华中钢铁公司工业遗产以及后来的大冶钢厂工业遗产、华新水泥厂旧址中新中国成立后的部分、大冶有色及其矿山工业遗产、大冶铁矿新中国成立后的工业遗产、黄石电厂、煤矿工业遗产等。

2. 重工业的全国性与世界性

黄石以近代重工业、大型工业遗产为核心,在行业分布以及重要地位方面,即工业部门齐全的系统性、重大历史影响的代表性方面,居全国第一。清末民初,黄石地区是中国唯一拥有钢铁、水泥、煤炭、有色金属、电力、机械等重工业部门齐全的重工业基地。新中国成立后,黄石重工业地位进一步增强,除原有工业部门进一步发展外,机械工业发展较快。由于中国近代工业发展缓慢,主要集中在纺织等轻工业,而由中国政府和民族资本家创办的近代重工业非常稀少,黄石许多重工业遗产成为中国工业遗产的"孤品"。如在世界上有重大影响的重工业遗产、亚洲最早最大的钢铁联合企业工业遗产——汉冶萍煤铁厂矿旧址,亚洲保存最完整、当时引进设备最先进的水泥工业遗产——华新水泥厂旧址,亚洲开采时间最长、形成落差最大的露天铁矿——大冶铁矿东露天采场。

近代重工业遗产主要有汉冶萍煤铁厂矿旧址、华新水泥厂旧址、华记湖北水泥厂旧址、源华煤矿旧址以及汉冶萍铁路和码头等工业遗产。现代重工业遗产主要有

表 7–4　黄石近代重工业企业简表

企业	创办时间	创办者
湖北开采煤铁总局	1875 年	盛宣怀(官办)
湖北铁政局	1890 年	张之洞(官办)
大冶铁矿	1890 年	张之洞(官办)
兴国锰矿	1890 年	张之洞(官办)
王三石煤矿	1891 年	张之洞(官办)
李士墩煤矿	1891 年	张之洞(官办)
下陆机车修理厂	1892 年	张之洞(官办)
炭山湾煤矿	1903 年	余正裔
湖北水泥厂	1907 年	程祖福
汉冶萍煤铁厂矿有限公司	1908 年	盛宣怀

续表 7–4

企业	创办时间	创办者
富源煤矿股份有限公司	1909 年	周晋阶
汉冶萍公司大冶钢铁厂	1913 年	盛宣怀
富池炼铜厂	1913 年	西城公司(商办)
象鼻山铁矿	1915 年	曹宝江(湖北官矿公署)
大新铜矿	1915 年	高松如(湖北官矿公署)
富华煤矿股份有限公司	1916 年	涂瀛洲与德国人拉卜葛满
利华煤矿股份有限公司	1927 年	王季良
源华煤矿股份有限公司	1936 年	陶公迪
日铁大冶矿业所	1938 年	日本制铁株式会社(侵占)
辰溪煤矿公司	1938 年	贺衡夫(国民政府资源委员会参股)
大冶煤炭株式会社	1939 年	日商崖屋
华中水泥厂	1939 年	王涛
华新水泥股份有限公司	1943 年	王涛(国民政府资源委员会等参股)
磐城水泥工场	1945 年 3 月	日本磐城水泥株式会社(侵占)
华新水泥公司大冶水泥厂(筹备处)	1945 年 8 月	王涛(国民政府资源委员会等参股)
大冶电厂(筹备处)	1945 年 10 月	黄文治(国民政府资源委员会)
华中钢铁有限公司(筹备处)	1946 年 7 月	张松龄(国民政府资源委员会)
华记水泥厂保管处	1946 年 12 月	启新洋灰股份有限公司

第二钢都筹建时期的华中钢铁公司工业遗产以及后来的大冶钢厂工业遗产、华新水泥厂旧址中建国后的部分、大冶有色及其新冶、铜绿山、铜山口、丰山、赤马山等铜矿山工业遗产、大冶铁矿、灵乡铁矿和金山店铁矿等铁矿山工业遗产、黄石煤矿工业遗产等。

3. 集中的成片性与线型性

黄石工业遗产特别是近代工业遗产非常集中，主要分布在黄石港、西塞山、下陆、铁山四个城区一百平方公里的狭小范围内，成片排列。如汉冶萍煤铁厂矿旧址、华新水泥厂旧址、大冶铁矿东露天采场、源华煤矿旧址等重大工业遗产的集中分布程度之高，居全国前列。

图 7–8　大冶铁矿全景

资料来源：《大冶铁矿志》第一卷。

黄石市区的形状呈“入”字形，是以矿建厂，以厂连镇，逐步形成的城市格局。1892 年“入”字形框架形成以后一直延续到现在，黄石是中国一座百年城市框架没有变动的城市。黄石城市格局是由厂矿的兴建发展而来的，近代工业厂矿的分布，是黄石城市格局形成的原因和行政区划划分的依据。“入”字型的两条线是城市形成的核心骨架，“入”字的“撇”线是指 1892 年建成的汉冶萍铁路线，它是城市形成的生命线。“入”字的“捺”线是指从 1892 年开始兴建的汉冶萍运矿码头以及众多厂矿码头所形成的长江航线(后来汉冶萍铁路延伸与长江航线平行)。两条线连接了黄石港、石灰窑(今西塞山区)以及下陆、铁山等城镇，连接了大冶铁矿、大冶钢铁厂、华新水泥厂、黄石电厂、源华、利华煤矿等厂矿。特别是1950 年黄石市建立，沿着两条线兴建了马路、居民区、工厂，黄石市城市格局最终形成。近代厂矿分布集中、黄石市建市 60 年来，市区行政区划范围基本没有变化，是黄石工业遗产集中分布、百年不变的主要原因。由于工业遗产集中分布，黄石形成了几个重要的工业遗产片区，如汉冶萍煤铁厂矿旧址、华新水泥厂旧址、大冶有色工业遗产片区、大冶铁矿工业遗产片区等，在工业遗产旅游设计中，可以利用古老的汉冶萍铁路线和长江航线，利用火车、轮船旅游的方式，把黄石重要的工业遗产片区连接起来，重温近代工业摇篮的辉煌。

4. 交通设施的完备性与立体性

黄石是中国近代以采矿与冶炼为核心的重工业基地。采矿与冶炼的绝大部分产品的销售市场在外地，交通运输是黄石的生命线，交通运输决定着黄石的城市格局。1892 年“入”字型城市框架形成以后一直延续到现在，关键在于汉冶萍运矿铁路线与长江码头航线的形成。黄石近现代工业交通设施完备，在交通运输工具的使用方面，时间早、方式多、技术先进，在世界上是罕见的，如：铁路、内河航运、公路、高架索道、高空索道、皮带长廊、隧道铁路、湖底隧道等交通运输方式以及开辟了铁路与长江联运航线、铁路与江海联运国际航线等，特别是具有近代世界罕见的海

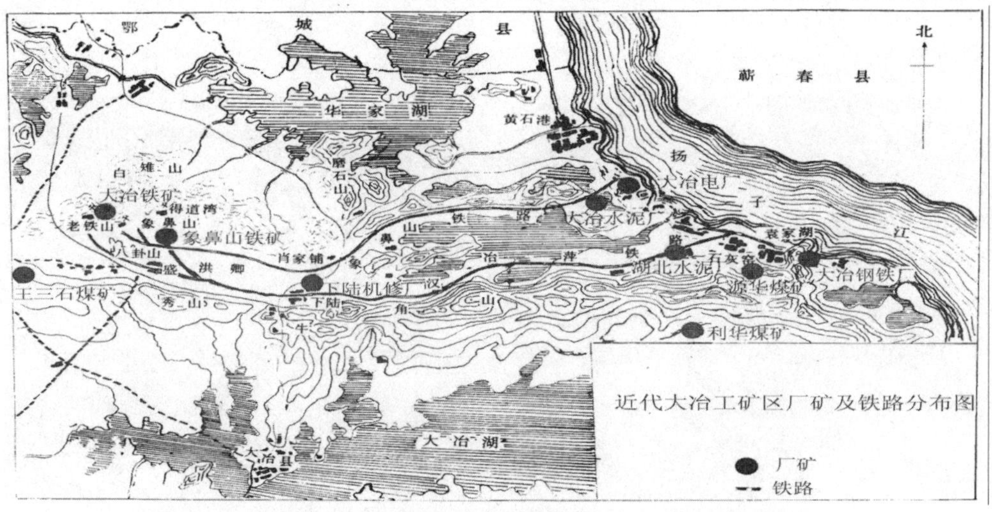

图 7–9　近代大冶工矿区(今黄石市区)工业布局略图

资料来源：根据《汉冶萍公司志·大冶铁矿位置交通图》改编。

图 7-10　汉冶萍铁路操车场旧址

资料来源:刘金林摄影。

(江海联运)陆(铁路公路)空(高架高空索道)立体化重工业交通特征。

1893 年通航的汉冶萍铁路与长江联运航线是中国第一条铁路与内河联运的铁矿运输专线。1900 年通航的汉冶萍铁路与江海联运到日本长崎、神户航线是亚洲第一条铁路与江海联运的铁矿运输专线国际航线。1909 年湖北水泥厂建成的从厂水泥出仓口至胜阳港江边码头的高架索道成为中国水泥工业最早的索道运输线。1919 年建成的象鼻山铁矿运矿铁路是湖北省境内第二条铁矿专用铁路。1892 年,大冶铁矿率先在石灰窑上窑江岸建起了第一座运矿码头——老汉矿码头,1899

图 7-11　保存至今的一段汉冶萍钢枕钢轨铁路

资料来源:刘金林摄影。

图 7–12 汉冶萍铁路下陆车站

资料来源:《大冶铁矿志》第一卷。

年、1908 年又兴建了供日本运矿砂的东汉矿码头和专供汉阳铁厂用的新汉矿码头。随后,象鼻山铁矿在沈家营、湖北水泥厂在胜阳港,富源、富华、利华等煤矿在下窑和中窑都分别建起了本企业的码头。1920 年,大冶钢铁厂在厂区兴建了生铁码头、焦煤码头、发电所码头,近代黄石港口成为长江上最大的运矿港口。1934 年,利华煤矿建成越山高架索道,从黄荆山南翻越黄荆山到长江卸煤码头,全长 4.5 公里,这是中国第一条翻越高山的架空索道。

5. 工业档案的丰富性与稀缺性

黄石不仅近现代工业遗产在全国罕见,而且工业档案遗产丰富,特别是属于国家稀有的近代民国工业档案数量多、价值高、影响大。这些档案主要包括湖北省档案馆馆藏的汉冶萍公司及国民政府资源委员会华中钢铁有限公司档案共 6656 卷,黄石市档案馆馆藏的国民政府资源委员会华中钢铁有限公司、华新水泥股份有限公司,源华煤矿股份有限公司、利华煤矿股份有限公司、大冶电厂五大厂矿的档案。特别是汉冶萍公司档案(包括华中钢铁有限公司档案)是第一批入选《中国档案文献遗产名录》的国宝档案遗产。这些档案所反映的近代黄石企业在全国影响之大、数量之多、地位之高,充分说明黄石是近代中国工业摇篮、中国矿冶之都。总之,黄石近代重工业企业档案在数量、价值以及重大影响方面,居全国前列。

1948 年 2 月,汉冶萍公司经理盛恩颐向国民政府汉冶萍公司资产清理委员会上海汉冶萍公司总事务所移交了汉冶萍公司董事会、经理处案卷、合同股票、契据账册共 11 类档案资料。1948 年 7 月,国民政府在黄石成立华中钢铁有限公司,汉冶萍公司资产由华中钢铁有限公司继承,汉冶萍公司全部档案从上海陆续运抵黄石。1962 年和 1975 年大冶钢厂将汉冶萍公司档案移交给湖北省档案馆和黄石市档案馆。

汉冶萍公司档案以及黄石市档案馆馆藏的国民政府资源委员会华中钢铁有限

公司、华新水泥股份有限公司、源华煤矿股份有限公司、利华煤矿股份有限公司、大冶电厂五大厂矿档案成为黄石工业遗产的重要组成部分。

6. 工业名人的代表性与专业性

工业名人资源是黄石工业遗产的一个重要组成部分。张之洞、盛宣怀、翁文灏等人对中国近代重工业有卓越的贡献，成为中国近代重工业化的开拓者和杰出代表人物。近代黄石地区是中国钢铁、水泥、煤炭、电力等民族重工业分布最集中的矿冶工业基地，也是近代重工业专业人才最集中的地区，特别是钢铁工业、水泥工业的大量人才从黄石走向全国，促进了中国近现代重工业的发展，黄石是中国近代钢铁工业和水泥工业等重工业专业人才的摇篮。

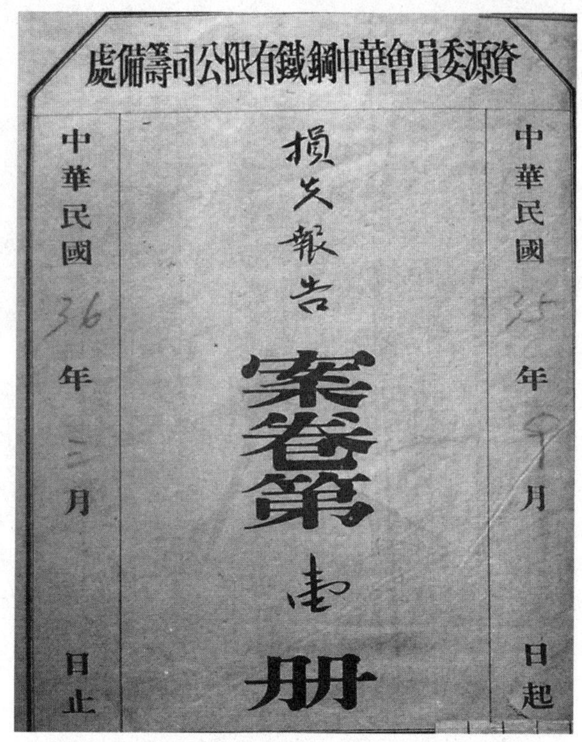

图 7–13 汉冶萍厂矿损失报告

资料来源：黄石市档案馆，刘金林翻拍。

王涛，是中国第一位水泥总工程师，黄石华新水泥厂的创始人。他是我国水泥工业的重要奠基人和开拓者。李维格，我国近代钢铁专家，大冶钢铁厂厂长，也是汉阳铁厂的主要开拓者。王宠佑，是我国近代第一批矿冶专家，曾担任大冶铁矿矿长，他是中国地质学会及中国矿冶工程师学会的创建人之一。吴健，大冶钢铁厂厂长，我国第一位钢铁冶金工程师，钢铁冶金界的先驱。王季良，黄石利华煤矿股份有限公司总经理、富华煤矿股份有限公司矿师，我国著名矿冶专家。黄文治，大冶电厂(今黄石热电厂)的创始人，我国著名电力专家。

张之洞塑像、盛宣怀纪念碑、王涛故居等越来越引起社会的关注。新中国国家领导人也钟情于这片热土，特别是毛泽东主席两次视察黄石工矿企业，这在全国钢铁工业企业中是唯一的，影响深远。为了纪念毛主席对工业基地的重视，从 20 世纪 60 年代开始，黄石工矿企业制作了六座大型的毛主席塑像，现已成为黄石工业遗产的一大亮丽的景观。

第二节 华新水泥厂旧址

一、百年水泥工业摇篮

黄石水泥工业发展史就是一部中国民族水泥工业的曲折发展史。近代华新水泥公司及其大冶水泥厂是利用湖北水泥厂和唐山启新洋灰公司的人才和设备发展起来的，最关键的是华新带走了唐山启新公司的灵魂——人才，并超越启新，成为远东第一水泥厂，将水泥工业发扬光大，影响全国。

中国五家百年历史的水泥厂，属于民族水泥工业有湖北水泥厂、唐山启新洋灰公司和广东士敏土厂三家。当今只有华新水泥股份有限公司成为中国水泥工业唯一百年龙头企业，其他有两家被兼并，一家破产，一家成为地方水泥厂。

表 7–5 中国百年历史水泥厂简表

名称	建立时间	发展结果
湖北水泥厂(华新水泥股份有限公司前身)	1907 年	现代中国水泥工业龙头企业
澳门青洲水泥厂	1886 年	被香港李嘉诚掌控的长江实业(集团)有限公司并购，初创时为英商投资
唐山细棉土厂(唐山启新洋灰公司前身)	1889 年	被冀东水泥集团收购
广东士敏土厂	1907 年	1932 年该厂破产
大连小野田洋灰厂(大连水泥厂前身)	1907 年	大连水泥集团第一水泥厂，为地方水泥厂，初创时为日商投资

1. 艰苦创业时期

清朝末年，清政府接受湖广总督张之洞提出的修建粤汉铁路的建议。当时修建铁路，需要大量的铁轨和水泥。在黄石创办的大冶铁矿，为汉阳铁厂提供大量铁矿石，可以生产铁轨。张之洞派人各处考察，发现黄石黄荆山的岩石，竟是制造水泥的上等原料。于是，将样品寄至德国，经德国化学家化验后，欣喜得出“黄荆山石灰石是生产水泥的最佳原料”的结论。于是张之洞上书朝廷，请求在湖北开办水泥工业，慈禧太后和光绪皇帝最终答应并御批建水泥厂奏折。

1907 年张之洞出示招商，福建清华实业公司总经理程祖福应招。湖北水泥厂于 1909 年在黄石建成投产。由于水泥质量优良，1910 年被清政府农工商部选送参加南洋劝业会展览，“宝塔牌”水泥分获头等金、银奖牌各 1 枚，其水泥质量的优良

图 7–14　程祖福

品质为中外人士所称赞。当时黄石湖北水泥厂与北方唐山启新水泥公司相抗衡，一北一南平分天下。因资金困难，程祖福向日本三菱公司借款，1913 年三菱公司以逼债为名，用武力封闭了该厂。为维护中国民族工业，程祖福奋力抗争，多方努力，借款还清了债务，避免了工厂落入日本人手中。这之后，还是由于债务原因，1914 年湖北水泥厂被启新水泥公司兼并。启新控制湖北水泥厂后，将其改名为华记湖北水泥厂，这也是后来黄石华记里名称的由来。

湖北水泥廠股份有限公司

第叁千弍百柒拾五號

庫平紋銀壹百兩

整股票

總理　程祖福

图 7–15　湖北水泥厂股票

2. 抗战图强时期

1937 年 7 月 7 日，日本发动侵略中国的卢沟桥事变，抗日战争爆发。华记湖北水泥厂危在旦夕，在此危难时刻，一位中国水泥界的传奇人物来到了华新。他就是日后被称为“水泥大王”的王涛。王涛是中国第一位公派国外学习水泥制造的留学生。他放弃国外优厚的待遇，1932 年，应启新水泥公司邀请，取代德国总技师

图 7–16　大冶湖北水泥厂

图 7–17　华记湖北水泥厂

资料来源：华新水泥公司档案室提供。

图 7-18 华中水泥厂

成为启新公司总技师,成为中国水泥工业史上第一位担任总工程师的中国人。抗战爆发华北沦陷,不愿做亡国奴的王涛,毅然辞去启新职务,在 1938 年来到当时抗战的中心——武汉。国民政府经济部部长翁文灏得知王涛来到武汉,立即相见,以经济部之名颁发迁厂命令,王涛临危受命,挺身而出,组织领导了启新华记水泥厂的搬迁及重新在湖南辰溪建厂。

1938 年 7 月,王涛来到黄石带领华记湖北水泥厂工人们夜以继日、废寝忘食地工作。他们将所有的材料、设备分装成几十木船,浩浩荡荡向武汉进发。随后,又经过近一年的辗转,1939 年 10 月,全部机器和材料运抵湖南辰溪。1939 年 12 月华记湖北水泥厂更名为华中水泥厂正式建成投入生产。当时在西南抗战后方,只有"华中""重庆"两厂生产水泥。抗战期间,在战局变化、敌机六次轰炸、物质匮乏、运输不便的困难条件下,华中厂千方百计坚持生产,扩大销售,为支持抗战做出了重大贡献。后来王涛又创办了昆明水泥厂、筹建了江西水泥厂,管理贵州水泥厂。1943 年,华中、昆明两厂在重庆召开两公司的股东联席会议,成立华新水泥股份有限公司。会议选举国民政府经济部部长翁文灏为董

图 7-19 王涛

资料来源:《华新厂志》第一卷。

图 7-20　华中水泥厂遭日机轰炸情形

事长，王涛为总经理。公司设立于昆明，管辖华中、昆明两厂，同时经营管理江西、贵州两厂。

王涛重视人才，善用人才，“知人善任，用人不疑”是他用人的原则。从华记、华中、昆明到华新，他走到哪里总要将高级技术人员、高级技师带到那里，事事处处依靠他们，充分发挥他们的聪明才智。1941 年，华中水泥厂 9 名技术工人被辰溪警备

華新水泥股份有限公司股票

設立登記　民國三十三年八月四日
資本總額　國幣貳佰貳拾伍億圓
股份總額　分為貳拾貳億伍仟萬股
每股金額　國幣拾圓　一次收足

股東　王振芳
股數　伍萬股
股款金額國幣伍拾萬圓整

董事　翁詠霓
董事　[illegible]
董事　[illegible]
董事　[illegible]
董事　王涛

中華民國三十六年十二月一日

014151

图 7-21 民国时期华新水泥股份有限公司股票

资料来源：华新水泥公司档案室提供。

图 7–22 大冶水泥厂兴建工地

资料来源:《华新厂志》第一卷。

司令部逮捕并准备枪杀,王涛得知后,立即从昆明赶到华中,不怕牵连,动用钱财,将 9 名技术工人全部保释出狱,并将他们安排到昆明水泥厂。这批受到保护的工人为昆明水泥厂和后来的华新水泥厂做出了重要贡献。在那个战火纷飞的年代,华新人靠着自己的坚强意志和奋斗精神,在枪林弹雨里,支撑着整个中国水泥工业的发展。

3. 远东第一时期

抗战胜利的 1945 年 8 月,华新公司迅速成立大冶水泥厂筹备处。1946 年 9 月 28 日,是中国水泥工业史上一个值得纪念的日子。当天,在长江中游南岸黄石的枫叶山下,动工兴建了当时世界最先进的水泥生产线。为了迎接解放,王涛和进步分子成立护厂队,并亲任队长,和职工一起参加护厂斗争,保证了华新厂机器设备的完好无损。

1949 年 5 月 15 日,黄石解放。获得新生的华新没有忘记报效祖国。新中国成立之初,华新不仅加大生产,支持社会主义建设,还捐款 130 万元,购买了一架战斗机,直接用于抗美援朝前线,打击侵略者。1953 年华新公司和大冶水泥厂合二为一,更名为华新水泥厂。1958 年 9 月 15 日,一代伟人毛泽东主席视察黄石,接见华新党委书记李秉范时,毛主席握着他的手风趣地说:“你们是‘远东第一’嘛！年产 80 万吨,了不起。”后来华新人自己设计建造了“华新型窑”,在全国各地广泛应用。华新的管理技术随“华新型窑”传播各地,并出口国外,先后帮助朝鲜、柬埔寨、越南、阿尔巴尼亚、巴基斯坦等国建设水泥厂,成为中国水泥工业在 20 世纪的里程

图 7–23 华新“堡垒牌”和“五羊牌”水泥获国家金奖证书和奖牌

资料来源:《华新厂志》第一卷。

碑。

4. 开拓创新时期

1979 年,国家首次颁发产品质量奖牌,华新“堡垒牌”和“五羊牌”水泥双获国家产品质量金奖。同年,华新水泥厂被国务院授予全国先进企业称号。1980 年,“堡垒牌”被定为国家著名商标。随着企业改革的不断深入进行,1993 年 11 月 28 日,华新成功实施股份制改革,华新水泥股份有限公司成立,时隔四十年后,华新再次续写股份公司的历史。

1996 年 3 月,华新和新加坡 RDC 国际私人有限公司、南通港务局等中外共五方合组华新南通水泥有限公司,开始向外拓展。1999 年 3 月,针对国内资本市场融资难的实际,华新大胆面向全球,引入战略投资者,世界水泥巨头瑞士豪西蒙公司和华新结成战略伙伴。

2000 年,华新开始进入一个全新的跨越式发展阶段,制定出“以武汉为中心,沿长江逐步向西南和东南延伸,沿铁路逐步向北和向南延伸的“十字形”发展战略。目前公司已形成以长江黄金水道为轴线,在湖北、湖南、江苏、云南、西藏、河南、四川、重庆以及中亚的塔吉克斯坦等地拥有 100 多家分公司、子公司组成的水泥产业基地,百年华新,再续辉煌。

二、华新水泥历史沿革

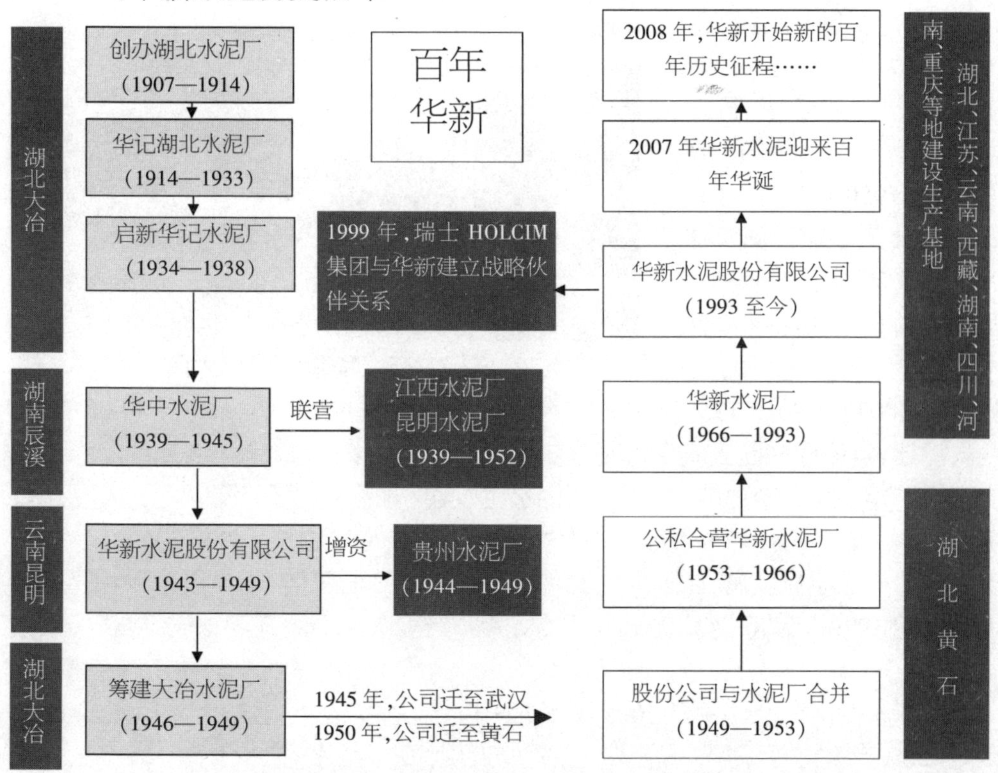

图 7-24 华新水泥百年历史沿革示意图

资料来源:《华新发展历程》,华新水泥股份有限公司网站。

三、华新水泥厂旧址概况

华新水泥厂旧址位于黄石市黄石港区红旗桥社区,东临长江,西傍磁湖,南接华新路,北靠牛头山(枫叶山),东西长 1 公里,南北平均宽约100 米,主体厂区周长 4000 米,呈东西向流线型布局,占地面积 774421 平方米(不含矿山)。① 华新水泥厂旧址为 1946 年兴建的大冶水泥厂旧址。

该厂历史悠久,其前身是商办湖北水泥厂,创建于清光绪三十三年(1907 年),是我国近代最早的三家水泥厂之一;民国三年(1914 年),由启新洋灰公司接管,改称华记湖北水泥厂;1935 年,改称启新华记水泥厂;1937 年,由国民党经济部垫付拆迁费将厂迁至湖南辰溪,1939 年改名华中水泥厂; 后与昆明水泥厂合股成立华

① 黄石市地名委员会:《黄石地名志》,1989 年。

新水泥股份有限公司；1946年在枫叶山南侧建设新厂，名大冶水泥厂，仍属华新水泥股份有限公司；1949年5月15日黄石解放，1950年属中南军政委员会工业部，同年4月改名华新水泥厂。新中国成立前夕，该厂(原大冶水泥厂)仅一条生产线，日产水泥400吨。经过1950年—1957年的续建、恢复、充实阶段和1958年、1975年两次扩建，使该厂的面貌发生了深刻变化。该厂有三条直径3.5×145米的湿法水泥生产线，日产水泥3000吨。另建有石棉水泥制管和石棉水泥制瓦两条生产线。建有黄荆山石灰石矿、金盆山泥灰岩矿和牛头山、石壁山砂页岩矿。

图7-25　华新水泥厂大门

该厂产品质量优良，在国内外均享有很高声誉。“五洋牌”出口水泥和“堡垒牌”内销水泥1979年双获国家金质奖。“钻石牌”石棉水泥中波瓦于1983年获国家银质奖。

华新水泥厂旧址使用至2005年5月。停产以后就进行了封存，并由企业自己派专人、拨专款进行保护，保留了较完整的近现代水泥生产流水线。

四、华新水泥厂旧址价值

华新水泥厂依山滨湖临江而建，车间、厂房、铁轨、道路、办公楼、住宅楼，特别是厂区内生产水泥的流水线设备保存完整。华新水泥厂旧址见证了中国水泥工业从发展到走向辉煌的历史进程。

1. 历史价值

华新水泥厂前身湖北水泥厂始创于清光绪三十三年(1907年)，为湖广总督张之洞出示招商。著名的爱国实业家、福建清华实业公司总经理，浙江杭州人程祖福上书应招。选址大冶县黄石港明家嘴，于1909年5月，大冶湖北水泥厂竣工投产。大冶湖北水泥厂与唐山启新洋灰公司和广东士敏土厂成为我国最早的三家民族水泥工业企业。

1937年7月，抗日战争爆发后，国民政府经济部部长翁文灏任命王涛负责将华记湖北水泥厂迁往湖南辰溪，1939年12月华中水泥厂建成，1940年12月昆明水泥厂建成，1943年两厂合并组建华新水泥股份有限公司，为中国抗日战争的胜利做

图 7–26 华新水泥厂旧址鸟瞰

资料来源：刘金林摄影。

出了巨大贡献。

1946 年 9 月大冶水泥厂兴建，引进了美国的全套先进的水泥生产设备，于 1949 年 4 月基本建成，成为当时中国规模最大的水泥厂。

2. 科学价值

黄石华新水泥厂旧址内的一、二号湿法加工水泥旋窑，直径为 3.5 米，长达 145 米，是 20 世纪 40 年代我国最长的水泥窑，是从美国爱立司公司进口的。所选用的爱立司公司的原料及熟料粉磨系统设备非常先进。

华新人自己设计建造的“华新型窑”，在全国各地广泛应用，华新的管理技术随“华新型窑”传播各地，并出口国外，成为新中国水泥工业在 20 世纪的里程碑。

3. 艺术价值

华新水泥厂旧址是 20 世纪四五十年代工业建筑的典型代表，旧址依托枫叶山、滨临磁湖、面向长江，湖光山色，环境优美。生产区、办公区、生活区保存完整，工业文明与风景名胜在此完美结合，是发展工业旅游的理想场所。

图 7-27　华新窑

资料来源：刘金林摄影。

五、华新水泥厂旧址遗产

图 7-28 烧成车间

烧成车间

烧成车间位于厂区的中心地带，熟料烧成是水泥生产工艺线上的中心环节。建厂初期，烧成车间为生产部管辖下的窑部，后改名为煅烧车间。1952 年 6 月，烧成，细磨、水电供应和配料合并成立制造场，改名为煅烧工段，1953 年 8 月，根据中央重工业部建材工业局的指示和苏联专家的建议，完善生产区域管理制，制造场撤销，正式建立烧成车间建制，一直延续至今。烧成车间主要设备有 3 台湿法水泥窑、3 台冷却机、3 台煤磨、3 台电收尘、4 台空压机。主要构筑物有Φ50×3.5 米厚浆池 2 座、Φ9.144×12.188 米储浆池 8 座、Φ9.15×9.15 米进浆池 2 座、Φ25×5.5 米搅拌池 1 座。

华新一、二、三号窑

烧成车间的核心是3台湿法水泥窑。1943年5月1日华新水泥股份公司成立后，1944年春，公司决定派总工程师张宝华专程赴美，揭开了建设大冶水泥厂的序幕。经考察，华新公司决定向美国爱丽斯公司订购日产1000吨水泥的全套设备，即二条湿法旋窑生产线。这是抗战之后，中国第一个全套采用国际先进技术的大型水泥建设项目，被称为“远东第一”。第一条生产线于1949年2月28日点火试窑，4月5日投入生产，至4月9日产出水泥。1950年12月建成第2条生产线并投产。华新一、二号湿法加工水泥旋窑直径为3.5米，长达145米，是20世纪40年代我国最长的水泥窑。1975年，在以许宣华为厂长的领导班子的组织领导下，华新人自己设计、自行施工扩建了三号窑。三号窑水泥生产线，是华新在计划经济体制下投资规模最大的项目。其规格与前两条窑一样，同为Φ3.5×145米，但设备性能通过国产化已多有改进。在“四人工作三人干，抽出一人搞会战”的口号中，华新员工及家属广泛积极参加三号窑建设。1977年7月1日，三号窑建成投产，增加年产20万吨熟料的能力。华新人自主研制的“华新湿法水泥旋窑”，是新中国水泥工业发展历史上的一个里程碑。

图7-29 华新一、二号窑

资料来源：刘金林摄影。

图 7-30　华新三号窑
资料来源：刘金林摄影。

制成车间

制成车间位于厂区中部，枫叶山东南麓，负责生料制备、水渣烘干和水泥制成，是水泥厂半成品、成品生产的重要车间。20 世纪 40 年代从美国进口的主要设备有；Φ2.74×3.96 米水泥磨4 台及其配套的空气选粉机、斗式提升机，喂料机、空气螺旋输送泵等，Φ2.74×3.96 米生料球磨机 2 台及配套的料浆泵、高耙机、园耙机、低耙机等浮选与输送设备，联合储库一号 7.5 吨吊车一台等。

图 7-31　制成车间办公楼
资料来源：刘金林摄影。

图 7-32 水泥磨机

资料来源：刘金林摄影。

图 7-33 联合储库

资料来源：刘金林摄影。

装包车间

装包车间是水泥生产线的最终一道工序，水泥经过包装，由产品转化为商品，进入流通过程。厂房建筑、构筑物主要有：装包车间厂房建筑面积 850 平方米，钢筋结构。空压机房 306 平方米。装包楼房 1392 平方米，混合结构，1949 年建成。皮带长廊 1661 平方米，钢筋结构。候班室 300 平方米，砖木结构。主机设备有 Φ9.14×

图 7–34 装包车间

资料来源：刘金林摄影。

图 7–35 修复后的装包车间

资料来源：刘金林摄影。

30.48 米、2,000 吨/座的水泥库 14 座。Φ11×30.48 米、2,400 吨/座的水泥库 5 座。Φ8×18 米装车用的散装水泥库 2 座。贝式四嘴装包机 3 台,台时能力 60~70 吨。50 吨/时桥式机械码包机 1 台,C-200 回转叶片式空压机 4 台。C-150 式 1 台,B-300-2k 及5L40/8 往复式空压机 3 台，螺旋输送机 3 组，斗式提升机及螺旋回转筛各 3 台,袖袋式收尘器 6 台。旋风式收尘器 1 台。

图 7-36 四嘴装包机

资料来源:刘金林摄影。

石棉车间

华新水泥厂石棉水泥制品分厂,位于华新水泥厂区西端偏北。1957 年 10 月 10 日动工兴建的。1958 年 12 月 29 日石棉水泥制管试车成功,1959 年 3 月开始生产,同年 7 月正式投产。主体厂房坐北朝南,呈长方形,系钢筋混凝土结构,石棉分厂目前生产的产品主要有三种:石棉水泥管、石棉水泥中波瓦、石棉水泥小波瓦。

图 7-37 华新石棉车间厂房

资料来源:刘金林摄影。

皮带走廊

位于黄石市黄石港区黄石大道红旗北桥北 139 米，为华新水泥厂新辟的一条水泥出厂空中运输线。西起装包车间皮带机房,跨越黄石大道,东至江边猫儿矶港务二码头,全长 550 米,宽 3 米,距地面净高 12 米,另有封闭式遮板高 3 米,起端有电子计算器计数装量。1984 年建成使用,以皮带输送和形若长廊得名。

图 7–38 横跨黄石大道的皮带走廊

资料来源:刘金林在华新水泥厂旧址翻拍。

图 7–39 通向码头的皮带走廊

资料来源:刘金林摄影。

红旗桥

包括红旗北桥(一桥)和红旗南桥(二桥)。红旗北桥位于华新水泥厂东部。是华新水泥厂跨越黄石大道的一座专用铁路立体交叉桥。1966 年兴建,以红旗命名。呈东西走向,主体四孔,全长 60 米,高 5 米,净跨 50 米,钢筋混凝土结构,铁路单线。两侧可以行人,并设有钢筋钢管栏杆。桥基原为一个墩子,名覆盆墩,坡高 6 米,横堵黄石大道,影响交通,现已废。红旗南桥位于红旗北桥以南 104 米处。1970 年新建,为华新水泥厂第二座自建专用铁路桥。与黄石大道立体交叉,同北桥平行,全部结构,设计与北桥相同。

图 7–40 红旗桥桥墩

资料来源:刘金林摄影。

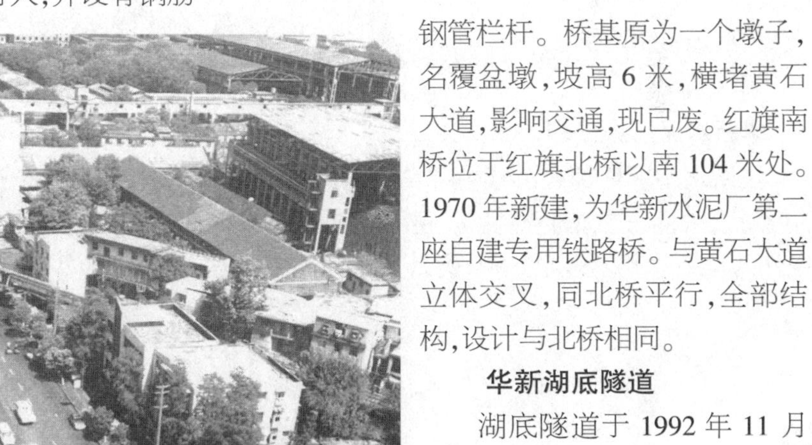

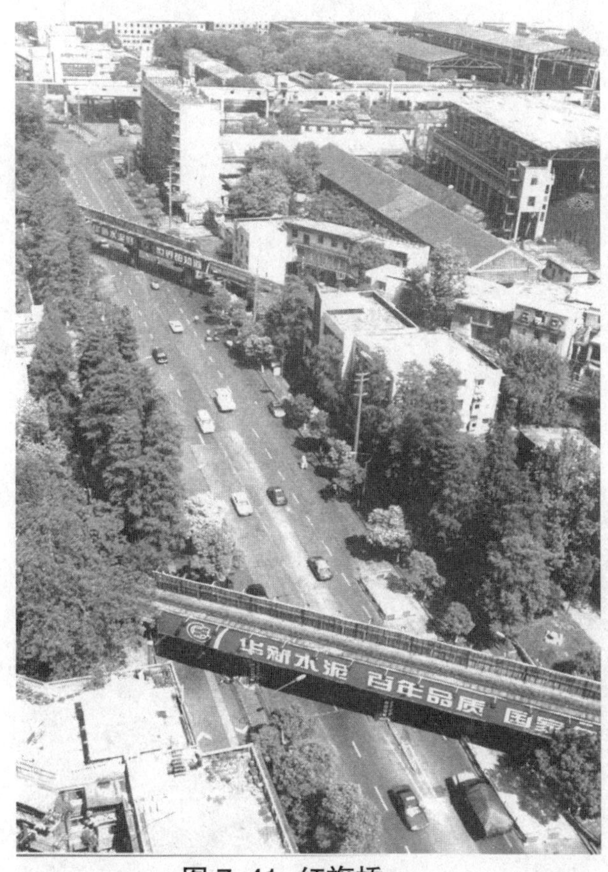

图 7–41 红旗桥

资料来源:《华新厂志》第一卷。

华新湖底隧道

湖底隧道于 1992 年 11 月 10 日开始开凿,1996 年 11 月 22 日实施精确贯通,1998 年 7 月 1 日正式投入使用。隧道造价8000 多万元,贯穿磁湖底,南北出口分别位于石料山和红旗桥附近,全长 3239 米,建成时是国内最长的水下隧道工程,建造难度曾被日本隧道专家称为亚洲之最。湖底隧道的建成,使石料的每吨运费由原先的5 元降至 2 元,每年输送石料达360万吨左右，为华新节约运送石灰石和水泥熟料进厂运费1400多万元，同时减少了运输过程中对城区的污染，是华新的一条“生命线”。华新黄石分公司北区生产线的停产基本宣告湖底隧道已经完成了它的历史使命，湖底隧道现在已经弃用。[①]

图 7-42 正在兴建中的华新湖底隧道

资料来源：《华新厂志》第二卷。

华新水泥厂办公楼

华新水泥厂厂部办公楼位于黄石港区华新路与武汉路交汇处，修建于20世纪50年代，主楼三层，副楼两层。位于华新二门旁的两栋欧式建筑造型优美，一栋曾经作为华新幼儿园教学主楼，另外一栋为福利科办公楼，都为两层建筑。

图 7-43 华新水泥厂厂部办公楼

资料来源：刘金林摄影。

① 康行远：《“国内最长水下隧道”何去何从》，《黄石日报》，2007年7月24日。

华新水泥厂俱乐部

图 7–44　华新水泥厂俱乐部

资料来源：刘金林摄影。

华新水泥厂俱乐部原为大礼堂。1958 年，投资 46965 元，新建大礼堂一座，面积1015 平方米，内设有木质靠椅座位 900 个。1980 年，投资 147,462 元，把厂部大礼堂改造为两层楼，面积扩大到1,685 平方米。座位换成三合板单人靠椅，楼上楼下共有 1,500 个座位。天花板、墙壁均按流行式样装饰一新。大礼堂后改名为华新职工俱乐部，为职工演出、看电影的场所。

职工培训中心

又称工会大楼，是华新水泥厂创办人王涛捐资修建的。解放初，华新有 30 余平方米的俱乐部。20 世纪 50 年代初，新建砖木结构的俱乐部一所，面积 80 平方米。内设有图书室、娱乐室，配有乒乓球台、康乐棋等。并备有多种棋类、牌类和图书、报纸、杂志供职工借阅。在俱乐部门外，修有一个水泥地坪的篮球场，供职工练球，比赛之用。1953 年，俱乐部面积扩大到 440 平方米，乒乓球台增加到六个，篮球场增加到两个，并新建田径运动场一个。1959 年，旧俱乐部改为烘干车间会议室和人民银行办事处。新投资 28,000 元，新建砖木结构的俱乐部一所。在三年经济困难时期，原来的篮球场、田径运动场逐渐荒芜，改作他用。1963 年，国民经济稍有好转，就在原俱乐

图 7-45 华新职工培训中心

资料来源：刘金林摄影。

部的南边，新建灯光篮球场一个。两边建有混凝土看台，可容纳 400 名观众。20 世纪 70 年代初，新建露天电影放映场一处，可容观众5000 人。1985 年，职工教学大楼建成，俱乐部搬进教学大楼。教学楼东头，重建运动场一个，可容纳 1000 多人。

高级职员宿舍

华新水泥厂 1947 年 10 月兴建，1948 年 4 月竣工，当时称为乙种住宅两层楼每幢二宅，共两栋。丙种住宅两层楼每幢六宅，共两栋。[①] 其中乙种住宅为“中国水泥大王”王涛故居。

图 7-46 华新高级职员宿舍

① 华新厂志编纂委员会：《华新厂志》第一卷，1987 年。

华新水泥厂食堂

位于华新水泥厂俱乐部后侧,华新水泥厂1949年11月,有职员食堂、工人简易大食堂和原料场简易食堂三处,面积1,260平方米,1953年底,新建职工大食堂一所,面积1,327平方米。食堂造型优美,保存完好。

图7-47 华新水泥厂食堂

资料来源:刘金林摄影。

毛泽东主席塑像

位于华新水泥厂俱乐部门口,像高5.16米,底座高5米。塑像为毛主席头戴军帽,身穿军大衣,挥着右手。1967年12月26日,塑像落成。塑像四周建了4个门,每个门都有2根不锈钢钢管托着2个不锈钢碗,碗里面还有一个铜制的芒果。①

图7-48 华新水泥厂办公楼

资料来源:刘金林摄影。

① 柯娟:《被人遗忘的角落——华新水泥老厂毛主席塑像》,《黄石日报》,2009年10月20日。

湖北红旗水泥厂

位于黄石市西塞山区石料山，与华新水泥厂采石车间相毗邻；另有一个白水泥车间在沿湖路北侧磁湖岸边。占地面积10.2万平方米。该厂始建于1958年。当时系华新水泥厂立窑车间。1961年交湖北省建工厅直接领导，改名湖北省鄂冶水泥厂。1967年改称湖北省红旗水泥厂。1976年新建一条白水泥生产工艺线。现为华新水泥公司黄石分公司所在地，石灰石矿就在附近的黄荆山上。

图7–49 红旗水泥厂厂房

资料来源：刘金林摄影。

猫儿矶码头

即黄石港务局二码头，位于黄石热电厂江边猫儿矶，与三码头紧密相邻，1976年始建，1982年投产，为华新水泥厂运出水泥服务。岸线长140米，靠泊能力1500至3000吨级，主要设备有设于桥式长廊上的190米皮带机3台，长61.5米、宽11.5米的铁质趸船一艘，浮吊5部，年通过能力60万吨，年通过量36万吨。① 此码头是民国时期兴建的大冶水泥厂码头拆除后改建的。

图7–50 华新水泥码头

资料来源：刘金林摄影。

① 黄石市地名委员会：《黄石地名志》，1989年。

六、华记湖北水泥厂旧址

图 7-51　华记湖北水泥厂

资料来源：刘金林摄影。

华记湖北水泥厂旧址位于黄石市西塞山区华记里。华记湖北水泥厂原厂址主要遗存有办公楼、厂房等。

华记湖北水泥厂办公楼

位于黄石市西塞山区华记里，现为袁仓煤矿门诊部和袁仓煤矿离退休管理服务中心使用。原为一平房，20 世纪 60 年代在原址上加建两层。

华记湖北水泥厂办公楼旧址既是工业遗产，又是革命遗址，具有双重遗产价值。1927 年 7 月，贺龙率二十军东征讨蒋，来到港窑湖(今黄石市区)，驻在华记水泥厂和大冶钢铁厂。军部设在华记水泥厂办公楼里。在这里贺龙宣布坚决跟着共产党走，同时，吸收了黄石地区的工农武装 700 多人，参加二十军。贺龙在黄石整军，从思想上和组织上，为南昌起义奠定了基础。①

① 黄石日报社：《黄石揽胜》，1984 年。

图 7-52 华记水泥厂办公楼

资料来源：刘金林摄影。

图 7-53　华记水泥厂厂房

资料来源：刘金林摄影。

华记湖北水泥厂厂房

华记水泥厂现存有两座车间，千余平方米混合结构，两座残烟囱，一座残立窑。

华记湖北水泥厂码头

位于黄石市黄石港区胜阳港长江边铜炮矶，又名水泥台码头，1907—1909 年，由湖北水泥厂建成。码头有 2 所水泥堆栈和 1 处煤场，堆栈可容水泥1 万桶(每桶 180 公斤)，煤场可堆煤 9000 吨。码头备有 1 艘趸船。有一长 1500 米索道，从厂封桶棚至码头水泥堆栈，不仅创黄石港口水索联运之始也开创了中国长江水道与高架索道联运的先河。1938 年，码头设备被拆迁。码头的部分建筑现在保存下来的有钢筋混凝土框架结构水泥台，上有二、三层房屋 600 多平方米。框架建在矶头

图 7-54 华记湖北水泥厂码头

资料来源：刘金林摄影。

图 7-55 华记水泥厂码头

资料来源：刘金林摄影。

岩石上，大梁高 1米。①

黄石水泥厂办公楼

1958 年省委书记张平化来黄石检查工作，批准在原华记湖北水泥厂旧址兴建黄石水泥厂，由省投资 50 万元，修复原址残留旧立窑及磨机，增加一些辅助设备，于当年 11 月正式投产，1979 年与黄石第二水泥厂合并。此办公楼是 1958 年兴建的。

图 7-56 黄石水泥厂办公楼

资料来源：刘金林摄影。

① 黄石市地方志编纂委员会：《黄石市志》，中华书局，2001 年。

第三节 汉冶萍煤铁厂矿旧址

一、汉冶萍煤铁厂矿旧址概况

汉冶萍煤铁厂矿旧址主体部分位于黄石市西塞山区叶家塘社区湖北新冶钢有限公司厂区内,北边为长江,直线距离长江约 50 米,东邻西塞山约 1 公里,南距黄荆山约 1.5 公里。2006 年被国务院确定为全国重点文物保护单位,该旧址包括:冶炼铁炉、高炉栈桥、日欧式建筑群、瞭望塔、张之洞塑像、汉冶萍界碑等。

目前主要作为整体保护,部分调整再利用。日式及欧式住宅建筑整体较好,一部分作为新冶钢的办公用房;一部分作为历史陈列室用房。

汉冶萍旧址还包括位于黄石市黄石港区的卸矿机和小红楼,以上这些都是全国重点文物保护单位。

二、汉冶萍煤铁厂矿旧址的价值

汉冶萍煤铁厂矿旧址是我国现存最早的钢铁工业遗址,是中国早期工业化的重要历史文物,是中国近现代发展进程中的重要见证,填补了我国近代早期钢铁工业文物保护中的空白,具有典型性、唯一性和不可替代性。

1. 历史价值

汉冶萍公司在中国以及世界占有重要的历史地位,它不仅是中国近代第一家钢铁联合企业,也是当时亚洲最早最大的钢铁联合企业,在中国以及亚洲具有开创性,是中国近代在世界上最有影响的企业。汉冶萍公司的创办,改变了中国近代重工业的布局,中国近代中部的汉冶萍地区成为早期最重要的重工业基地,在武汉、萍乡工业衰落之后,大冶成为中国历届政府建设的重工业基地,成为永不沉没的汉冶萍,成为内地的一颗璀璨的明珠,打破了中国重工业集中在沿海的布局。

第一次世界大战期间,汉冶萍公司达到空前繁荣。汉冶萍公司创下了多个全国第一:第一家大型钢铁联合企业;第一家大型钢铁股份公司;第一家钢材出口企业;第一家制定国家标准的企业……

汉冶萍的钢铁产品被欧美行家誉为精品。1914 年,在意大利首都罗马举办的世界博览会上,汉冶萍公司的钢铁产品获得最优等奖。1915 年美国巴拿马世界博览会上汉冶萍公司生产的钢铁获名誉奖章。汉冶萍公司生产的钢轨,大量用于中国早期兴建的卢汉、粤汉(今京广铁路)以及津浦(今京沪铁路)等多条铁路,自此结束中国铁路建设之钢轨全部依赖外国的历史。汉冶萍公司还向美国、日本和南洋群岛出口钢铁。1912 年以前，该公司的钢产量占中国钢铁产量的 100%。

1913 年以后随着大冶钢铁厂的兴建，汉冶萍公司的中心转移到黄石。1948 年国民政府汉冶萍公司资产清算委员会宣告清算结束，汉冶萍公司名义消亡，实际为在黄石的国民政府资源委员会华中钢铁公司继承。汉冶萍公司的兴衰史正是一部完整的近代中华民族钢铁工业的曲折发展史。

2. 科学价值

汉冶萍公司开创近代中国人新法炼钢之先河。汉冶萍公司是中国钢铁技术与钢铁人才的摇篮，培养了大量的钢铁冶金采矿人才，将先进的钢铁冶金以及采矿技术从汉冶萍公司推广到全国。汉冶萍公司 1915 年向美国列德干利制造公司订购 800 立方米的高炉两座，是当时亚洲最大、最先进的冶炼炉。在近代长江沿岸，两座高炉成为中国最雄伟的工业建筑，成为汉冶萍公司的标志，成为大冶工业的象征。现代冶炼铁炉遗址在近代钢铁冶金科技史上占有重要的地位。

3. 艺术价值

冶炼铁炉是现存最早的我国近代钢铁工业冶炼遗址，具有非常高的历史文物价值。日欧式建筑群是汉冶萍公司历史进程中的重要见证，不仅具有重要的文物价值，而且从建筑学的角度看，其形制在国内是少见的，在中国建筑史上也具有很高的价值。瞭望塔、小红楼等也是欧式建筑的代表作品。

三、汉冶萍煤铁厂矿旧址工业遗产

冶炼铁炉遗址

图 7–57　冶铁炉遗址介绍碑文

资料来源：刘金林摄影。

图 7–58 冶炼炉遗址

资料来源:刘金林摄影。

位于新冶钢厂区汉冶萍广场。冶炼炉是汉冶萍公司 1915 年 10 月向美国列德干利制造公司订购 800 立方米的高炉两座。冶炼铁炉于 1919 年 12 月 8 日动工兴建,1921 年 5 月一号高炉建成。炉高 27.44 米,两炉相距 40 米,并列而立,炉顶由钢桥相连接,是当时亚洲最大、最先进的冶炼炉。到 20 世纪 40 年代,“日铁”决定将一号高炉拆除运往石景山钢铁厂,中途被中国飞机炸毁。二号高炉被拆卸 70%,后因日本投降而终止。现在遗存下来的是冶炼炉遗址。

图 7–59 汉冶萍公司大冶钢铁厂

资料来源:金丸健二《老照片 长江旧影 1920》。

高炉栈桥

位于新冶钢厂区汉冶萍广场。高炉栈桥是冶炼铁炉的附属设备，用以输送铁矿石和燃煤，现存栈桥约100余米，基本保存原有状态。

图7–60 高炉栈桥

资料来源：刘金林摄影。

日欧式建筑群

图7–61 日式建筑

资料来源：刘金林摄影。

日欧式建筑群位于新冶钢厂区西总门外生活区主干道南北两侧，是汉冶萍厂方为解决当时工程技术及管理人员办公和生活起居，于 1917 年以后相继动工兴建并竣工。

日式建筑群主要包括“大”字号楼、“冶”字号楼、“铁”字号楼，是依据“大冶铁厂”四字编排的宿舍楼，现存 4 栋“大”字号楼，保存状况完好，每栋两层，占地面积 192 平方米。①

欧式建筑，仅存公事房 1 栋，是汉冶萍大冶钢铁厂办公楼，为典型欧式建筑，共 3 层，占地面积 240 平方米，保存完好。1958 年 9 月 15 日，毛泽东主席第二次视察大冶钢厂时，曾在此楼下榻休息。

图 7–62 日式建筑与蒸汽火车

资料来源：刘金林摄影。

图 7–63 欧式建筑

资料来源：刘金林摄影。

① 田燕：《文化线路视野下的汉冶萍工业遗产研究》，武汉理工大学，2009 年。

瞭望塔

位于新冶钢保卫部后侧江堤上，约建于1918年，其主要功能为警戒、报警。瞭望塔平面呈等边六角形，高约13米，塔身高约11.1米，最大直径2.6米。塔分上下两层，上层为敞开式，下层在6个不同方位设12个椭圆形瞭望孔，塔门朝东，整个建筑坚固结实、美观，为欧式建筑风格，该塔保存良好。①

图7-64　瞭望塔

资料来源：刘金林摄影。

① 田燕：《文化线路视野下的汉冶萍工业遗产研究》，武汉理工大学，2009年。

张之洞塑像

位于新冶钢宾馆后花园。张之洞塑像是 1914 年汉冶萍公司为纪念张之洞创办中国钢铁工业而建造的。张之洞于 1909 年逝世,盛宣怀为了纪念他,于 1914 年以汉冶萍公司的名义，雕塑了汉白玉的张之洞半身像，供奉在汉阳铁厂俱乐部前的花园中。抗日战争结束后,1946—1949 年，黄石华中钢铁公司（筹备处）下设汉阳铁厂保管处负责管理汉阳铁厂厂房等资产。1948 年该公司将张之洞塑像从汉阳运回黄石，安置在公司办公楼(今新冶钢宾馆)的后花园里。

图 7–65　张之洞塑像

资料来源：刘金林摄影。

汉冶萍界碑

位于新冶钢宾馆后花园。汉冶萍公司在兴建大冶钢铁厂购买土地时,使用一个3市尺长的弓丈量,每20弓(约20米)插立一根木桩做标志,后因木桩常被人移动,就改立石碑为界。石碑为四方型,每面刻一个字,合为“汉冶萍界”。从1915年到1918年底共购买土地4186亩。这样,西起石灰窑,东至西塞山下,南抵黄荆山麓,北到长江江心的地域内,都是大冶钢铁厂的厂基。

图7-66 汉冶萍界碑

资料来源:刘金林摄影。

图7-67 新中国成立后修复的卸矿机

资料来源:《黄石港史》。

卸矿机

位于黄石港区外贸码头南侧。1938 年,日本侵占黄石后,日本制铁株式会社在黄石成立大冶矿业所(简称"日铁")。1941 年,"日铁"在长江边兴建卸矿机 2 台,建贮矿槽一座,容积为两万吨。卸矿机的皮带运输机与贮矿槽相连,矿石通过皮带运输机输到日本运矿轮船。每台卸矿机每小时可卸矿 500 吨,每日可卸矿 5000 吨,2 台每日可卸矿 10000 吨。卸矿机的修建加快了日本掠夺黄石矿产资源的进程。

图 7–68 卸矿机

资料来源:刘金林摄影。

图 7–69 卸矿机贮矿槽

资料来源:刘金林摄影。

小红楼

位于黄石市黄石港区黄石港社区延安路江边路口处。小红楼原为天主教堂，欧式建筑，圆拱门、大穹顶，楼上楼下青藤掩映，十分雅致，修建于清朝末年。新中国成立初期为中共黄石市委所在地，1958年 9 月15 日，毛泽东主席视察黄石时，曾在这里接见黄石市领导干部及厂矿负责人，并在此楼下榻休息。

图 7–70 小红楼

资料来源：刘金林摄影。

水塔

位于新冶钢厂区内的汉冶萍广场，1921年建成。是炼铁系统的重要设施，专供汉冶萍公司大冶钢铁厂两座化铁高炉生产用水，容量为1500吨。它的建成投产对整个汉冶萍公司的事业发展起着重要的作用。1921年6月1日，汉冶萍公司在大冶钢铁厂设置开炉筹备处，筹备开炉炼铁事宜。同时，公司严令大冶钢铁厂抓紧对一号化铁炉的收尾施工，务必尽快开炉，以济公司之难。根据施工进展，大冶钢铁厂拟定是年秋出铁。7月24日，水塔在抽水试压时崩塌，除冲毁机器房屋外，还死伤工友多名。这次事故发生，打破了大冶钢铁厂秋天出铁的计划，汉冶萍公司董事会十分震惊。各股东纷纷致电指责，通过工程学会各国专家对事故的调查，最终迫使水塔工程的负责人大冶钢铁厂总工程师大岛道太郎下台并自杀身亡。

图7–71 水塔

资料来源：刘金林摄影。

第四节 黄石电厂工业遗产

一、黄石电厂的历史传奇

黄石电厂位于黄石港区沈家营,东毗长江,西临黄石大道,南至戴司里,北抵铜矿路,呈带形沿江布局。黄石电厂是远东二战后,国民政府新建的大型电力工业基地;是新中国初期,中南地区第一大电厂。

1. 国民政府兴建大冶中心电厂规划

黄石电厂原名大冶电厂,它的前身是"汉冶萍公司大冶钢铁厂袁家湖火力发电所"。当时装有 2 台单机容量为 1500 千瓦的发电机组,1920 年建发电站码头(今新冶钢江边),1921 年开始发电。

兴建大冶中心电厂,是国民政府资源委员会二战后经济恢复总计划的一部分。大冶地区煤、铁、石灰石、有色金属极其丰富,这里工矿企业创建较早,工业基础雄厚,一旦开发,必需大量的电力。资源委员会早在 1943 年与有关方面拟定"战后电力发展计划"时,就把大冶列为第一期优先开发的对象,拟在此建设一座容量为 1.5 万千瓦的中心电厂。设想建设一个以大冶为中心,上至襄樊、武汉、下至九江、赣南范围内的电力网系。

抗战胜利后,资源委员会委派宜滨电厂代厂长黄文治为湘鄂赣区执派员办事

图 7–72 20 世纪 70 年代黄石电厂全貌

资料来源:《黄石电厂志》。

图 7–73 黄石电厂煤仓

资料来源：刘金林摄影。

图 7–74 黄石电厂泵房

资料来源：刘金林摄影。

图 7-75 黄石电厂厂房

资料来源：刘金林摄影。

处电业专门接管委员，负责实施筹建大冶中心电厂计划。同时，拟将战后美国“援华”880 万美元贷款之一部分购置的 10 套 5000 千瓦发电机组分配三套给大冶电厂，作为大冶中心电厂第一期工程建设的目标。除此之外，作为与大冶中心电厂的配套工程，拟架设一条大冶至武昌的 68 千伏输电线路，将电力供应武汉。

1946 年 8 月，大冶电厂筹备处制订出建厂《工程计划书》，设计建厂总容量为 13.5 万千瓦。整个建厂工程，亦分三期进行。

第一期工程，按近期用电估计，利用美国贷款订购三套 5000 千瓦发电机组，于 1948 年夏装设发电。机组单价为 144,200 美元，总价为 432,600 美元。

第二期工程，准备于 1946 年底派员前往日本拆卸电力设备(注，系指日本战争赔偿)，计 30,000 千瓦机组两套，20,000 千瓦机组三套，计划 1949 年装竣发电。

第三期工程，再向美国订购 30,000 千瓦，用本地柴煤的新机两套，于 1950 年装竣发电。①

2. “借鸡生蛋”的建厂模式

1945 年 10 月 15 日大冶电厂筹备处成立，主任黄文治。当时筹备处从后方调来大批技术员工，但是没有机器设备，要建新厂，就得投资，但一时难以筹集。当时大冶铁厂(原汉冶萍公司大冶钢铁厂)保管处拥有日本人遗留的大量电力设备。黄文治上报国民政府资源委员会主任及经济部部长翁文灏，希望借用大冶铁厂的电力设备，采取“借鸡生蛋”的建厂模式。翁文灏同意这一建议，11 月 17 日，资源委员会钢铁处、电业处在重庆召开会议，决定大冶铁厂保管处将其自备电厂“暂借”大冶

① 黄石电厂志编纂委员会：《黄石电厂志 (1945—1990)》，1992 年。

电厂筹备处接管使用,大冶电厂则优先供给大冶铁厂保管处用电。

11 月 20 日，大冶电厂筹备处正式接管了大冶铁厂的自备电厂。接管设备计有:3000KW 汽轮电发机组两套;800HP、130HP 柴油发电机各一套;全部配、供电设备以及小型自来水厂一座。有了这个厂,筹备处就积极催调后方的技术员工,并暂时留用大冶铁厂保管处的日籍员工 110 名。年底,从后方调用的像杨福潮、王松山、魏刚等一大批有丰富经验的工人技师和工程技术人员陆续来到工厂。至此,大冶电厂筹备处利用“借鸡生蛋”的建厂模式,实现了借灶开炉的初步设想。

3. 恢复发电与筹建新厂

大冶电厂筹备处顺利接管了大冶铁厂自备电厂后,即着手恢复发电的工作。然而留用的日籍员工瞧不起中国人,他们利用设备的弱点,硬说设备缺这少那,机件难以配齐,一时不能发电等等,从中作梗。筹备处员工对设备逐一进行了检查,并分析了职工的思想状况以及当时用户对用电量的需求,决定恢复工作分两步来完成。第一步是赶修柴油发电机,恢复石灰窑各厂矿及市民的照明用电;第二步是修复汽轮发电机,以满足华新水泥厂、铁厂、煤矿等恢复生产的用电。机构上,在发电课下分设了修理股、柴油发电机股、汽轮发电机股、水务股等,明确各自的责任。为防止日本人捣鬼,各股股长均令日本人担任,明令各股长负责立即着手搜集机件,赶装各台机组。与此同时,为使中方员工尽快熟悉设备,将他们分插到各股中,观察、监视日本人搜集机件、装复机器的全过程,以利日后掌握机器。

采取了以上措施后，日本人不得不老老实实地工作。130HP 三气四行程 85KVA 柴油发电机很快得以修复投入供电。到 1946 年 3 月 28 日,160HP 柴油机带动的 112.5KVA 发电机也投入了运行发电。

汽轮发电机的恢复发电工作并不像柴油机那么顺利,首先,遇到的主要问题是煤的来源。原钴炉设计是用烟煤的,而大冶则只产柴煤,钴炉不能用,从外地采购烟煤,运费很高,且煤价天天在涨,煤的来源又不稳定,很不经济。当时决定改造钴炉的燃烧系统。开始由日本人负责试验,中方员工在一旁监视。日本人先在第一号钴炉上加装了他们搞的燃烧装置,于 1946 年 2 月开炉试烧,结果非但柴煤不能燃烧,就是用烟煤也还要投油作辅助,试机二小时就告失败,日本人在试验报告中说:“此炉无法改造,负荷至多也不能超过 1000 千瓦。”筹备处决定由恽肇强负责组织中国员工对燃烧系统进一步改造。经过一段时间的设备改进,3 月 31 日试燃成功,负荷可带至 1000KW，钴炉燃烧稳定。在一旁观看的日本人也不得不佩服中国人的才智,再也不敢轻看我们中国人了。在此之后,筹备处就逐步解雇日本人,至 5 月底日本人全部被解雇,后被遣送回国。

大冶电厂完成的钴炉由烟煤改用柴煤燃烧的技术改进工程，当时在全国是首创。历时一年,大冶电厂终于完成了恢复发电的工作。

1945 年 11 月 30 日，大冶电厂筹备处主任黄文治在总工程师王恺谋的陪同下，从华钢发电所出发，沿江北上至黄石港，对建厂有利条件之区域进行了实地查勘，经过比较，于 1946 年 2 月选定沈家营之胡家湾。查勘报告称："此处占地八百余亩，上距黄石港 2 公里，下至旧大冶铁厂 5 公里，地濒长江，背依狮子山，往南 200 公尺有一条入长江的支流——洗脚港。水源充足，地基坚实，交通便利。江岸长 1 公里许，滩短水深，建筑码头及进水站均属适宜。从各方面看，符合建厂要求。"1946 年 5 月，资源委员会确定大冶电厂筹备处勘定的沈家营之胡家湾为新的中心电厂厂址。[①]

4. 武汉城市生命线——武冶线

架设武(昌)——(大)冶线，资源委员会早就有了计划，是与在大冶建新电厂同步的。在大冶新发电所开工的同时，武冶线也开始了测量工作。这条线全长 112 公里，电压 66KV，输电能力 1 万 KVA，是关内第一条高压输电线路，当时在全国也是屈指可数的大工程。1946 年 5 月 24 日第一次勘测工作开始，测量队自大冶方面测起，历时两个月，于 7 月 17 日抵达武昌。之后，8、9 两个月绘制样图。1947 年 11 月正式成立武冶输电线路工程处，由曹垒担任主任，副主任由张立志担任。12 月，线路的复勘工作全面展开。1948 年 6 月杆位测定完成。在当时，曹垒与武冶线路工程处的全体技术员工，虽一心一意、勤勤恳恳地工作，但终因财力、物力不足，这项工程不得不停下来。在此期间，工程处完成了蓝图的设计工作。

1949 年 5 月 15 日，大冶解放。人民政府十分重视这项工程，经过大家短暂的整理工作后，武冶线工程在 7 月 12 日正式开始施工。广大技术员工经过与酷暑顽强拼搏，终于在 11 月底完成了武冶线的全部架设工作，1951 年 4 月 4 日正式通电投入运行，从此，突破了过去电厂与电厂、地区与地区之间"各自为政"的落后局面。武冶线是当时中南区电压等级最高、输变电路程最远、容量最大的线路。它的建成，不仅实现了武冶联网，有利于调剂武冶两地电力余缺，增强供电可靠性，而且为湖北电网的进一步发展创造了条件。值得一提的是，这条线路对新中国成立后武汉的经济建设起了相当大的作用。大冶电厂每年要向武汉等地输送电力，特别是在 1954 年的抗洪抢险斗争中，通过这条线路输送了强大电流，为武汉人民战胜特大洪水，保卫大武汉做出了突出贡献，武冶线被称为武汉城市的"生命线"。[②]

---

① 黄文治：《兴建大冶电厂前后》，《湖北文史资料》，1990 年第 4 辑。

② 黄石电厂志编纂委员会：《黄石电厂志 (1945—1990)》，1992 年。

二、黄石电厂工业遗产

黄石电厂码头

位于黄石热电厂江边碇子矶北侧。占地面积 1 万平方米,有长 25 米、宽 10 米的水泥趸船一艘,浮吊一台,皮带机 150 米,年起煤 3 万余吨。原属电厂起煤码头。1969 年无偿转给市装卸运输公司。①

图 7–76 黄石电厂码头

资料来源:刘金林摄影。

图 7–77 黄石电厂俱乐部

资料来源:刘金林摄影。

① 黄石市地名委员会:《黄石地名志》,1989 年。

黄石电厂宿舍楼

位于黄石市黄石港区沈家营社区，为二层楼，高8.5米，是20世纪50年代建筑，斗篷式大尖顶，大门左侧有“黄石电厂二宿舍”字样，为典型的苏式建筑。除局部改建之外，保存较好。

图7-78　黄石电厂宿舍楼

资料来源：刘金林摄影。

毛泽东主席塑像

位于黄石市黄石港区沈家营社区黄石热电厂门前，于1968年建成。像高5.16米，底座高5米。

塑像为毛主席头戴军帽，身穿军大衣，挥着右手。塑像的模型是当时武汉美术学院以开国大典时毛主席在天安门城楼上检阅时的画像为蓝本设计的。毛主席头戴军帽，身穿军大衣，向人们挥舞着右手，从模型上看毛主席的面部表情和神态的刻画都十分逼真，艺术欣赏价值颇高。黄石电厂的领导得知省博物馆有一个毛主席像的模型，而一个模型可以做好几尊塑像。于是，黄石电厂与市文化馆、煤炭局、华新水泥厂联合从省博物馆借来了毛主席像的模型，准备各自树一尊毛主席像。1968年10月，他们开始了塑像底座的建造。为了早一点将毛主席像树起来，全厂上下抓紧时间，终于在12月初将底座建好了。①

图7–79 黄石电厂办公楼

资料来源：刘金林摄影。

① 肖婷：《四十年过去，弹指一挥间——黄石电厂毛主席塑像》，《黄石日报》，2009年10月20日。

第五节 黄石港立体化交通工业遗产

一、近代黄石港立体化工业交通体系概述

19 世纪末 20 世纪初,近代黄石是中国唯一拥有钢铁、水泥、煤炭、电力、机械等重工业部门齐全的重工业基地,绝大部分重工业产品的销售市场都在外地,交通运输现代化以及近代立体化工业交通体系的形成是近代大冶工业化的最显著特征。

汉冶萍铁路成为大冶近代化工业城市的生命线。该铁路不仅运输铁矿石等工业原料,它还是近代大冶的城市客运铁路,当时大冶工矿区居民的最主要交通方式就是这条铁路。

交通运输现代化决定着大冶工矿区的“入”字型城市格局,“入”字的“撇”线是指 1892 年建成的汉冶萍铁路线。“入”字的“捺”线是指从 1892 年开始兴建的汉冶萍运矿码头以及众多厂矿码头所形成的长江航线 (后来汉冶萍铁路延伸与长江航线平行)。

清朝末年,以铁路、长江航运为中心包括铁路、公路、高空索道、内河航运及江海联运等多种交通运输方式组成的大冶立体化工业交通体系初步形成。20 世纪 30 年代在近代大冶工矿区 100 多平方公里的狭小范围内分布着两条城市主干轨道铁路、一条隧道铁路、一条城市主干公路、一条越山公路、两条高空索道、多座内河航运及江海联运航线码头。大冶是中国最早形成立体化工业交通体系的城市,当时在世界工业交通史上也是罕见的。

图 7-80 创建于 1891 年的钢枕钢轨铁路——汉冶萍铁路

资料来源:刘金林摄影。

表 7–6 近代黄石立体化工业交通体系重要历史地位简表

汉冶萍铁路是中国近代现存最早、使用时间最长的城市轨道铁路。
汉冶萍铁路是中国近代第一条由地方政府投资建设的铁路。
汉冶萍铁路是中国近代第一条中外合资建设的铁路。
汉冶萍铁路是中国近代现存最早的钢枕钢轨铁路。
汉冶萍铁路是中国近代第一条铁矿运输铁路。
汉冶萍铁路与长江联运航线是中国第一条铁路与内河联运的铁矿运输专线。
汉冶萍铁路与江海联运到日本航线是中国第一条铁路与江海联运的铁矿运输专线国际航线。
湖北水泥厂高架索道是中国近代第一条高架索道运输线。
湖北水泥厂高架索道与长江联运航线是中国第一条索道与内河联运航线。
源华煤矿江边铁路是中国近代第一条通向长江的隧道煤矿铁路。
利华煤矿索道是中国第一条翻越高山的高空索道。
下陆车站是中国现存最早的火车站。
湖北水泥厂码头是中国近代现存最早的内河水泥专用码头。
汉冶萍码头是中国近代最早铁矿运输码头。
卸矿机码头是中国近代最先进的内河铁矿运输码头。
黄石港是中国近代最早最大的矿冶运输港口。
象鼻山铁路是湖北省第二条铁矿运输铁路。
利华煤矿公路是湖北省第一条翻越高山的煤矿公路。
利华煤矿铁路是湖北省第一条翻越高山的煤矿铁路。
近代大冶(今黄石市)是中国近代最早形成水陆空立体化工业交通体系的城市。

图 7–81 卸矿机码头

资料来源:刘金林摄影。

图 7-82 利华煤矿高空索道遗址

资料来源：刘金林摄影。

图 7-83 汉冶萍公司码头局部

资料来源：刘金林摄影。

近代黄石立体化工业交通体系与近代德国鲁尔区、近代美国五大湖区重工业交通体系一样，成为世界工业交通的奇观，特别是大冶引进西方先进设备与技术，将立体化工业交通体系集中于一城，成为近代亚洲引进西方技术的活标本。

现代黄石地区，以铁路、长江航运、高速公路为中心包括铁路、公路、内河航运及江海联运、高空传输带、湖底隧道等多种交通运输方式组成的立体化工业交通体系得到进一步完善。

二、黄石港索道

近代黄石港有两条创造“中国之最”的索道，一条是中国近代第一条高架索道运输线——湖北水泥厂高架索道，另一条是中国第一条翻越高山的高空索道运输线——利华煤矿索道。

图 7–84 华记湖北水泥厂高架索道

资料来源：《华记湖北水泥厂塔牌水泥说明书》。

图 7–85 华记湖北水泥厂码头

资料来源：《华记湖北水泥厂塔牌水泥说明书》。

湖北水泥厂高架索道随着1907年湖北水泥厂而开始兴建，建厂的同时，在胜阳港江边(水泥台)修建专用码头。1909年5月，该厂建成投产。从厂水泥出仓口至胜阳港江边码头架设挂线索道一条，长1.5公里。进出口货物通过挂线索道运输，开创中国索道运输之先河。

索道基桩为杉木，挂线及牵引线均用钢丝绳索。牵引线带动钢制吊斗在挂线上运行。每一吊斗可载水泥1桶(每桶180公斤)，或载煤炭、石膏一竹箩，索道每小时可运水泥150桶。1914年，启新洋灰公司接办湖北水泥厂后，该厂更名为华记湖北水泥厂，新增一条挂线索道，其基柱为钢筋水泥制品。

1938年，在黄石地区沦陷之前，华记湖北水泥厂生产设备及索道器材全部拆迁至湖南辰溪兴建华中水泥厂。1946年华新公司兴建大冶水泥厂，1950年，从华新大冶水泥厂至胜阳港江边码头新建一条长350米挂线索道，其建造形式及功能与原湖北水泥厂挂线索道大致相同。该挂线索道日运输水泥500吨。1953年，因市区道路建设，挂线索道被拆除。华新水泥厂运往胜阳港江边码头的水泥，改用轻便铁路运输。

利华煤矿索道于1933年开始兴建，由武汉裕达华公司投资，利华煤矿井口在黄荆山南柯家湾。当时，公司对煤炭的运输设计了三套方案：一是修筑盘山公路，用汽车进行运输；二是开凿隧道，利用铁道运输；三是修筑挂线索道，采取索道运输。通过各方比较，最后选择索道运输方案。

挂线索道工程向国外招标，利华煤矿先后收到英、法、美、德等国有关制造厂家的设计方案。最终，德国勃来息脱厂设计方案中标。挂线索道基柱采用钢筋混凝土浇灌而成。其挂线和牵引线及设备全由德国勃来息脱厂提供，并由其厂派技术人员来现场进行安装。

1934年7月，挂线索道建成投产。索道起自利华煤矿井口，翻越黄荆山，直抵中窑湾江边码头煤栈，全长4.5公里。索道挂线钢丝生绳直径36毫米，牵引钢索直径22毫米。索道平均坡度10度，最大坡度达到12度。煤炭采用挂桶装运，每桶载重630公斤。挂线索道运输能力每小时达到50吨。

利华煤矿凭优越的运输方式，所产煤炭以廉价的优势先后占领武汉、南京、上海各大煤炭市场。不久，利华煤矿先后将周围的四维煤矿、裕鄂煤矿、德利煤矿、兴华煤矿、惠通煤矿、利裕煤矿吞并，连阳新福东煤矿也并入到了利华煤矿。

1938年，利华煤矿将生产设备拆迁至四川。因越山挂线索道拆卸不便，未能及时拆迁。黄石地区沦陷之后，日本侵略者将挂线索道全部拆除，盗运回日本。残留在中窑江边的索道站台，曾作银粉厂厂房使用。后在建设中窑江滩公园时，被全部拆除。①

① 黄石市交通志编纂委员会：《黄石市交通志》，人民交通出版社，1995年。

图 7-86 华记湖北水泥厂塔牌水泥建筑工程：利华煤矿高空索道江岸站台

资料来源：《华记湖北水泥厂塔牌水泥说明书》。

图 7-87 1934 年竣工的利华煤矿高空索道西井口

资料来源：黄石工矿集团有限公司提供。

三、汉冶萍铁路

汉冶萍铁路又名大冶铁路、大冶铁矿运矿铁路或者铁山运道。汉冶萍铁路不仅是湖北省、中南地区第一条铁路,也是中国近代最早、持续时间最长的城市矿冶运输铁路和城市客运铁路,是近代黄石城市的生命线。

1890 年 7 月,张之洞派员在大冶铁山铺成立大冶矿务局,建设大冶铁矿采场。为把铁山的矿石运往汉阳铁厂冶炼,决定修筑一条从老铁山山麓通往石灰窑江边的运矿铁路。同年 11 月,张之洞委派熟悉大冶情形的候补知县张飞鹏负责修筑铁山运矿铁道事宜。

铁路由德国工程师时维礼设计,铁路器材及机车全部购自德国,筑路工匠均聘自德国。铁路全长 72 华里,1891 年 4 月开工兴筑,1892 年 8 月竣工。全路有 6 条小支路,为开车、歇车、屯车之用,有明桥暗洞 50 余座,设铁山、盛洪卿、下陆、石灰窑 4 车站,下陆车站为中心车站。铁路通车后,大冶矿务局迁移石灰窑办公,铁山只设采矿处,1908 年,盛宣怀成立汉冶萍公司后,大冶铁矿的矿石年产量增加到 30 多万吨,矿局对铁路进行了一次改造,增加运输设备,除原有大火车头 3 辆外,增加小火车头 11 辆,四门大矿车 60 辆,小矿车 162 辆,花车 1 辆,客车 7 辆,棚车 2 辆。在车站增设水柜 2 个,煤院 4 所,车棚 1 所,水塔 2 座。

图 7–88　汉冶萍铁路中心城区段

资料来源:刘金林摄影。

1. 中国现存近代最早、营运时间最长的城市轨道铁路

淞沪铁路是中国最早建成的一条铁路，由英国怡和洋行投资兴建，1876 年 7 月建成通车，后因碾死一名士兵，10 月清政府收回，并于次年 10 月予以拆毁。淞沪铁路也是中国第一条城市轨道铁路，存在的时间很短。

1881 年开平矿务局为了运煤而修建了从唐山至胥各庄的唐胥铁路。这条铁路长 9.7 公里，1887 年后，延伸到天津、山海关，成为京奉铁路(今京哈线)的一部分，唐胥铁路作为城市轨道铁路的时间很短。

1887 年，台湾省巡抚刘铭传主持修建从台北至基隆铁路，长 28.6 公里，1891 年完成，1893 年自台北修至新竹，长 78.1 公里，台湾铁路成为中国最早的省域铁路。

1892 年建成的汉冶萍铁路是中国现存的近代最早、使用时间最长的城市轨道铁路。该铁路不仅运输铁矿石等工业原料，它还是近代黄石的城市客运铁路，当时大冶工矿区居民的最主要交通方式就是这条铁路。

2. 中国第一部城市轨道铁路《旅客运输规程》

著名实业家郑观应于 1896 年为汉冶萍铁路制定了《增订铁路火车卖票章程》，共十二条，这是中国第一部城市轨道铁路《铁路旅客运输规程》。具体条文如下：

(1)每搭客一名由石堡至李家坊收钱二十文，李家坊至石堡同。由石堡至下陆收钱四十文，下陆至石堡同。由石堡至盛洪乡收钱六十文，盛洪乡至石堡同。由石堡至铁山收钱八十文，铁山至石堡同。由李家坊至下陆收钱二十文，下陆至李家坊同。由李家坊至盛洪乡收钱四十文，盛洪乡至李家坊同。由李家坊至铁山收钱六十文，铁山至李家坊同。由下陆至盛洪乡收钱二十文，盛洪乡至下陆同。由下陆至铁山收钱四十文，铁山至石堡同。由盛洪乡至铁山收钱二十文，铁山至盛洪乡同。每客均给客票一张，加盖戳记，以便查验。

(2)搭客如有十二岁以下小孩至六岁者，减半买票，即在客票上加盖幼童减半四字戳记为凭。六岁以内免收车票。各站皆同。如有已过十二岁者冒买幼童之票，一经查出年齿不符，就近送局，扣令补偿方能放行。

(3)搭客随带行李、铺盖、衣箱、筐篮、零星物件以约百斤为度，如至一百五十斤，无论衣箱、行李等物均须另买一人之票，均照此增加。

(4)如有轻松浮大等物，如棉花包等类均照每包算，即未满百斤亦须买票一张，馀仿此。其豆饼货等估信重百五十斤即买一人之票，二百五十斤即买二票，四百斤即买三票，其笨重家具须雇一车，如不作一车亦作件照估，计应与包扛小轿等比较，如一小轿之大即须买一人之票，如二小轿之大即须买二票，均照票递加。

(5)凡有重大之物应雇一车者，或不及一车收价较多之货，均给发货票一张，填明货色斤两，由某站至某站，收钱若干文，以期简便。至运货之人仍须照买客票，登车后即由司事车守逐一查明件数，如有隐瞒少买、数目不符，即令照补，始准放行，

以杜取巧。

(6)售票处,石堡、下陆、铁山均在电报房;李家坊、盛洪乡在收发煤炭处,其票上均有售处随时填写月日数目楷书。如本日买票而不登车、收留下次持用者,验出作为废纸。

(7)搭客买票之后即登车,即由司事督同车守逐一稽查,验看于搭至何处,中间用朱笔画记,如石堡搭至下陆,或下陆至铁山。凡将到彼处之时,即由车守将搭客之票收回汇缴总局查核。

(8)无论何局员司家人、物件到此搭车者,均一律收价,如有因公搭车,须赴总局请给免票为凭。

(9)煤铁、砖瓦、木料、毛竹等件若独雇一车,无论满装半载,均须付一车之费。此外两车、三车照此递加。

(10)每装货物一大车,由石堡至李家坊收钱四千八百文,李家坊至石堡同。由石堡至下陆收钱五千四百文,下陆至石堡同。由石堡至盛洪乡收钱六千二百文,盛洪乡至石堡同。由石堡至铁山收钱六千七百文,铁山至石堡同。由李家坊至下陆收钱四千六百文,下陆至李家坊同。由李家坊至盛洪乡收钱五千五百文,盛洪乡至李家坊同。由李家坊至铁山收钱五千九百文,铁山至李家坊同。由下陆至盛洪乡收钱四千九百文,盛洪乡至下陆同。由下陆至铁山收钱五千三百文,铁山至下陆同。由盛洪乡至铁山收钱四千八百文,铁山至盛洪乡同。

(11)查多有不顾体面之人搭车并不付钱买票,或以废票蒙混,或赴远站而买近票,或将货物藏匿车内,或一票而人货数用,种种弊端亟宜严杜。现饬查工司事二人督同车守随车枪稽察,倘有以上各情,轻则酌罚,重则送县惩办。

(12)火车(注:装矿石的矿车)本装矿石,偶载货物,向均不准搭客,近查每有无票之人率行乘坐,应即一体严禁,嗣后如有匿坐火车(矿车)者,无论有票、无票概行驱逐,倘有夫役容隐,一并革究。①

3. 中国第一部城市轨道铁路《安全巡视章程》(铁路安全条例)

郑观应 1896 年为汉冶萍铁路制定了《铁路巡丁章程》,这是中国第一部城市轨道铁路《安全巡视章程》(铁路安全条例)。具体条文如下:

第一款,巡丁须留心看顾所管之路一律整洁,使火车往来畅行无阻。遇路损坏须帮同修理。平时即在路上梭巡,不准暂离。

第二款,巡丁之上设有总巡,遇事须报知总巡。总巡之上设有管段工师,工师之上曰总工师。

第三款,凡有发给章程各巡丁须熟读,谨记,以免贻误。

第四款,巡丁所领器具物件须具领在案,日久用坏,须将原物送缴总巡方准换新。如因不谨,致有遗失,损坏,应责令该巡丁罚赔。

① 夏东元:《郑观应集》,上海人民出版社,1988 年。

第五款,火车某时刻到某段,刊有行车时刻表。各巡丁须于晨早火车未到以前半点钟,预先在工照料,不得私自他往,直至下午照行车章程第三款发号之后方准离工。

第六款,巡丁每日午前巡路二次,午后巡路二次。凡本管路之螺钉须逐一扭紧,整理干洁,路上有草即行芟去,有石即行检开,轨辙宽窄尤须随时复校,勿使雨水存注轨道,并应留心察看轨条有无折断,鱼片勾钉有无短少,其有铁桥之处尤须将螺丝钉加工扭紧,路旁明沟暗渠一律疏通,使雨水不至停留,余如电线,界石及路工所存物料均须一律看守,值工之时雨,雪,风,霜毋许擅离。骤雨之后尤须加意巡查。凡路有损坏,巡丁力所能为者即尽力补苴,如力不能为,俟总巡到时即将实在情形告知,以便设法修理。

第七款,修路之时,所用夫役归本段巡丁管督,仍遵照行车章程办理。

第八款,管闸巡丁须于火车未到之前三分钟,先行将闸关闭。

第九款,路上遇有险阻,该巡丁须遵照行车章程将有险之处设立表号,一面遣妥人报知总巡,并告知左右邻巡丁,俾得递传两头车站。

第十款,巡丁守路,须提防行人及舆轿小车,不得在轨道上行走。如有人毁坏运道,无论有心、无心,须查明其住址,姓名,以便报知总巡,若不知其住址,姓名,可令作工夫役将其人解送本段委员查明究办。①

4. 中国第一部城市轨道铁路《机车修理章程》

郑观应 **1896** 年为汉冶萍铁路制定了《火车及修整机器章程》,这是中国第一部城市轨道铁路《机车修理章程》。具体条文如下:

(1)火车开行停歇时刻向有定章,不赘。日久玩生或时有因停歇时刻漫无限制,以致搭客鼓噪,且耗费煤火。现拟变通办理,局中员司如因公司要事须留停者,当先告知站长转报该委传发留车凭单为据,留停至久不得逾定章之外二十分。如必留二十分外者者,须请总局单。火车将开之前五分钟放汽号一次,为催客登车号,临开车时放汽号一分钟,为开行号。以上事均系站长之责成。

(2)设铁轨运道借火车拖运矿石以火轮车为首,最关紧要,须格外小心,逢开车之时该匠目应亲自随车照料以防不虞,逢匠目随车照料之日,于修理机器厂工作生活事由该管委员自行照料指派。

(3)修理机器工厂作工时刻尚未明定章程晓示者,现拟分四季限定时刻。夏季日晷最长之时景,天做工十一点钟.冬季最短之时,每天做工九点钟,春秋二季平分之时,每天做工十点钟,如此办法方为平允。于各匠难免无私事,惟厂中人数无多,不得随时听其旷工,拟每月初二、十六日每放假一天,工食照常赏给,以示体恤,平时如果有要事须请假,察系实情方准。如因病不能上工者,须托人代告病假,工食按日扣发。如违者,须另议罚。按季限定工作时刻,另行详拟入工厂规条内。

① 夏东元:《郑观应集》,上海人民出版社,1988 年。

(4)修理机器厂及料库,派一司事专司登记查工日记表、收发料件账目,以备核办报销。

(5)立账簿七本。①查工日记表以考匠人之勤劣,每半月一送总局查核,②造成器件日记簿,每月一送核,③收发物料誊清簿,每月一送核,④收发物料日记簿,如店家之流水部为誊清之底本,凭此分门汇钞,⑤司匠薪工簿,每月底送呈总局,凭此发给薪工银两,⑥工厂匠人领用器具簿,⑦工匠花名簿。以上二项不送局,留厂备查。以上所立查工日记表,做成器件日记簿、收发物料誊清簿、司匠薪水簿,五项帐簿每月送呈察核一次,阅过请盖用图章仍发回,俾续写下月之账。为经费支细绌,难于专派司事缮办清册,将四项账簿送呈察核代册,是一举而两用也。[①]

5. 汉冶萍铁路的历史地位——中国铁路之最

汉冶萍铁路是东亚近代钢铁工业的生命线,是日本侵略与掠夺中国资源的运输线,是亚洲近代引进西方技术的活标本,在中国铁路史上占有重要的历史地位,创造了许多中国铁路之最。

中国第一部城市轨道铁路建设规划。(1877 年)

中国现存近代最早、营运时间最长的城市轨道铁路。(1892—1949 年)

中国现存最早的钢枕钢轨铁路。(1892 年)

中国第一条由地方政府修建的铁路。(1892 年)

中国第一条中外合资铁路。(1892 年)

汉冶萍铁路与长江联运航线是中国第一条铁路与内河联运的铁矿运输专线。(1893 年)

中国第一部城市轨道铁路《旅客运输规程》。(1896 年)

中国第一部城市轨道铁路《安全巡视章程》。(1896 年)

中国第一部城市轨道铁路《机车修理章程》。(1896 年)

汉冶萍铁路与江海联运到日本航线是中国第一条铁路与江海联运的铁矿运输专线国际航线。(1900 年)

四、黄石铁路与码头工业遗产

下陆车站

汉冶萍公司现存最早的建筑,坐落在老下陆新火车站西约 2 米处。车站前墙有四根罗马柱,屋顶盖黑瓦,站门上方有块铁牌,上书“下陆车站”四个大黑字,传说为湖广总督张之洞题写,经历 120 年的风吹雨打,站牌的字已模糊不清。

下陆车站是湖广总督张之洞 1891 年 4 月修筑大冶铁矿运矿铁路时兴建的,

① 夏东元:《郑观应集》,上海人民出版社,1988 年。

图 7–89　汉冶萍公司下陆车站

资料来源:刘金林摄影。

图 7–90　修复后的汉冶萍公司下陆车站

资料来源:刘金林摄影。

图 7-91　下陆新车站

资料来源:刘金林摄影。

1892 年 8 月铁路竣工。下陆为中心车站。在该站装有称量机,过磅矿石,设有煤站、水塔,为机车添煤加水。还设有电话总汇和开车、停车晷刻。同时在车站之南修有车库,以停歇火车。当时有火车头 3 辆,矿车 36 辆,无上盖停慢机大车 1 辆,装运物料停慢机大车 2 辆,二等客车停慢机 1 辆。为了修理机车,在车站附近建设机车修理厂,名下陆机厂。机厂设翻砂间、钳工间、车工间、修理间、轮箍间、锅炉房及待修车库等,机床用锅炉烧蒸汽作动力驱动。①

下陆车站一直使用到 1975 年建设新火车站后才停止使用,并加以封闭。此车站作为汉冶萍公司最早的工业遗产,屋顶曾经摇摇欲坠,2017 年得到修复。

下陆车站和汉冶萍铁路抗战胜利后由国民政府接管, 后与汉冶萍公司其他资产一起移交给华中钢铁公司(即大冶钢厂,今新冶钢)。1958 年大冶钢厂移交给铁路部门。

站场设施:清末有 3 股道,有效长不足 200 米。1938 年冬,“日铁”将站场增至 5

① 马景源:《汉冶萍现存最早的建筑——下陆车站》,《黄石改革与发展》,2008 年第 4 期。

股道。1958 年,铁路部门接管时,有 4 股半道(其中 1 股是冶钢专用线),总长 1144 米;道岔 8 组。1975 年武昌工务段对站场进行扩建,增加货物线 4 股,安全线、岔线各 1 股,道岔 1 组。1985—1989 年,计有到发线、其他线、岔线、安全线各 2 股,共 8 股计长2946 米;正线道岔 5 组,到发线及其他线道岔各 3 组,共 11 组。

行车设备为半自动闭塞装置。1975 年车站客运有候车室 200 平方米,旅客站台 1 座计 2240 平方米。货运有仓库 280 平方米,高站台 9 道计 4384 平方米。

公安路立交桥

位于上窑公安路上。建于 1938 年石灰窑沦陷之后。该桥斜跨公安路,为厢式,单孔,钢筋混凝土结构。全长 9 米,宽 9.5 米,净跨 4.5 米,净高 4.9 米。建造时比较坚固,初无名。1949—1955 年后逐步形成一条马路公安路,始名公安路跨线桥,1986 年改现名。①

图 7–92　公安路立交桥

资料来源:刘金林摄影。

① 黄石市地名委员会:《黄石地名志》,1989 年。

华中钢铁公司操车场

图 7-93　华中钢铁公司操车场旧址

资料来源：刘金林摄影。

华中钢铁公司操车场在今黄石东站，位于西塞山区陈家湾，北临颐阳路，站场面积 57942 平方米，原为黄石站，属武汉铁路局。

黄石车站在清末是石灰窑车站的一个辅助车场。1938 年 10 月，黄石沦陷后，“日铁”把这里作为操车场，作为机车停留和维修之地。抗日战争胜利后，该操车场由华中钢铁有限公司接管。1958 年移交给铁路部门，改建为黄石车站。

站场设施：清末有 1 股道。1921 年，大冶钢铁厂 1 号高炉建成后，增加机前线 4 股、机车线 3 股、下矿线 2 股，共 9 股道。1938 年，钢铁迁建委员会将站场股道全部拆毁。黄石沦陷后，“日铁”将站场修复。时有站线 7 股、工厂线 6 股、转盘线 3 股、渡线 2 股及煤正线、煤厂线、岔线各1 股，共 21 股道。1958 年，操车场改为黄石车站。当时站场有正线和站线共长2739 米，道岔 18 组，产权属大冶钢厂，由武昌工务段维修并租用。该站借用 6 股道，冶钢留 4 股自用。还有华新水泥厂、胡家湾煤矿、黄石炼铁厂的专用线。1966 年，郑州铁路局根据冶金部、铁道部联合指示，对黄石车站进行改造。改造工程分路方(铁路部门)和厂方(大冶钢厂)两部分，当年路方工程完工，次年厂方工程完工。1967 年，双方对借用的 6 股道办理移交手续，产权正式移交铁路部门，此时，大冶钢厂在站场内增建自用线1 股。1971 年站场增铺安全线。1973 年再次扩建站场。至 1985 年，不含冶钢 5 股自用线，车站共有站线 9 股，总有效长 4178 米。

该站行车设备采用半自动闭塞装置。1958 年，黄石车站开站营运时，只有一间 400 平方米的芦席棚作候车室，两间计 80 平方米的平房作办公室，100 米长的旅客站台。1984 年 10 月，一座总建筑面积为 997 平方米，可容纳旅客 4000 人的候车室落成。冶钢运输部在车站南侧有两座钢混结构厂房，钢屋架，瓦楞铁屋面，上有气屋，约 2000 千平方米，另有直径十几米的车头转车盘，现已拆除，建成职工住宅楼。[①] 随着黄石新火车站在大冶罗桥的建成，该站更名为黄石东站。

汉冶萍码头

汉冶萍码头包括老汉矿码头、新汉矿码头和日矿码头。老汉矿码头位于今汽车渡口东侧，有码头阶梯遗址。日矿码头后来建成卸矿机码头。新汉矿码头位于今外贸码头。

汉矿码头位于今汽车渡口东侧，1893 年由湖北铁政局大冶矿务运道总局修建。铁门坎生产的铁矿砂从矿山经铁路运往码头，装船运往汉阳铁厂，开黄石港口水铁联运之先河。新汉矿码头，位于今外贸码头，大冶矿局于 1908 年建成。因与汉矿码头有别，故将原汉矿码头称为老汉矿码头，新建的汉矿码头称为新汉矿码头。

① 黄石市地方志编纂委员会：《黄石市志》，中华书局，2001 年 2 月第 1 版。

1899年,盛宣怀与日本制铁所长官和田签订《煤焦铁矿互售合同》,大冶铁矿既要生产铁矿石供给汉阳铁厂冶炼,又要运往日本换回焦炭,生产规模扩大。大冶铁矿矿局在石灰窑江岸再修筑一座卸矿码头,名东矿码头(亦称日矿码头)。三座码头均用人工挑矿装船,常年使用挑矿工人700多人。1939年,日本在日矿码头附近兴建卸矿机码头。①

老汉矿码头部分阶梯遗址尚在,镶嵌于防洪墙上的"冶矿码头"标牌现在不见踪影。日本人修建的卸矿机码头部分设施现在保存较好。

图7–94　在汉冶萍码头旧址上兴建的外贸码头

资料来源:刘金林摄影。

大轮码头闸

位于长江胜阳港堤与交通路至九码头交叉口。为黄石市水上大门,景观壮丽。因该码头停泊大型轮船得名。大轮码头闸为双孔,净跨17.64米,闸底高程21.7米;钢筋混凝土结构,钢质平板闸门,电动启闭,安装15吨启闭机4台。1960年冬,黄石港务局与华新水泥厂协力兴建铁路桥,将交通路与胜阳港铁路堤的平面交叉改建为立体交叉。1962年6月4日至7月20日,港务局紧靠铁路桥迎水面兴建6孔钢筋混凝土预测叠梁闸。1974年10月至1976年8月改建大轮码头闸。闸身自铁路桥墩向迎水面延伸18.0米,钢筋混凝土结构。1982年,对整个闸室和管理室外观进行整修。1988年5月更换4台启闭机。

① 黄石市交通志编纂委员会:《黄石市交通志》,人民交通出版社,1995年。

图 7-95 在汉冶萍码头旧址上兴建的大轮码头闸

资料来源:刘金林摄影。

卸矿机码头

位于黄石港十一码头,日本侵占黄石后,于 1939 年动工兴建,1941 年 5 月建成投产。码头有两条皮带运输线,日卸矿石 5000 吨;还有容量 55 万吨的野外贮矿场 1 座,2 万吨贮矿槽 1 座。卸矿机的皮带运输机与贮矿槽相连,开动马达,矿石则

图 7-96 卸矿机码头

资料来源:刘金林摄影。

通过皮带运输机输入日本运矿轮船。每台卸矿机每小时可卸矿 500 吨，每日可卸矿 5000 吨,2 台每日可卸矿 10000 吨。1942 年,“日铁”在大冶铁矿采矿 145 万吨,运回日本 141 万多吨，卸矿速度大大加快。1954 年因洪水淹没码头机械,后被拆除。1976 年 10 月，黄石港务局投资 141.96 万元，重新修复卸矿机码头，于 1981 年建成投产。修复后的码头共 1 个泊位,靠泊能力3000 吨级,年综合通过能力为 28 万吨。

图 7-97 在汉冶萍码头旧址上兴建的黄石港口

资料来源:刘金林摄影。

上窑隧道

上窑隧道位于黄石市西塞山区上窑和平街东部北侧,从地下由南向北横贯黄石大道直抵江边,南北长 34 米,宽 1.2 米,高 2.3 米,为钢筋水泥结构。从地面下 18 级台阶,向东行数步,左转弯折向北行,整个隧道呈曲尺形。[①] 隧道墙面有“大冶铁矿铁路 1919”字样。

图 7-98 上窑隧道刻有“大冶铁矿铁路 1919”标志牌

资料来源:刘金林摄影。

① 黄石市地名委员会:《黄石地名志》,1989 年。

图 7–99 上窑隧道内景

资料来源:刘金林摄影。

铁山站

铁山站位于黄石市铁山区秀山北麓，南靠铁贺公路，占地面积 470,250 平方米。1958 年兴建,属武汉铁路局。在黄石新火车站建成之前,该站是黄石市通往全国各地的铁路咽喉,也是武大线、铁灵线的汇合点。现有 200 余米长的站台一个,315 平方米的候车室一个。①

图 7–100 铁山站

资料来源:刘金林摄影。

① 黄石市交通志编纂委员会:《黄石市交通志》,人民交通出版社,1995 年。

铁山桥洞

铁山桥洞位于黄石市铁山区铁山大道南端，为武全公路武大铁路立体交叉铁路桥。1956年兴建，1957年竣工、通车。桥墩和桥梁为1米厚的大方石和钢筋水泥结构，长11米，宽21米，净高4.4米，压重3000余吨。桥面铺有三股轨道，主道为武大铁路线，其余两股道为武钢大冶铁矿和大冶有色金属公司的专用铁路线。

图7-101 铁山桥洞

资料来源：刘金林摄影。

上窑天桥

上窑天桥位于黄石市上窑，与黄石大道立体正交。桥上是黄石火车站、袁仓煤矿通往外贸码头、黄石电厂、华新水泥厂等单位的双轨铁路，桥下是汽车快慢车道、人行道和冶钢铁路。

1938年，日本为加速掠夺大冶铁矿矿砂，在建设卸矿机码头的同时在此建成铁路立交桥，称上窑天桥。天桥全长60米，宽9米，设双道行车线，4孔，主孔为行车道，跨度6米，南北副孔为人行道各跨3米，南端是冶钢铁道孔，下部为石砌墩台，上部为钢筋混凝土结构。

1985年城市改造指挥部集资，委托铁道部成都勘测设计公司设计，黄石市市政工程公司施工修建上窑天桥。1986年动工，同年9月16日竣工。桥长62.63米，宽13.5米，净高5.15米。4跨连续梁。桥面设两股道，两边为人行道。主跨20米为快慢车道，南北副跨各11米为非机动车道和人行道，南端一跨6.5米仍为冶钢铁路线。整个工程费用包括改造1公里专用铁路线及拆迁房屋等计200万元。①

图7-102 上窑天桥

资料来源：《黄石市建设志》。

图7-103 新修的上窑天桥

资料来源：刘金林摄影。

① 黄石市交通志编纂委员会：《黄石市交通志》，人民交通出版社，1995年。

大冶有色铜矿码头

大冶有色铜矿码头位于黄石市沈家营，兴建于 20 世纪 50 年代。1920 年湖北官矿公署在此修建象鼻山铁矿码头，1938 年日本侵占黄石前拆迁。铜矿码头有 20 世纪 50 年代建的办公平房一处、仓库两处，主要是配合大冶冶炼厂生产而兴建，曾经是丰山铜矿运输铜矿到黄石的专用码头。

图 7-104 大冶有色铜矿码头

资料来源：刘金林摄影。

图 7-105 华新水泥厂石灰石矿高空传输带

资料来源：刘金林摄影。

图 7-106 利华煤矿黄荆山山南上山轻便铁路

资料来源：黄石工矿集团有限公司提供。

图 7-107 华新水泥厂高空传输带

资料来源：刘金林摄影。

图 7-108 东钢厂区完备的铁路运输系统

资料来源：尚平摄影。

图 7-109 大冶铁矿选矿车间高空传输带

资料来源：刘金林摄影。

第六节 黄石工业遗产博物馆与近代工业旅游

一、铜绿山古铜矿遗址博物馆

1. 铜绿山古铜矿遗址简介

铜绿山古铜矿遗址位于大冶市区以南 3 公里处，它的范围包括铜绿山、大岩阴山、小岩阴山、柯锡太村、螺蛳塘、乌鸦扑林塘等地，南北长 2 公里，东西宽约 1 公里。铜绿山古铜矿遗址，经商末、西周、春秋、战国直至西汉，历时千余年，是迄今世界上发现的规模最大、采掘年代最长、冶炼工艺水平最高、文化内涵最丰富的古铜矿遗址。

1973 年，在铜绿山古矿冶遗址中，发现了大规模的古代采铜矿井、炼炉和大量的炼铜遗留的炉渣。在古矿井内还发现了大批木铲、木槌、铜斧、铜锛、铁斧、铁锄等采矿工具和陶制生活用品。遗址中还清理出西周晚期至春秋早期的炼铜竖炉八座。古矿井最深处距地表 50 余米，不同时代、不同结构采用不同木构井巷支护方法的采矿井巷三百六十多条(个)，井巷木护支架保存完好。对炼铜竖炉和炼渣的分析证实，当时已成功进行了还原冶炼。炼渣的含铜量大都低于 0.7%，粗铜的含铜纯度在 93%以上。这说明，当时的冶炼技术已达到很高的水平。初步估算，从铜绿山大约炼出了十二万吨粗铜，这说明我国古代劳动人民在采矿和冶炼技术方面取得了伟大的成就。

图 7-110 铜绿山露天采场

资料来源：《铜绿山矿志》。

1980年6月2日,中国社会科学院副院长,考古研究所名誉所长,著名学者夏鼐,在美国大都会博物馆召开的中国古代青铜学术讨论会上,宣读了论文《铜绿山古矿冶遗址的发掘》,震动了大会,引起了国内外学术界的极大关注。铜绿山古铜矿遗址的发现与发掘,为研究我国乃至世界冶金史提供了极为丰富的实物资料。

2. 铜绿山古铜矿遗址博物馆

铜绿山古铜矿遗址是全国重点文物保护单位、湖北省省级爱国主义教育十大示范基地之一。博物馆于1984年建成并对外开放。

博物馆展览大厅长36米,宽30米,高14米。400平方米的考古发掘现场内,清晰地展示了春秋时期运用木制榫接方框支架维护的竖井70个,平巷66条,盲井、斜井各1个。它们纵横交错,层层叠压,再现了当时开拓井巷采掘矿石的情况。一件件出土的工具依然放置在当时使用的地方。大厅四周墙裙上复原的地质剖面,与遗址现场浑然一体,加强了大厅的现场感。设置在大厅南侧的辅助陈列室,运用出土文物、矿石标本、照片、图表、模型等反映了遗址的地质地貌、发掘经过、年代测定、采冶结合等状况,并陈列有出土器物。此外,大厅外东南向深约20米的地下,还保护有西周至春秋时期2000平方米采矿遗存。

遗址博物馆占地5000余平方米。内有《铜绿山古铜矿春秋时期采矿遗址陈列》《铜绿山古铜矿遗址采矿技术陈列》《铜绿山古铜矿战国至汉代采矿遗址复原陈列》和《铜绿山古铜矿遗址冶炼技术陈列》等陈列。①

图7-111 铜绿山古铜矿遗址博物馆

资料来源:刘金林摄影。

① 潘红耘:《中国铜绿山古铜矿遗址博物馆侧记》,《黄石文化史料1》,1987年。

图 7-112 铜绿山古铜矿遗址博物馆展览大厅

资料来源：刘金林摄影。

图 7-113 铜绿山复原冶炼炉区

资料来源：刘金林摄影。

二、黄石国家矿山公园与大冶铁矿博物馆

1. 大冶铁矿工业遗产概况

大冶铁矿工业遗产以东露天采场为核心,该旧址坐落于黄石市铁山区,东邻三楚第一山——东方山,西接大冶古八景之一“雉山烟雨”——白雉山。其露天采场最大垂直高达 444 米,东西长 2.2 公里,宽 900 米,截面 108 万平方米。

大冶铁矿始建于 1890 年, 1893 年完成基建任务。新中国成立后,1955 年开工重建大冶铁矿,1958 年毛泽东主席视察大冶铁矿, 大冶铁矿成为中国十大铁矿生产基地之一。东露天采场现为黄石国家矿山公园的重要组成部分。

东露天采场是大冶铁矿的主要采场,由象鼻山、狮子山、尖山三个矿体组成。

图 7–114 黄石国家矿山公园矿车

资料来源:刘金林摄影。

2. 黄石国家矿山公园

黄石国家矿山公园隶属武钢集团矿业有限责任公司大冶铁矿，是中国第一家国家矿山公园，也是黄石市唯一一家国家4A级景区。公园位于黄石市铁山区，规划面积23平方公里。景区四季分明，自然风景秀美、文化底蕴深厚。

景区分为“国家矿山公园主园区”和“大冶铁矿博物馆”两大核心区域。公园主园区有“日出东方、矿冶天坑、石海绿洲、雉山烟雨、矿业博览、井下探幽、芯动乐园、天坑飞索”八大景观，设有“勘探遗迹体验、采矿遗迹观光、生态复垦休闲、矿物自助加工”等多条旅游线路。日出东方广场矗立着中国最大的毛泽东主席石雕像，像高9.15米、重58吨，由12个组件分8层组装，是全国唯一采用这一姿态的个性化毛主席雕像。雕像身后有10余组铜浮雕文化墙，全面展示铁元素被人类认识、开发、利用过程，以及大冶铁矿作为中国钢铁摇篮的发展全貌；矿业博览园分勘探、采矿、运输、选别四个类别集中展示昔日“开山夺宝”的“巨无霸”，并配以中英文对照的文字说明，给冰冷的钢铁设备注入文化的内涵。博览园还陈列了铁梅、结晶、风采、张之洞等工件雕塑群，集中表现矿冶文化内涵，成为全国规模最大、数量最多、主题最鲜明的工件雕塑群；矿冶天坑经过50多年大规模机械开采，给人扑面而来的震撼，让游客领略现实版的“愚公移山”精神；井下探幽使游客零距离观看、参与现代化井下采矿过程，为体验井下采矿、生产生活、认识地层深处之谜提供了新平台；此外，以羊肠小路、观景楼台、通透式围栏等方式，将园内麻雀垴山上的侵华日军碉堡，山中汉冶萍时期炸药硐、侵华日军炸药硐、汉冶萍时期的麻雀垴山隧道与山下的现代化采矿车间进行连接和分割，不仅有效地保护了遗迹遗址，还能让游客观赏到现代采矿生产。

图 7-115　张之洞艺术雕像

五铢钱

公元 590 年，隋炀帝杨广发现江南民间钱少，影响流通，于是设置炼炉铸造新钱币(即五铢钱)。

为了表述这段隋炀帝在铁山铸五铢钱的历史，雕塑以废旧工件做成一个 4 米高的五铢钱。整个雕塑主题鲜明，形象直观，具有很高的观赏性。

图 7-117 五铢钱雕塑

资料来源：黄石国家矿山公园提供。

硬岩绿化复垦基地

20 世纪 80 年代中期，国家颁布的《土地管理法》及《土地管理规定》实施以来，大冶铁矿坚持不懈地进行绿化复垦工作，逐年在废石场上开展一定规模的复垦，年均绿化 100~150 亩，以恢复铁矿山区植被，美化铁矿山区的环境。到目前为止，已形成面积达 366 万平方米的亚洲最大的硬岩绿化复垦基地。

图 7-116 硬岩绿化复垦基地

资料来源：黄石国家矿山公园提供。

日军碉堡残骸

日本侵略军占领黄石后，在石灰窑成立日本制铁株式会社“大冶矿业所”，疯狂掠夺大冶铁矿的矿产资源。为了把矿石顺利运回日本，从 1940 年起，日本推行所谓“强化治安”，残酷镇压敢于反抗的劳工及当地居民。侵略军将铁山矿区方圆几十平方公里及铁山至石灰窑运矿铁路线，全部围上铁丝网，通上 3300 伏高压电，在铁山的杨家湾、姜安村、得道湾，曹家湾、下邹村、老铁山、盛洪卿、麻雀山等地各筑碉堡一座。在通往铁山矿区的各条路口设立哨卡，劳工和居民出入矿区要持“良民证”，并举起双手接受日军及“日铁”警备队的检查。

图 7-118 日军碉堡残骸

资料来源：黄石国家矿山公园提供。

汉冶萍公司开凿的平巷

图 7-119 汉冶萍公司平巷

资料来源：黄石国家矿山公园提供。

1929 年，矿山因地面(露天采场)矿层范围日渐狭小，交付日本抵债的矿石逐年增加，汉冶萍公司决定在得道湾采区开凿平巷，进入地腹开采。遂责令采矿股长周子建、工程师盛芷臬负责地腹开采工程建设。计划从地平线向狮子山及大石门二处分别开凿平巷一条。1935 年，开窿工程完工，生产规模为年产矿石 30 万吨，1936 年部分出矿。此为向狮子山地腹的平巷，1938 年日本侵略占领铁山，疯狂掠夺大冶铁矿的矿产资源时，利用了此巷道。

图 7-120 大冶铁矿地下矿井

资料来源：黄石国家矿山公园提供。

井下探幽

井下探幽是黄石国家矿山公园在全国同类主题公园率先推出的集科普性、知识性、观赏性于一体的工业体验游项目。深入地下 138 米的矿井，将让您亲手触摸地球的心脏，真切感受地球的脉搏，真实体验井下矿工的工作和生活。

目前开发的可供游客参观游览的矿井呈 40 度角直插地下深处，718 级台阶将游客从地面+85 水平带到地下-53 水平。沿途 8 个休息洞室分别采用了 8 种不同的支护方式，展现了从古代到现代，矿井巷道在生产过程中采用支护方式和水平的进步和变迁。曲径通幽，柳暗花明，进入平整幽静的-53 水平巷道，游客可以近距离观看生产区域矿石的提运，可以乘坐地下小火车游地宫，还可在特别开辟出的生产迎头操作台车，风钻等设备，过一把矿工瘾。徒步攀爬，更是对体力和意志的检验。

3. 大冶铁矿博物馆

大冶铁矿博物馆位于全国首批、湖北省唯一一家国家矿山公园——大冶铁矿矿区，占地面积 6400 平方米，建筑面积 2100 平方米，设矿物陈列、古代开采、近代开采、伟人视察等八大系列，陈列实物 483 件、图片 635 幅及 10 余万字简介资料，浓缩了 1780 多年，特别是近 120 年来矿山的创业史和发展史，是黄石国家矿山公园的一个主要组成部分，是中国第一座陈列矿山历史的博物馆。该馆在地质矿床室共陈列大冶铁矿矿床发掘的各类矿石、岩石标本和化石 237 件，具有十分重要的地质矿床科研和教学价值；在党和国家领导人与冶矿陈列室，用珍贵的图片资料和实物，再现了毛泽东、董必武、叶剑英、彭德怀等党和国家领导人到大冶铁矿视察的情景；在近代开采陈列室，最完整、最全面地展出了亚洲最大最早钢铁联合企业——汉冶萍公司历史照片及图表和实物，浓缩了中国近代“洋务运动”和钢铁工业曲折的发展史；在日本对冶矿资源掠夺的陈列室，用翔实的历史资料和实物，反映和见证了日本对大冶铁矿的侵略和掠夺，是对青少年进行爱国主义教育的基地。

大冶铁矿博物馆是中国第一家铁矿山博物馆。中国矿业联合会会长朱训先生为博物馆题写馆名。2006 年 2 月 22 日正式对外开放，通过了湖北省文物局组织的全省博物馆行业评审，成为湖北省首家按照国家《博物馆管理办法》评审通过的博物馆，被纳入国家文物局档案管理，成为黄石市青少年校外教育基地。

图 7-121　大冶铁矿博物馆

资料来源：刘金林摄影。

五楼	天台	多功能会议室				
四楼	题字室	矿山脊梁馆	矿山成果馆	非矿产业馆	双深战略馆	卫生间
三楼	备展室	重建开采馆	日本掠夺馆	工人运动馆		卫生间
二楼	伟人馆	近代馆	古代馆			卫生间
一楼	办公室 接待室	矿石室	岩石室	矿床室	地质矿床室	水泵房

图 7-122 大冶铁矿博物馆示意图

图 7-123 毛泽东主席视察大冶铁矿时手托的矿石

资料来源：刘金林摄影。

图 7–124 古代开采展厅

资料来源：刘金林摄影。

图 7–125 近代开采展厅

资料来源：刘金林摄影。

三、黄石近代工业旅游

黄石地区不仅是中国近代工业遗产科普旅游的发祥地，还是中国现代工业遗产保护与旅游开发最早的地区。20 世纪 80 年代初随着铜绿山古铜矿遗址博物馆建成开放，黄石成为中国现代工业遗产保护与科普旅游开发最早的地区。

1899 年，湖广总督张之洞陪同德国亲王亨利来大冶游历，乘坐汉冶萍铁路火车参观大冶铁矿，大冶从此成为中国近代工业遗产科普旅游的发祥地。从清朝末年一直到新中国成立，中外游客络绎不绝来到大冶游历，大冶成为亚洲近代早期工业文明旅游的示范地。近代大冶工业旅游的历史照片、文章成为近代工业文明乡愁记忆的珍贵资料。

汉冶萍铁路又名大冶铁路、大冶铁矿运矿铁路或者铁山运道，1891 年 4 月，由德国工程师设计的汉冶萍铁路开工兴建，1892 年 8 月竣工。铁路起自老铁山山麓，终于石灰窑江边，1919 年延伸到大冶钢铁厂，1938 年以后延伸到沈家营。

从清朝末年开始大量中外游客乘坐汉冶萍铁路游览大冶工矿区厂矿，写下了许多脍炙人口的游记，成为中国百年工业遗产科普旅游的宝贵文献资料。

“自石灰窑达矿山约计程六十里，敷有铁道，专司运矿。翌晨即由此附车前进。轨道殊广阔，枕木概以铁制，为久远计固宜若是也。车既启行，瞬息即驰骋野外。湖上烟波(途径牧羊湖)，迢遥生姿。山中景色，斑斓如画。萍减绿，柳添黄，红莲脱瓣，黄菊初绽。满路秋光，掠眼帘而过。沿途地质，率呈赭黄色，殆尽皆赤色砂岩(Red Sand Stone)分解成生者也。附近山冈起伏，环列若屏，大抵成自石灰岩。盖皆昔时大洋海底生物遗蜕堆积而成，绵延数十里乃至数千百里，无足异也。道旁土地多栽培玉蜀黍，时当九秋，果实累累，极目无既，殊可爱也。无何而车抵下陆，稍停复行，十一时抵盛洪乡，遥望矿山，近在指顾间。计自九时卅分车发石灰窑，至是盖阅一时三十分钟也。”①

这段生动的文字，为我们再现了汉冶萍铁路在民国初年的景象。这是 1916 年 10 月 15 日，武昌高等师范学校学生高振雩跟随同学一道，乘坐汉冶萍铁路火车前往大冶游历的所见所得。

武昌高等师范学校学生龚声璜在游记中描述大冶铁矿的运营情况：“工作时间每日上午七时半开工，十二时停工。下午一时起工，六时停工，雨天休止。”从大冶铁矿矿区乘坐汉冶萍铁路火车返回石灰窑的路上， 他还参观了下陆机修厂：“离得道湾乘火车向石灰窑进发，至半途下陆处停车，参观修理机件厂。厂内设有大锅炉

① 高振雩:《大冶铁矿视察记》,《科学》,1917 年第 8 期。

一、发动机一，各种工作，皆借其力。”他还参观了汉冶萍公司大冶钢铁厂的建设工地：“正值土木大兴，从事各种建筑，实无足观。第闻畴昔乃烟波渺渺之湖，今则已移为平地，工程亦颇不小。”①

此外，《大冶的旅行》《大冶的一角》《大冶的一周间》等数十篇近代大冶工业旅游游记，《冼星海回忆录》等众多回忆录记载了近代大冶工业旅游的盛况，特别是日本著名摄影家金丸健二的《老照片 长江旧影 1920》，拍摄的近代大冶工业旅游多幅老照片成为代表近代中国工业文明标志的珍贵镜头，这也是他拍摄的唯一一座以工业旅游景点为核心的城市，近代大冶已成为当时中国最著名的工业遗产科普旅游城市。

1933 年夏，湖北省立第三中学机械工程科毕业班的学生李维达在笔记本中记录了全班学生到华记水泥厂、汉冶萍公司炼铁厂、矿砂厂(铁矿)、富源煤矿等四大厂矿科普旅游一周的情况，叙述的厂矿生产流程非常详细，有的还画了生产流程示意图。

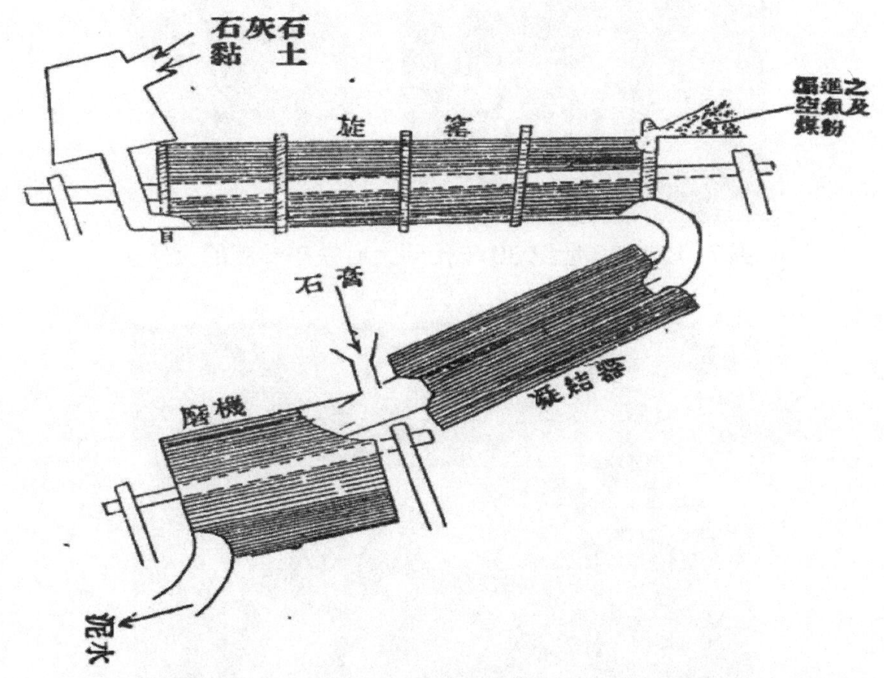

图 7-126　湖北省立第三中学李维达绘制的华记水泥厂生产流程示意图

资料来源：李维达《大冶参观纪要》，《湖南大学季刊》，1935 年第 4 期。

① 龚声璜：《大冶旅行四日记》，《学生杂志》，1918 年第 5 期。

图 7-127 民国初年从汉冶萍铁路客车下来的职工

资料来源:《大冶铁矿百年照片集》。

图 7-128 20 世纪 30 年代到大冶铁矿参观的大学生

资料来源:《大冶铁矿百年照片集》。

图 7-129 20 世纪 30 大学生到大冶钢铁厂矿码头参观

资料来源:《大冶铁矿百年照片集》。

图 7-130　20 世纪 30 年代大冶铁矿采矿股铁山采区主任赵伯华与参观的客人合影

资料来源:《大冶铁矿百年照片集》。

图 7-131 20 世纪 30 年代两名矿业学校的学生在矿山参观

资料来源:《大冶铁矿百年照片集》。

图 7-132 大冶码头(黄石轮渡码头)

资料来源:金丸健二《老照片 长江旧影 1920》。

图 7-133 大冶铁矿运输

资料来源:金丸健二《老照片 长江旧影 1920》。

第八章 黄石港地方文化旅游资源

第一节 磁湖镇与磁湖风景区

一、磁湖镇

1. 戴司巷:发现磁湖古镇遗址

1938 年 11 月,日军入侵黄石,强拉苦力 500 余人修筑戴司湾沿江铁路,挖出了一座古城镇遗址。地表二米下是青条石铺就的街道,宽 4 米、长 100 多米,挖出的有青砖、青瓷瓶罐、黑瓦片、柱石、楠木窗格等。

北宋《元丰九域志》上记有"大冶,军西八十八里,四乡,磁湖、沣源两镇,富民一钱监,磁湖一铁务。有白雉山、磁湖。"《宋史》中记有"瑶山(又名狮子山、桂花山,1958 年黄石电厂扩建时炸平)之下,磁湖镇也";《文献通考》中记有"醉吟窝(俗称猫儿矶)南近磁湖镇";南宋《舆地纪胜》中记有"南岳庙,在申明堡,庙下昔为磁湖镇所"。

2. 醉吟窝:昔日容颜的唯一见证

据有关史料记载,唐中和四年(公元 884 年),著名诗人皮日休参加黄巢起义失败后,逃难于猫儿矶隐居,并自号醉吟先生,由此得名"醉吟窝"。

醉吟窝巨石南上部有"醉吟窝"三个阴刻大字,现已真迹断裂、岌岌可危,随时有坠入江心之险,似乎将会消失。巨石刻有"大江之滨,县崖百尺;有卷斯阿,绰乎客席;隐者盘旋,宾焉憩息;真乐攸生,用勒于石。已酉淳十六祀夏五月(即宋孝宗淳熙十六年,公元 1189 年)李初度"的铭文残缺模糊,颇难辨认。

另有十多处诗文刻石,由于年代已久,多处风化剥落。巨石面江的峭壁上,有三个阴刻隶书大字:"吼狮石",每字一尺见方,笔力雄健,刚劲洒脱。

3. 北宋墓:佐证磁湖镇所方位

1992 年 12 月,在王家里华新四村五组之处掘出了北宋古墓,碑上铭刻有"熙宁元年(公元 1068 年)正月丁酉葬于磁湖镇所居之西一里"的墓主所居自述。墓主生前所居的磁湖镇正好在戴司巷。这充分说明了 1000 年前的磁湖古镇就设置在今天的戴司巷,而戴司巷行政区划今属红旗桥社区。

4. 磁湖渡:推动磁湖古镇的崛起

《黄石市地名志》上记载:历史上古磁湖的范围,北起今鄂州的新生洲,西至黄石铁山一带,东南抵鄂州汀祖镇至黄石的黄荆山一线,北滨鄂州燕矶镇至黄石上窑。古代以磁湖派生得名的有磁湖渡、磁湖寨、磁湖洲、磁湖庙、磁湖山和北宋以磁湖之名设置的磁湖镇和磁湖铁务等。今磁湖水域为古磁湖的主要部分,早在唐宋之际即为名胜地。

从有关史料中看到,磁湖渡即今日戴司湾,与戴司巷、醉吟窝(俗名猫儿矶)、阳花山(今海观山)等地理位置紧密相连,是昔日磁湖镇贯通外江内湖的水上通道。殷小乙时期(公元前13世纪),铜绿山铜矿开采冶炼初具规模,磁湖渡作为铜矿铜材的内湖外江航运通道始以治理开辟,今戴司湾对岸浠水县江堤下仍可掘出少量矿渣堆积物为证。春秋战国时期,磁湖渡开发为楚国的重要航道和港口。

此后,历经秦、汉、三国、两晋、南北朝、隋等朝代,社会处于长期分裂和动荡不安之中,磁湖渡兵事不息。据《中国战争大事记》统计,这时期的磁湖渡发生的大小战事竟有100余次。公元199年,孙策西讨黄祖,"(孙策)俘兵二千,船千只,溯江进发,直趋夏口(今武昌)";公元208年,曹操以10余万兵力,夺取了江陵,刘备进驻武昌(今鄂州樊口),指派诸葛亮同鲁肃往柴桑(今九江)见吴王,缔结盟约,"吴王浮江万艘,带甲百万"共同抗曹,磁湖渡成为三国大战之战场组成部分。公元280年,晋武帝进伐吴国,命王俊为龙骧将军,建造大量战船,率水师8万,方舟百里,沿江直下。吴知晋将来攻,派水师磁湖渡阻击。公元477年,镇西大将军沈攸之反正,"世祖遣军主桓敬、陈胤叔、荀元宾等八军据西塞、磁湖渡"。

公元905年,吴王杨行密置青山场院,大兴炉冶,磁湖渡"士、民、军、商、连樯如云",航运上至今鄂州市燕矶镇池湖港,下抵道士洑镇码头,东通江北,西抵今铁山、下陆;"蔽江塞川,力篙挺筏,尽荆益大商,吴粤贩人"。磁湖渡港埠因此兴起。

5. 磁湖镇:设于江防要冲

《黄石港史》上说:"南宋高宗建炎年间(公元1127—1130年),在此设磁湖兵寨。宋神宗元丰三年(公元1080年),在此设置磁湖铁务。铁山之地所产之铁,均由磁湖渡装运出江。磁湖渡是境内最为繁华的渡口(上达武昌府慈姑港,今鄂州市燕矶镇池湖港,下抵道士洑镇码头,东通江北,西抵今铁山、下陆)。《湖北通志》《大冶县志》均记载,磁湖镇有'安流亭''木樨亭''全真亭''清风阁'等人工建筑,并设有邮驿,江滨有'醉吟窝''苏公石'。大文豪苏轼因诗案于元丰三年被贬到黄州做团练副使,其弟苏辙溯九江上黄州探望,因遇风浪,舟滞于磁湖镇,并从磁湖镇的邮驿寄诗到黄州告之苏轼。苏轼收到诗信后,立即和诗二首,亲自起程经巴河口过江到磁湖镇迎接。磁湖镇的亭阁建筑和二苏磁湖趣闻以及磁湖铁务、'磁湖寨'的设立,说明了当年的磁湖镇既是极好的游览胜地和军商要津,又是良好的舟船避风港湾"。

"游览胜地""军事要津"和"舟船避风港湾"是北宋设置磁湖镇的三大要素。早在唐代,这里的居民就和矿冶开发的运输打上交道。唐朝三百年间,华夏神州鼎盛,建屋搭场越来越向江岸延伸,集聚了磁湖镇的定居人口。

6.千年古镇:消亡但留下永远的记忆

清康熙二十三年(公元 1684 年)修的《大冶县志》说“磁湖昔有市今无市”。

据史料记载,元至明初,磁湖镇一带的沿江区域,是红巾军与元朝军队以及朱元璋厮杀拉锯的主战场,史料记载的争战厮杀即有百多次。仅旧《大冶县志》载的“相传红巾之乱,土著屠戮几尽,田园无主,房舍皆空”战乱例,就使得磁湖镇人口锐减。

南宋绍熙四年 (公元 1193 年), 洪水淹没磁湖镇,“水漂民庐, 灾民淹死者甚多”。此后至 1941 年的 748 年间,《黄石市志》统计的黄石水灾就发生过 62 次。

1938 年 10 月,日军入侵黄石,日军从飞机上丢炸弹,猫儿矶的胡家湾和王家湾(与猫儿矶隔洗脚港)房屋被炸毁,猫儿矶上的禹王祠、卜虎山上的南岳庙、海观山上的龙王庙被炸为废墟。

1958 年黄石电厂扩建时,炸掉狮子山四十万立方米山石,全部填埋到长 10 里、宽 60 米的洗脚港(古磁湖西溪),这条美丽的港从此消失。因古镇镇所当时地势高、陆地面积小,随着朝代的变化,地理的变迁,古镇便淡出了人们的视野。

7. 磁湖镇古名胜简介

禹王祠:在磁湖镇北,位于猫儿矶西,长江之滨。三国黄龙元年(229 年),吴王孙权祭祀大禹治水所建。唐天授二年(710 年)重建,建筑面积 800 余平方米。重建的禹王祠分前殿、正殿和后楼三部分,布局讲究、结构严谨、斗拱梁架、坤甸木接榫而成。后历经战乱,残破不堪。清嘉庆年间,相传有湖南木排商的江排到此,撑篙不动。湖南商人乃跪拜进祠,香火求祐,后排走如愿。不久,湖南木排商铸九龙合璧金香炉一尊,敬贡此祠以谢禹王保护,又捐资修葺一新。1938 年 10 月,日军飞机入侵黄石,将此祠炸为废墟。

南狱庙(今名南岳庙、南岳寺):位于磁湖镇西之卜虎山上。唐元和(806–820)年间,广慧禅师到凤凰山所建。天成三年(928 年),明宗(后唐)遍访全国庙宇,御示该庙:“庙门要圆不能圆,祠门要方不能方”,遂移址建在磁湖西溪之卜虎山上。1938 年 10 月, 日军飞机入侵黄石轰炸, 该庙 11 间寺殿和 200 余平方米竹园被夷为废墟。此后该庙几经毁建,1993 年重修建成,有天王殿、大雄宝殿、圣帝殿、观音殿等建筑,面积 2000 平方米。

龙王庙:位于磁湖镇之东阳花山(今海观山)山麓临江处。相传建于隋代,唐朝名士何仙舟曾弃官隐居此庙,周围筑有读书台、钓台,刻有“野渡无人流水急,磁湖有主阳花山”石柱,历经战乱已毁。1938 年 10 月,日军飞机入侵黄石,将此庙炸为废墟,现旧址建有海观山宾馆挹江亭及名人楼。

全真亭:位于磁湖镇一里之磁湖西溪上(今王家里水厂)。北宋天圣元年(1023 年)磁湖铁务主治者程叔良所建。相传全真亭八角亭形,飞檐翘角;琉璃瓦亭顶,八面施有彩绘人物；亭内置碑石，上刻李白“炉火照天地，红星乱紫烟；郝郎明月夜，歌曲动寒川”诗句。“全真”是道教全真派名称，中国矿冶之史由道教开河，“全真亭”之名寓含纪念、研究矿冶之意。

安流亭：位于磁湖镇之北猫儿矶上。建于北宋皇祐四年（1052 年），方形木石结构，分上下二层，亭内外各有四根两人合围的楠木红柱，支撑着双层飞檐亭阁，面积 30 余平方米，高三丈许，俯瞰长江。

木樨亭：清同治《大冶县志》载：“木樨亭，在磁湖江上，吴审理故基。李传铭曰：瑶山之下，香满其亭；山巅水涯，兰馥麝馨”。亭在瑶山之下，也就是在今狮子山下，即磁湖镇边。北宋时期，磁湖西溪洪水溢满为江即称磁湖江。此志译注说：“吴审理”即“亲王府的理刑官”，“故基”即“老屋基”。

清风阁：位于磁湖镇上。北宋治平元年至五年（1064—1068 年），陈大年所建。主楼为二层硬歇山顶，飞檐四角精雕金龙，两旁设有配殿，槅窗和枋板有雀花雕刻。相传民族英雄岳飞在铁山铸剑，曾来此喝茶休息。清风阁在战乱中已毁。

醉吟窝摩崖石刻：位于磁湖镇江边（现戴司巷滨江），又称猫儿矶摩崖石刻。唐中和四年（884 年），著名诗人皮日休参加黄巢起义失败后，逃祸于猫儿矶隐居，并自号醉吟先生，由此得名“醉吟窝”。醉吟窝（猫儿矶）垂江兀立，岩石苍黄，层瓣垒出，状若荷莲，与阳花山（今海观山）隔湾相望；江流回荡，花木葱茏，风物迷人，与磁湖镇近在咫尺；自古至今是游览名胜之地。现存醉吟窝巨石南上部有“醉吟窝”三个阴刻大字，下有铭文。另有十多处诗文刻石，由于年代已久，难以辨认。巨石面江的峭壁上，还有三个阴刻隶书大字：“吼狮石”。另有一处为记赵淳与金兵征战之功的题证，旁边还有“江山胜览”“莲花座”等大字题刻。

苏公石：清同治《大冶县志》载：“苏公石：在磁湖江上，刻二苏之诗。”《湖广通志》载：“瑶山，磁湖上，垂石悬江，昔苏辙阻风于此，有寄兄子瞻诗。”县志与通志的记载共同点明了苏公石之于磁湖镇位置。苏氏兄弟在磁湖镇逗留期间唱合的诗篇，时人刻在一块石头上称为“苏公石”，以此传颂纪念。现存苏公石，一说于 1958 年在黄石电厂扩建时被炸毁，另一说后人在磁湖镇建苏公亭置入苏公石，后历经战乱，亭毁、石不知去向。①

二、古代名人与磁湖

磁湖东北片有三桥、六亭之景。望月桥、七星桥、全真亭、清风亭等，它们的命名与宋朝的磁湖镇有关。

程叔良，字仲卿，生卒年不详，墓志铭仅记载他葬于 1053 年，享年 56 岁。他自

① 华夏、原子、徐汉早：《千古名胜磁湖镇揭秘》，《黄石日报》，2006 年 11 月 10 日。

幼聪颖爱学，长大后继承父、兄家业，在铁山大规模采冶铁矿。

程叔良亲手在磁湖所建的“全真亭”，因南宋王象之编纂的《舆地纪胜》记载而流传了下来。1023—1032年间，程叔良斥资在当时距磁湖镇一里之遥的磁湖西溪上（今王家里水厂）建立“全真亭”。“全真”是道教全真派名称，中国矿冶史由道教开创，程叔良建“全真亭”，是为了纪念矿冶先祖，期望矿冶业长盛不衰。

约1053年，程叔良因病去世。1059年，程叔良的长子程大年在磁湖之东俯瞰大江之处建立“安流亭”。1064—1065年，在程叔良去世十余年后，程大年在磁湖大江之旁又建了“清风阁”，后来成为文人墨客来磁湖游览最喜欢吟诵的景观之一。

1036年9月，年仅29岁的欧阳修来了，这时“全真亭”建成才几年。

当时受范仲淹牵连被贬至夷陵（今湖北宜昌）任县令的欧阳修路过磁湖。据考证，欧阳修这次的行程于日记《于役志》中有记载。除了风景，磁湖吸引他的另一个更重要的原因，是他与程叔良女婿蔡高的交情。蔡高十分敬佩欧阳修的人格和文学才华，他通过兄长蔡襄结识了欧阳修。几年后，欧阳修回京时再次经过黄石地区，程叔良再次接待了他并陪同他畅游磁湖。

磁湖清风阁建好不久，还迎来过一位北宋诗坛老人宋庠。年过六旬的他在退休回老家安陆途中，停留黄石，游览了磁湖清风阁，并赋诗一首《题江南程氏家清风阁》。

磁湖原与长江相通，是“江上往来人”的避风港湾。在众多避风者中，最为著名且留有诗文记录的，应该是苏轼的弟弟苏辙。

元丰二年（1079年），苏轼因“乌台诗案”被贬为黄州团练副使，苏辙因株连，被贬筠州（今九江高安）。苏辙启程赴任前，决定先去黄州探望哥哥。船行至长江黄石段，水面风大浪急，只好将船驶进磁湖暂避。期间，收到苏轼寄诗相迎，苏辙当即赋诗《舟次磁湖以风浪留二日不得进》两首回赠，并派人送往黄州。苏轼东下迎接，兄弟二人在巴河口相遇。苏轼在《晓至巴河口迎子由》中写道，“闻君在磁湖，欲见隔咫尺。朝来好风色，旗脚西北掷。行当中流见，笑眼清光溢。”

岳飞饮茶清风阁、赵淳抗金磁湖渡、朱元璋饮马磁湖西溪……这些未能被确切证实的传说，为磁湖增添了神秘的色彩。[①]

三、磁湖风景区

磁湖位于黄石市区中心，表水面积10平方公里，水域面积有8.15平方公里，曾名张家湖、南湖。八百公顷的磁湖，四周青山环绕，沿岸杨柳依依，水域宽阔，碧波无际，天水一色，风情万种，宛如嵌在市区中心一颗璀璨的明珠，是闻名遐迩的风景旅游胜地。磁湖是座侵蚀构造的自然湖泊，形成于更新纪晚期，距今约有30万年。

① 张晗：《古今名人聚磁湖为人气胜地》，《东楚晚报》，2014年9月6日。

图 8-1 磁湖全真亭

资料来源：刘金林摄影。

图 8-2 磁湖鲶鱼墩

资料来源：刘金林摄影。

磁湖之堪称名胜，除风景优美和处于新兴的黄石市区中心引人注目外，追本溯源，最根本的原因：一是由于其湖边之石皆类磁石，早在唐、宋就是有名的矿冶基地，二是由于与北宋大文学家苏轼、苏辙兄弟有着历史渊源。

宋代文人苏轼、苏辙曾泛舟于此赞道："磁湖者，以旁岸多磁石故名"。古磁湖岸曾建有木樨亭、清风阁，雕梁画栋，栩栩如生。磁湖的主要景点有睡美人、鲶鱼墩、澄月岛、逸趣园、映趣园、野趣园等。磁湖景区内，山形峻峭，水域纵横，山环水抱、交相辉映，美不胜收。

首先是在湖中心按古籍记载，仿建了"鲶鱼墩"。为了纪念苏氏兄弟泛舟磁湖的一段不平凡的历史，在鲶鱼墩上建有"系舟亭"，立有"苏公石"，并在碑石上刻有苏公的诗文，重现了积淀很久的磁湖文化；其次是在湖的南侧，建造了"澄月岛"，岛呈圆形，周围环水，好像一轮明月浮于水中。岛上楼榭亭台，繁花似锦，美不胜数。特别是"嫦娥奔月""玉兔捣药"的雕塑，形神兼备，栩栩如生，与"澄月"交相辉映，喻意深刻，耐人回味；最后是在磁湖的中心地带，修建了团城山公园，园内建有园中园，名曰"逸趣园""映趣园""野趣园"，三园景色各异，各有特色，趣味横生，因此被称为"名园三趣"。团城山公园山卧水绕，雕梁画栋，绿树掩映，鸟语花香，环境幽美，被评为国家园林建设的名园，是磁湖风景区的主体和中心所在。

磁湖西岸的"三馆一中心"即博物馆、图书馆、体育馆和青少年活动中心以及湖西岸景观带已基本建成。已建成的博物馆内藏有许多大冶铜绿山古矿冶遗址的珍贵文物。这里既是磁湖矿冶文化的重点，同时还是依湖而建的大型人文景观。磁湖北岸的"一带四园"即矿冶文化带、皇姑揽胜、磁湖野渡、竹林茶语、榴韵霞红等四个景观园，以其古朴典雅的园林风韵展现在磁湖岸边，与原有的桂花广场紧密相连，形成了长约十余华里的一道绚丽的风景线。在磁湖东岸还有景观行道、赏景拱桥、司南广场、亲水平台等景观工程。

磁湖西岸宽阔的人民广场上，已耸立着的《历史与未来》的城市雕塑，不仅是黄石磁湖厚重矿冶历史文化的展示和标志，而且还昭示着黄石再造灿烂文明的理想和追求。①

澄月岛位于磁湖南半湖，面积 1.5 公顷，其中建筑面积 6600 平方米，水面 0.33 公顷，绿化面积 0.67 公顷。1988 年 4 月动工，同年 12 月底竣工，历时 9 个月，投资 260 万元，于 1989 年元月 5 日正式对外开放。 澄月岛四周环水，入岛处是一座半月型的拱桥，名玉带桥，用水泥麻骨石砌成。桥的两端各有一对石狮子，正门是一座全木结构两重八角的古典式门楼，两边有对联，上联：寄身磁湖，揽月无需穷碧汉；下联：客来仙岛，飞觞何必赴瑶池。岛的东南为一组江南仿古园林建筑群，内设的主厅、副厅、侧厅、展览室、六角亭等，均为全木结构，飞檐琉璃瓦大屋顶，四周有花圃、假山、荷花池、金鱼池、长廊、水榭、花木和照镜台。岛北端有 5 个明代风格小亭，即：

① 罗钰润：《风景秀美话磁湖》，《黄石日报》，2006 年 11 月 10 日。

图 8-3 磁湖石

资料来源：刘金林摄影。

图 8-4 磁湖安流亭

资料来源：刘金林摄影。

“五亭映月”(名邀月亭、伴月双亭、醉月亭、濯月亭)。亭林之中,配有“嫦娥奔月”、“玉兔捣药”两座雕塑,还有藕香池、露天舞厅和荷花汀步。西北角有人工假山,山顶有一亭,山腰有松、竹、梅和四季花木。岛的周围栽植柳树,岛内栽植桂花、广玉兰、夹竹桃、紫荆、紫薇、黄杨等树木花草。岛内游乐设施主要配有碰碰船、踩船和娱乐室等。现归团城山风景区管理处管理。

逸趣园位于湖北省黄石市,坐落于磁湖南岸。逸趣园东起逸趣园桥,西至海关桥,从逸趣园东北区入口延伸至湖边,全长约1800米,为游人提供了一处绝佳的都市湖景。磁湖南岸面水背山的景观环境决定了我们的设计理念,为了充分利用原有的自然景观资源,我们在设计过程中引入生态景观的概念,提倡回归生态湿地景观并把景观性与教育性有机地结合起来。

整个逸趣园分为四个区:景观桥观赏游览区、湿地游览景观区、疏林草地游览景观区、广场游览景观区,这四个景观区通过生态景观走廊的联系形成一个有机的生态体系。从公园西南边入口进入后,首先来到的是景观桥观赏游览区,在这里设有两处观景点,它为游人提供了最适宜的视觉角度来观望逸趣桥与磁湖湖景,其中靠近桥的区域设置了一处木质平台,它提供了更好的亲水性。沿着园路继续走便是湿地景观区,漫步于其中让人亲身感受到湿地生态景观的丰富多彩,她宛如一条佩带在磁湖南岸边上璀璨的明珠,让游人更好地亲近自然、感受自然。继续向东便来到广场游览景观区,这个区域为在建区域,我们在做整个绿地景观设计时应该把它作为我们设计理念中的一部分,形成一个有机整体。

疏林草地游览景观区是相对较小的区域,它在公园的东面。在此处,我们在一片水湾上设计了一处木质平台,游人可以在此处纵览周围景色,如同站在海岸的峭壁上,俯瞰全景。需要再提的是,在湿地景观区都以抬高的木质游步道为主,它为游人提供了观赏与学习的双重机会。这些木栈道既保护了地被,又帮助了生态湿地的恢复,使此地的植物及土壤在生长过程中,尽少可能得被触碰而破坏。游步道、水体、动植物等景观要素,是生态景观的有机构成。对这些要素的处理不单从其景观性上考虑,更重要的是把生态性、景观性、教育性这三者结合起来加以考虑,突出我们的设计目标游步道在景观中具有组织游览路线的功能,但传统的混凝土结构游步道对环境的生态系统物质能量地交换及生物通道的形成造成一定的破坏。使得整个生态系统的平衡得不到恢复。为了保护生态环境,我们采用了木栈道作为主要游步道,这种做法在造价是传统做法的两倍,但其生态价值可以远远大于它的经济价值。

高抬起来的木栈道减少了与地面的接触,对地面土壤、植物、生物的破坏将到了最低限度,保证生物、能量通道的畅通。水体作为景观要素中的灵魂,在景观中具有举足轻重的作用。水在生态系统中是最为活跃的元素,它能够为动植物提供良好的繁殖环境,对动植物的多样性起到推动作用。

图 8–5 磁湖风景区

资料来源：刘金林摄影。

图 8–6 磁湖逸趣园

资料来源：刘金林摄影。

逸趣园是磁湖风景区的主要组成部分之一，逸趣园、映趣园、野趣园并称黄石三园。①

1999 年 9 月，磁湖南半湖淤泥治理工程完成后，即在湖中心线附近建成大型喷泉。该喷泉整体设施直径 40 米，内外共分四圈，能随水位自动升降，装有程控装置，能群喷 20 米高水柱，变换 20 个花样，总投资 176 万元。节假日启动使用，与北湖另一喷泉遥相呼应。

2009 年 12 月，耗资 1.6 个亿的磁湖东北岸景观（磁湖天地）改造工程启动。该工程南连杭州路、北接湖滨大道、东临亚光新村、西接磁湖，形状如一把竖琴，南北长 1152 米，东西宽 250–400 米，其中西南方与磁湖相连的情人堤全长 1215 米。

经过两年多的生态环境修复、水岸景观和亲水平台建设，如今的她，已成为由现代徽派建筑群、滨水绿化景观带、亭台楼榭等有机组成的"一堤三桥九景"新景观格局。目前，已有多家涉及婚纱、茶艺、美食、养生等不同类型的商家在此落户，给市民带来全新的消费体验，而作为磁湖天地的点睛作品——飞天白鹭演艺中心，集矿冶文化展示厅与演艺吧为一体，则将引领城市的另一种"月光"生活方式。②

图 8–7 磁湖天地

资料来源：刘金林摄影。

① 《磁湖旅游》，新浪网旅游频道。

② 兰雷伟：《走近风光秀丽的磁湖天地》，《黄石日报》，2012 年 9 月 16 日。

第二节 大众山森林公园

大众山省级森林公园，位于黄石港区，南濒磁湖，东临湖北师范大学，北接花湖，西连黄石下陆区，占地 390 公顷。山形秀丽，最高处鹰子岩 197 米，最低处青港湖南侧为 20 米，为典型丘陵地形，另有磁湖、青港湖，青山湖点缀其间，水波流转，爽心悦目，是游客户外游览登山休闲健身、放松身心、享受生活的绝佳去处。

大众山登山健身步道为 C 级步道，长 30.5 千米，设置青山湾、王昌茂、楠竹林和枫树坳 4 个出入口。主要景点有青山湖、磁湖风景区、三九寺、山林风光、田园风光、暮鼓晨钟、鸟鸣山幽。

大众山登山健身步道，是黄石国家登山健身步道的重要组成部分，她像一条美丽的玉带，把沿线的山峦、湖泊、户外运动场所、农家乐、果蔬园等有机串联起来，是一条健康运动之路、休闲旅游之路、富民强区之路，也是一条彰显黄石港区户外运动资源优势，"着力打造鄂东商贸物流中心、科教创新中心、文化旅游中心、健康运动中心，努力建成现代化幸福城区"的腾飞之路。

大众山精品线路

精品线路一：青山湖——青山湾——青龙寺——鹰子岩——王昌茂——青港湖——黄石警校。

路况：C 级步道(木台阶、砂石路、丛林路、原始土路、落叶路、木栈道)

景观：枫树林、樟树林、青山湖、青港湖、青龙寺、山林风光、田园风光、暮鼓晨钟、鸟鸣山幽。

精品路线二：枫树坳——凤凰山隧道——青山湖——青山湾——鹰子岩——楠竹林小学——三九寺——磁湖风景区。

路况：C 级步道(木台阶、石板路、砂石路、丛林路、原始土路、落叶路、木栈道)

景观：枫树林、樟树林、橘子林、枇杷林、青山湖、磁湖风景区、三九寺、山林风光、田园风光、暮鼓晨钟、鸟鸣山幽。

精品线路三：老虎头——老市委党校——青山湾——鹰子岩——楠竹林小学——汪家仓——桑树林——磁湖风景区。

路况：C 级步道(木台阶、石板路、砂石路、丛林路、原始土路、落叶路、原始土路、木栈道)

景观：茂林修竹、枫树林、樟树林、青山湖、青港湖、青龙寺、山林风光、田园风光、暮鼓晨钟、鸟鸣山幽。[①]

对于大众山的开发建设，黄石港区委区政府将围绕"四个中心"的目标，加快大

① 《黄石大众山登山健身步道昨天开放！收好登山路线，元旦爬山去！》，《黄石日报》，2017 年 1 月 2 日。

图 8-8 大众山远眺

资料来源：刘金林摄影。

图 8-9 大众山庆堂湾宗堂

资料来源：刘金林摄影。

众山的省级森林公园建设,促进全区旅游业的发展。

有关人士也指出,大众山省级森林公园的开发,虽然已纳入政府工作的重要内容,但要真正达到预期的目标,还需迈过多道坎。首先面临的是投资问题,其次还存在如何合理规划,以及文化旅游中心靠什么来支撑等问题。

政府规划:开发大众山,打造生态休闲圈。

大众山的开发建设,不仅有利于弘扬生态文化,优化城市形象,提升市民的自豪感,也有利于黄石港区加快发展、改善民生、建设幸福城区。

“其实,对大众山的开发,早在前三届政府就提出来了。”黄石港区委政研室主任马宏彬介绍说,当时提出的开发只是理论上的,没进入实施阶段;真正付诸行动是在五年前,当时对大众山的开发做出了规划,定位为“省级森林公园”。

据介绍,2011 年 12 月 5 日, 黄石港区申报大众山为省级森林公园;2013 年 1 月 23 日获省林业厅批准,规划面积为 390 公顷。

根据规划,该公园的整体结构为“一轴、一带、两核、三区”。一轴为山水通廊轴,一带为环湖水带,两核为山主题小镇、水主题小镇,三区为风(生态人文旅游体验区)、雅(高端商务休闲度假区)、颂(滨水多元复合旅游区)。

在 2016 年底召开的黄石港区党代会上,区委书记陈汉华指出,要加快建设沿江绿色景观带和健身休闲走廊,加快推进大众山登山步道等文化设施建设,达到抬头观光、漫步健身、骑车环行、下水游泳的新境界。

在随后的黄石港区两会上,区长徐莉在政府工作报告指出,要深度挖掘旅游资源,推进旅游与文化、体育、商业的深度融合。以大众山省级森林公园为中心,依托青山湾、青港湖“田园牧歌”式的美景,多管齐下治理周边环境,逐步完善基础设施,打好“绿色”生态牌,守护好城市“绿肺”,建设集休闲、观光、度假、养生、怡情于一体的都市慢生活主题生态休闲小镇。

至此,大众山的开发建设,正式纳入黄石港区委区政府的中心工作,开始步入快车道。

市民声音:依托城区优势,科学规划布局。

根据规划,2016 年,黄石港区对大众山的开发建设正式拉开帷幕。

他们从基础设施入手,开展健身步道建设。建设中,以原土路面为主,力求保持山体原始风貌。同时,根据每条线路的不同自然景观,将路线设计成田园农趣、时尚小镇、山林禅意等各具特色、别有风情的观景路线。

又根据步道的缓急程度,将其分为比赛竞技、休闲漫步和日常健身三种类型,让市民在徒步登山的同时,还能进行各类体育运动。

步道工程已于 2016 年底全面完工。该工程历时半年、投资近 300 万元、全长 35 公里,也是黄石国家登山健身步道的重要组成部分。

大众山登山健身步道的建设,将沿线的山峦、森林、湖泊、绿地和户外运动场

图 8–10 黄石港区大众山国家登山健身步道入口(青山湾)

资料来源:刘金林摄影。

图 8–11 黄石港区大众山国家登山健身步道(青山湾)

资料来源:刘金林摄影。

所、农家乐、果蔬园等，有机地串联了起来，成为黄石港区的健康运动之路、休闲旅游之路、富民强区之路。

2016 年 12 月 31 日，黄石首届大众山登山节正式拉开帷幕，数千名登山爱好者，齐聚青山湖畔，用登山健身的方式迎接新年。

专家建议：突破招商瓶颈，并给予政策优惠。

“大众山省级森林公园的开发，虽然已纳入政府工作的重要内容，但要真正达到预期的目标，还需迈过多道坎。”马宏彬告诉记者，首先面临的是投资问题，作为一个区级财政，财力有限，要投资几十个亿的资金来开发是完全不可能的。

据介绍，早在几年前，黄石港区政府就通过招商引资的办法，与香港中鼎集团、深圳华侨城锦绣中华有限公司达成联合开发建设的意向，并签订了框架协议，但时至今日，仍未进入实施。

有关人士指出，大众山森林公园的引资之所以困难，主要原因是公园带有公益性质，投资回报率不高，区级政府给予的相关优惠政策有限等。

因此，有关专家认为，对大众山的规划，要结合自身特点，紧紧围绕“首位度”“幸福感”“竞争力”这些高度来规划，要围绕“四个中心”的建设来谋划。

目前，黄石港区正在想方设法突破招商这一瓶颈，力争在政策上给予最大的优惠。①

图 8–12 大众山与磁湖

资料来源：刘金林摄影。

① 吴高斌：《大众山开发，还需迈过几道坎？》，《黄石日报》，2017 年 2 月 9 日。

第三节 长江文化旅游资源

黄石港长江沿岸素有“九里十三矶”之说，文化旅游资源丰富。据查证，黄石港至上窑九华里，共有十三个矶头，分布着众多名胜古迹。

1. 聋子矶：位于老黄石港出水口北侧，按长江流向居黄石矶的上游，故称黄石港上矶，面积极小，海拔 23.1 米，地质为沉积岩，现在重建了朝阳阁。

朝阳阁始建于唐末，迄今有千余年历史，原址在黄石港上矶，一进两重，大门朝东，日出时阳光照大殿，朝阳阁由此得名，被称为“鄂东南第一阁”。由于世事变迁，朝阳阁殿宇逐年荒废，2010 年，得以重建，现位于黄石市江滩公园内。新建的朝阳阁，占地 361 平方米，高 24.3 米，直接工程投资 281 万元，为三层双檐阁楼建筑，气势恢宏，赋予江滩公园古色古香的古建筑风格，同时也是观看外滩、眺望长江、远看二桥的观景佳点。

2. 黄石矶：位于老黄石港出水口南侧，按长江流向居聋子矶的下游，故又称黄石港下矶，俗称后矶窝，为沉积岩地质，早年花家湖(今为花马湖)之水由此入江，海拔 22.7 米，因石色皆黄故名。明清之际为黄石港市(镇)最繁华处，长江轮船要埠，有文昌阁(庙)。现为军用码头及营地，附近有全国重点文物保护单位——汉冶萍煤铁厂矿旧址的重要组成部分小红楼。

聋子矶到黄石矶之间建有黄石港江滩公园，黄石江滩一期景观工程位于市黄石港江岸，全长 1.1 公里，建设面积 12 万平方米，其中绿化面积约为 6.4 万平方米，公园于 2009 年 10 月开工建设，历时 10 个月建成，于 2010 年 8 月盛装开园。

江滩公园一期工程集防洪水利、城市建设、园林景观于一体，主要建设内容为江滩清障、滩面平整、岸坡防护、景观建设、环境绿化、仿古建筑等。整个区域贯穿了水文化及滨江景观的独特气息，景区内的朝阳广场、文昌广场大气恢宏；朝阳阁、下会庙古色古香；澄江亭、文昌亭文化醇厚；渡江雕塑、洪水记忆碑刻寓意深远；月坛、莲池造型新颖，为广大市民和游客提供了一个亲水观江、运动休闲、文化旅游的理想场所。

黄石港江滩过去是沙站、码头、废旧厂房，杂乱无章。江滩公园开始建设以后，取而代之的是大小树阵、亭台楼阁、假山怪石，更多的篮球场、羽毛球场、旱冰场、健身器械等体育设施也为市民免费提供了户外锻炼和休闲的空间。①

3. 亭子矶：位于沈家营凉亭山江边，为凉亭山突出水边部分，故又称凉亭矶，海拔 36.2 米，沉积岩地质，基础坚固，肌头宽阔。凉亭山水厂取水泵站、大冶有色金属

① 廖巍巍、王方、张友财、邱刚：《夜色下 江滩公园热闹起来》，《黄石日报》，2011 年 7 月 29 日。

图 8–13 黄石港江滩公园全景

资料来源：刘金林摄影。

图 8–14 黄石港江滩公园

资料来源：刘金林摄影。

公司取水泵站、青山湖徘污站均建于此,附近有沈家营码头及铜矿码头。

铜矿码头,20 世纪 20 年代湖北官矿公署在曾此修建象鼻山铁矿码头和象鼻山铁路车站,现有 20 世纪 50 年代大冶有色金属公司修建的办公平房和仓库。

4. 门坎矶:位于黄石电厂最北端的江边,居桂花矶上游,黄砂站码头下游,沉积岩地质,矶头陡峭如门坎而得名。

5. 桂花矶:位丁黄石电厂内狮子山江边门坎矶和棺材矶之间,海拔 26.4 米,为狮子山延伸部分,狮子山亦名桂花山故名。桂花山是古瑶山的主要山头,海拔 94.5 米,旧志载:"木樨亭"在磁湖江上,吴审理故基,李传铭曰:"瑶山之下,香满其亭,山巅水涯,兰馥晚�。"按此推测木樨亭当紧靠桂花山下(木樨是桂花的别名)。

6. 棺材矶:位于桂花矶下游约 250 米,矶头石碧峻峭,矶下水流湍急,若有人不慎掉下就如进了棺材,言其险而得名。

7. 碇子矶:位于棺材矶下游约 250 米,矶头伸入江中 100 米左右,面积 5000 余平方米,海拔 33.7 米,为黄石电厂江边最大的一个矶头。在碇子矶与棺材矶之间有半径约 80 米的半月形江湾,有利于停船下碇(碇是系船的石墩),故名。黄石电厂煤码头建于此,北宋时期古磁湖镇即在此处。

8. 猫儿矶:位于碇子矶下游 100 米,与碇子矶紧密相连浑然一体,矶头垂石悬江形似猫头,故名。矶石上有"醉吟窝"等上十多个为南宋时期的摩崖石刻,以"醉吟窝"三字最显眼,故又名醉吟窝。旁有吴王庙、三码头、二码头分别于此矶南北。据《湖广通志》记载:"瑶山,磁湖上,垂石悬江,昔有苏辙避风于此,有寄兄子瞻诗"。旧志还载:"瑶山在磁湖江上""醉吟窝在瑶山""醉吟窝……垂石悬江"。据此 苏辙泊舟和二苏诗刻——"苏公石"当在此附近。

9. 堵城矶:位于海观山宾馆挹江亭处,亦称海观山,突出海观山江边 300 米,海拔 49.1 米,面积 4 万平方米左右,俗称红灯矶,曾设过航标灯,又称堵墙矶,因矶头陡峭如一堵城墙, 故名。与猫儿矶之间为一半经约 250 米的半月形江湾(曾称胡家湾)。

10. 黄土矶:居堵城矶东南,与堵城矶浑然一体,为今海观山的一部分,因地表多黄土而得名,海观山宾馆临江楼建于此。

海观山原称阳花山,1899 年汉口江汉关在此设立石灰窑分关,成为海关,故得名海关山。20 世纪 50 年代改名为海观山,此后又在此处建宾馆,在山顶建凉亭。海观山面积约 12 万平方米,峰顶海拔 49.1 米,山体由此向南倾斜,脊部坡度 20 度,临江面为 80 度,因陡峭如墙,堵截江流,故又称堵墙矶。

1960 年 10 月 19 日,国家副主席董必武来黄石视察,为山顶的凉亭题名为"挹江亭",并与市领导和部分县级干部在亭前合影。返京后董老书写了"挹江亭'三字托人带到黄石,从此,凉亭有名,成为黄石的胜景。[①]

① 周闻:《海观山》,《悠悠黄石港》第1辑,2007 年 12 月。

图 8-15 海观山鸟瞰

资料来源：刘金林摄影。

图 8-16 海观山挹江亭

资料来源：刘金林摄影。

11. 铜炮矶：位于原胜阳港出水口之东南，海拔 25.5 米。以外形似炮而得名。据《湖北通志》载："胜阳港有鼠矶"，故又名鼠矶，早有华记水泥厂卸水泥的码头在此，俗称洋灰台，原建筑物仍在，为沉积岩地质，现其西北有胜阳港码头，南侧有外贸码头。华记水泥厂码头是近代中国最早的内河水泥码头。

12. 暗石矶：位于大轮码头与煤炭码头之间，因常在水下不易看见而得名。这里有全国重点文物保护单位——汉冶萍煤铁厂矿旧址的重要组成部分卸矿机，卸矿机也是民国时期长江沿岸最现代化的卸矿码头。

13. 青龙矶：位于上窑灰石厂江边。原有青龙山(今灰石厂至兔儿望月山一线)突出江边的部分，故名，亦称旗杆石。旧时其东南侧有青龙阁，新中国成立后开山建设黄石大道，矶的外貌已不存在，原有青龙阁码头。[①]

图 8–17 黄石长江沿岸

资料来源：刘金林摄影。

① 彭汉云：《黄石与"九里十三矶"》，《悠悠黄石港》第 2 辑，2007 年 12 月。

第四节 其他地方文化旅游资源

青山湖

青山湖是黄石城区第二大自然内湖，位于黄石港大众山以东，东临长江，南依凉亭山、斗笠山、覆盆山，西至蜈蚣山、盘龙山、青山湾、北对公园路和延安路东段，中有斋公山和海螺山。“青山”即凉亭山、覆盆山、斋公山、狮子尾、丙山、海螺山等众山之合称。

青山湖原为古磁湖的一部分，属长江一级湖泊。1953 年修筑黄石大道时，将青山湖东段一分为二。20 世纪 60 年代修建公园路时将青山湖西段的长凹湖填平，中间建连通港，港西连接青山湖西段；港东过二医院青山桥，连接青山湖东段湖。青山湖以山环水绕、山清水秀得名。

青山湖中部的斋公山，据清同治年《大冶县志》载：“查氏李能白母茆氏施，茆礼佛持斋，故名。”茆氏施每日在此山与众佛徒诵经念佛做功课，后人便称该山为斋公山。一日，茆氏等众教徒做功课时，忽闻阵阵音乐，美妙动听，众人抬头一看，原来是从前面一座山中传来的，人们后来便将此山称为海螺山，意为北风吹海螺。众教徒在此专心持斋礼佛，忘记了烈日的暴晒。有一天，突然一阵清风扑面而来，一顶斗笠飘飘落下，大家心感奇异，转过身来往后一看，原来飘来一座山，遮住了斋公山，挡住了当头的烈日，后来人们为纪念此事，将此山命名为斗笠山。

青山湖两岸青山叠翠，形成浓郁的林荫长廊。原黄石博物馆、湖北师范大学、黄石市艺术学校(中专)、黄石市第二医院分建在其南侧。东部沿江堤湖面，水质清澈。中共黄石市委机关(旧址)，凉亭山水厂建于此。湖西部分，水域辽阔，白鹭纷飞，游艇竞穿。楼亭园景与湖光山色相映，璀璨夺目，加上许许多多动人的故事和美丽的传说更显青山湖之神奇。①

南岳寺

位于黄石市黄石港区师院社区。南岳寺不仅是黄石市中心最大的千年古寺，也是鄂东南地区唯一的一座圣帝庙。

南岳寺始建于汉末，当时庙址与张家湖大屋湾的张氏宗祠相邻。东晋时期南岳住持清风和尚将寺院进一步扩大为一进十三重的格局，享受四众弟子的香火和护持。相传，到唐朝时期，南岳寺开始香火旺盛，规模十分庞大。安史之乱时，南岳寺被一场大火毁灭，唐朝末年故地重建。清嘉庆四年，即公元1799 年，张姓主人将南岳寺从原址迁至现在的沈家营北岸的伏虎地中部的山顶上，使南岳寺得以南眺磁湖，北望长江。当时南岳寺藏有许多朝代的文人墨客的字画，以及佛教经典著作，是长江南

---

① 刘中祥：《青山湖的故事》，《黄石日报》，2017 年 3 月 23 日。

图 8–18　青山湖东段

资料来源：刘金林摄影。

图 8–19　青山湖西段

资料来源：刘金林摄影。

图 8-20 青山湖湖师大剧院

资料来源：刘金林摄影。

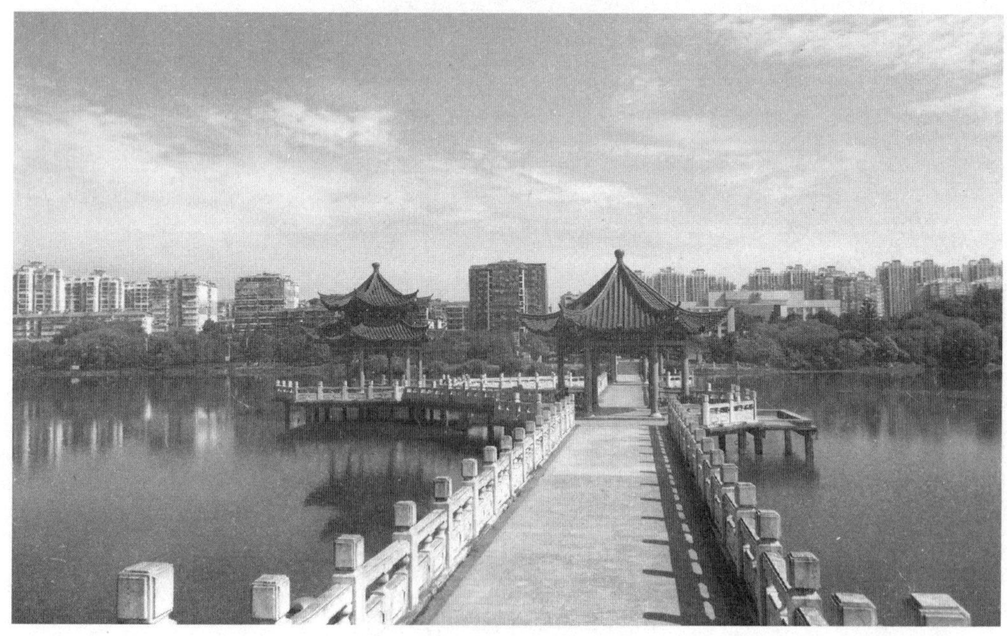

图 8-21 青山湖亭桥

资料来源：刘金林摄影。

岸非常有影响的寺庙。

由于清末动乱不安,战争频起,南岳寺多次受到兵灾,后又多次得到修缮。遗憾的是在 1966 年南岳寺再次遭遇厄运,彻底毁于一旦,变成了一片废墟,许多珍贵的文物也被毁。

南岳寺历经汉、三国、晋、南北朝、隋唐、宋、元、明、清。历朝以来,为祈祷国泰民安、风调雨顺、喜迎四方宾客,南岳寺香火经久不衰。1990 年,历经磨难的千年古刹南岳寺在当时的地茂、地法、地莲法师的主持下开始重建。几年后,南岳寺终于屹立于故地磁湖之滨,只是规模还远远达不到以前。

南岳寺与其他寺院相比,有其特别之处,因为在佛教界里,该寺是鄂东南地区惟一的一座掌管生死的寺院,寺内敬奉的是圣帝菩萨。按佛教教义解释,圣帝菩萨是帮助玉皇大帝掌管生死的。每当南岳寺举行重大的佛事活动时,来自黄石市区、大冶、阳新和武汉、黄冈、鄂州、十堰等地的信众都会云集在此,进行佛教文化交流,同时吸引了许多市民前来参加。南岳寺不仅仅是 在黄石地区有影响,在鄂东南地区,甚至在长江下游的上海等地也有一定的影响。[①]

青龙寺

青龙寺,座落于黄石市黄石港区的湖北省大众山森林公园内。寺院据传始建于清康熙四年(公元 1665 年),旧名"关帝庙",是一座有着三百多年历史的古寺。寺院初期的建筑非常简陋, 为一栋连三开之木屋, 庙堂之内供奉有观世音大士圣像一尊,1935 年,有僧驻锡于此,募修殿宇并塑立伽蓝菩萨神像(即关公之像)护寺安僧,后来由于战乱缘故僧人避逃,无人住持年久失修。旧址虽然已经坍塌荒芜,然自改革开放以来,社会环境改善稳定,经济发展,国家随后出台了相关的宗教政策,对寺观教堂给予了保护及恢复,2000 年年底, 佛教信徒张凤英居士等广集善男信女出资出力,逐步恢复了这座破旧不堪的古寺。2010 年 6 月 19 日,青龙寺管委会张凤英居士、陈春华居士等率众前赴浙江迎请法师来寺,并将寺院内外一切寺务移交僧人,正式由出家僧人来主持管理寺院。历经十五年的恢复重建,青龙寺的全部占地面积已达 10000 平方米,其中建筑面积 2500 平方米,寺院整体格局为一进三重、东西对称、仿古式殿堂建筑;地势环境依山而建,高低层叠错落有致,进门依次为天王殿、大雄宝殿、千手观音殿;东西两端有诸小殿堂、斋堂、厨房、客堂及僧寮宿舍等建筑;除此之外,寺院于主体中轴线外的两边山凹处还有菜地数亩,作为寺院日常大众自耕自用。2013 年农历六月十九日,观世音菩萨成道日之际,常林法师上山拜见普陀山首座道生长老,并向长老介绍了青龙寺目前的详细情况,在道生长老的慈悲关怀下,欣蒙长老题名"青龙古寺"。

紫微庵

紫微庵位于黄石港区磁湖路南岳村凤凰山,占地面积 2000 多平方米,建有天

① 吴建新、杨幸弟:《鄂东南地区惟一的圣帝庙　千年南岳庙浴火重生》,《东楚晚报》,2007 年 8 月 7 日。

图 8-22 南岳寺

资料来源：刘金林摄影。

图 8-23 青龙寺

资料来源：刘金林摄影。

王殿、大雄宝殿、观音殿、祖师殿、罗汉堂、斋堂、念佛堂、会议室、寮房等,现有比丘尼 2 人,护法居士 5 人,信教群众 500 余人。

据传紫微庵所在地 1000 多年前曾有座古庙。1985 年谛菊法师在凤凰山上一个茅棚开始修建观音殿，一个长着长胡须的长者来到谛菊法师前，谛菊法师请教长者此地建寺叫做什么名称,长者手指天上说有紫微星就叫紫微,这就是紫微庵的来历。1987 年在做大雄宝殿时,发现大石碑,六个民工四天未挖出来,结果在谛菊法师指引下即刻挖出石碑,发现石碑上刻有“土中正”三字;还挖出 41 个修行山洞,说明此地是一座规模不小的古老寺院遗址。整个庙宇现已有建筑面积 2000 多平方米,每次法会可容纳 500~600 名香客进香朝拜。

三九寺

三九寺位于黄石市磁湖之滨的楠竹林太阳瑙山峰下,占地 1200 平方米,建筑面积 500 平方米。据传三九寺因在每年三月初一、九月初一为三九大王生日举行庙会而得名。传说三九大王生于公元前 222 年,号鲁肃,字子敬。在三国时任吴国大臣职务,辅助吴国孙权建立卓越功勋。尤其是为联蜀抗魏赤壁重大战役,使曹操八十三万人马只剩下一百多名残兵败将,逃回许昌。吴国百姓安居乐业,人们为纪念他的功绩,西晋时期在楠竹林湾螺 山始建三九寺,面积 80 平方米,因连年战乱,庙宇破旧,在咸丰年间重修。至今已有 1700 余年的历史。

下会庙

下会庙是黄石港江滩公园的一座古迹寺院,大约有 1200 年的历史,为唐代末年所建,2010 年重建,是当地百姓祈求江河平安、信徒放生的传统场所。

下会庙是由“扶桑宫”“三元宫”“紫云官”所建而成,因每年 5 月初 1 到 13 日都要在此主办龙舟大会,唱庙戏,所以此地有“上会、下会”的得名。该庙在 1925 年、1931 年被洪水冲倒,后又维修一次,1945 年寺庙住持教莲和尚圆寂后无人管理,房屋慢慢被毁坏和失修,只剩下“扶桑宫”门楼一座,后墙一堵。1990 年由释密智比丘尼住持开始维修,在信众的大力支持下,1991 年将扶桑宫在原址修复成功。1992 年密智比丘尼圆寂,后由其弟子释真诚住持,此年修了金堂佛像共 32 尊。1993 年佛像开光,1994 年后殿伸高,1995 年在安徽九华山修一尊千手观音,1996 年观世音菩萨开光,1997 年自来水公司爆破修水塔，后殿震有裂口,1998 年上半年重建后殿,此年汛期严重,金堂佛像被淹,下半年将大雄宝殿重伸高,均为两层。

1999 年重修金堂佛像共 19 尊,大殿正中供奉释迦牟尼佛,两边有阿难、迦叶,背后是漂海观音,两边有金童玉女,后墙两边是文殊、普贤,往下是十八罗汉,前两边有韦驮,迦蓝二位菩萨,两边有钟鼓,钟底下有一尊地藏王菩萨,后殿供奉一尊千手观音,两边是住房,大雄宝殿底层是饭厅,前面是厨房,2000 年佛像开光,2010 年迁址黄石港江滩公园。[①]

---

① 牛宝姝:《下会庙》等,《悠悠黄石港》第 1 辑,2007 年 12 月。

图 8–24 下会庙

资料来源：刘金林摄影。

图 8–25 三九寺

资料来源：刘金林摄影。

关帝庙

关帝庙位于黄石港区新闸社区关帝村境内，与鄂州市花湖相邻，占地1230平方米，为砖木和砖混结构房屋，总建筑面积1080平方米。

关帝庙始建于清朝光绪年间，至今已有120余年。始建时由黄石和鄂州两地信众共同出资，在此庙作宗事活动的人们也以当地人居多，但因战乱和灾祸，庙宇住持及僧尼情况均无文字记载。据当地人介绍该庙宇于1930年遭水灾冲毁。1940年关帝庙信众募捐在原址重建。1954年关帝庙水淹塌毁，1991年，贞宜法师率弟子及信众在原址重建庙宇，砖木结构。2000年，承法法师率信众弟子扩建，兴建前殿和大雄宝殿，塑各类佛像26尊，添置钟鼓、香案等 。

关帝庙经过十几年的修建改造，目前已建成一进三重，有院落围墙、停车场地、斋堂宿舍、水电俱全，可供50—60人同时进行宗教活动的宗教场所。关帝庙宗教法事活动主要有，每月初一和十五全体僧人和弟子聚集在大殿吟诵经文。每年2月、6月、9月举行观音会，每年年底举办团年会。

黄石天主教堂

黄石地区天主教是清光绪三年(1877年)由荷兰神父传入到近代黄石地区大冶城关，随后传入黄石港、石灰窑。先后有美国、法国、意大利、西班牙等国的21位神父前来黄石传教。光绪九年(1883年)，荷兰神父陶在黄石港租一栋民房作为天主教堂，开展传教活动。光绪三十二年(1906年)教会购置土地，修建房屋。1908年黄石港天主教堂建成。1940年，天主教在黄石港、老虎头各设一个教堂，共有神父21人(美国神父居多)，多数时间在所辖堂口传教。

1953年湖北省政府批文将黄石港天主教堂租给黄石市委使用。1991年，黄石部分天主教信徒向市政府宗教事务部门写信，要求恢复开展宗教活动。根据党的宗教信仰自由政策，经政府宗教事务部门同意，黄石市天主教重新开始了宗教活动。1996年2月，黄石市委、市政府决定由市财政拨专款，在团城山开发区内划出一块土地还建黄石天主教堂。2002年10月，新教堂建设全部完工后投入使用。还建后的新教堂坐落在团城山杭州东路小泉塘，占地面积9.93亩，建筑面积1208平方米，塔高34.7米，哥特式建筑风格，雄伟壮观，地理环境优美，交通十分便利，配套设施完善，功能齐全，能同时容纳1000多人进行宗教活动，现在成为黄石地区磁湖著名景点之一。①

黄石清真寺

黄石清真寺位于市中心磁湖北岸大众山风景区，总占地面积2769平方米，共3层，16间房，外形为阿拉伯建筑风格，气派宏伟，与周边环境相得益彰。

---

① 牛宝姝:《天主教堂》等，《悠悠黄石港》第1辑，2007年12月。

图 8-26 黄石天主教堂

资料来源：刘金林摄影。

图 8-27 黄石清真寺

资料来源：刘金林摄影。

第九章 黄石港商贸文化旅游

第一节 黄石港近代商贸史

1887年，清朝道台郭省三家族迁至黄石港镇沿江街12号定居（今朝阳阁东300米处），并创办了黄石港国营轮船招商局。该局系国营轮船招商局在黄石地区的分支机构。郭家建立招商局码头后，以两条运输船起家，从事轮渡经营，为过往的轮船提供运客、卸货的服务。从19世纪80年代到20世纪30年代的50年间，黄石港国营轮船招商局码头是黄石地区沿江唯一的客运码头，凡大型客轮、货轮经过黄石，都需要依靠该码头运客、卸货，其功能类似于趸船。自该招商局码头建立、水上运输通道打通后，这里的杂货、旅店、布匹等行业在黄石港也逐渐兴起，其中，一些字号实力雄厚的商家店铺更是迅速发展起来，如：杂货业中的“老恒源”“梁祥泰”，土布业中的“汪谦茂”，粮食业中的“王茂林”等。码头最辉煌时，招商局沿江的两层小楼内聘请工人就达100多名，其中包括船工、卸货工、账房先生等，一片繁忙景象。①

1906年，在黄石港江边的一栋洋房内，黄石港商业“十八帮”聚集在一起，成立了黄石港商会，这也为黄石港镇的商业更有秩序和进一步繁荣打下了基础。商会成立后，致力于维护商人利益、协调解决商人之间的纠纷，起到了行业配合政府监管自治的作用。从1906年黄石港商会成立至1933年，是黄石港镇商贸业的黄金时期。这一时期的黄石港有坐商227家，他们将本地的苎麻、棉花、药材、黄石港饼等土特产运销到江西、安徽、上海等沿江各省市，且销路不错。据统计，1931年的黄石港镇除200多家各业商户外，还有未纳入行帮的缝纫店、理发店等服务业100余家、小摊贩300余户。此时的黄石港镇，茶楼、酒家、旅店、商贸一应俱全。在1933年，黄石港还一跃成为湖北省九大商埠之一。

黄石港商会初始时的性质为官督民办，其申请、注册、召开会员大会均需通过大冶县政府批准。1934年5月，黄石港商会制定了《工商同业工会章程准则》，该准则第一条即写明接受政府委托之事项，其次才是“维持并促进同业之公共利益”。可以说，该商会不仅为本地商人财富的积累提供了帮助，更是为本地的政治势力平衡社会关系、调整各阶层利益格局起到了一定的积极作用。

1931年，百年不遇的大洪水在黄石城区肆虐，黄石境内严重内涝，变成泽国，居民“流离荡析，苦不聊生”。这场大洪水，让黄石港镇的商贸业元气大伤，埋下了逐

① 李 震、王婵媛：《黄石港国营轮船招商局的历史变迁》，《中国档案报》，2016年12月26日。

步走向衰落的引线。黄石港商会在1933年达到辉煌的顶峰后,便走向了衰落。

1937年7月,日军开始空袭黄石,居民逃离故土,商铺成为瓦砾,街市被炮火摧毁。随着黄石港的沦陷,黄石港地区的商贸业几乎遭遇了灭顶之灾。抗日战争期间,因日军封锁严密,商品流通受阻,黄石的商业中心逐渐向石灰窑地区转移。日军在石灰窑建立"示范区",利用当地的汉奸商人为头目,成立"石黄商会",取代了黄石港商会。这一时期,石灰窑的商业市场虽得以保留,但实则被日军完全控制,成为日本掠夺黄石资源的工具,本地商人并不能从中获益。如当时经营规模最大的"聚诚麻行",每年能够购销麻制品6000多万斤,但是只能转卖给日商。

抗日战争胜利后的黄石港市场有所复苏,1948年,黄石港有商户248家,从业人员820人,全年商业零售额800余万元。1948年12月,经大冶县政府批准,石灰窑商会成立。1950年7月,黄石市成立了工商联筹备委员会,并开展了第一次大规模工商企业普查登记。1951年,全市进行第二次工商企业普查登记,1087户商家获得执照。1953年黄石市将黄石港、石灰窑两个工商联(商会)合并,成立了黄石市工商联。①

图9-1 黄石港新街

资料来源:刘金林摄影。

① 王婵媛:《黄石港商会记忆》,《黄石日报》,2015年8月21日。

第二节 黄石港现代商贸概况

黄石港区是商贾云集的宜商之地。区内人流、物流、信息流集中，商贸业、房产业、服务业发达，是黄石市乃至鄂东南地区理想的购物、消费、娱乐中心。商业地产万达集团、高端物业开发商绿城集团已入驻黄石港区，苏宁、国美电器也在黄石港多处开花，并辐射至花湖、浠水等周边县市。

2017 年黄石港区四个中心重点工作之一，打造鄂东商贸物流中心，就是要完善胜阳港核心商务圈建设，深化黄石港·花湖商贸物流圈建设，加快环磁湖文化旅游圈建设，使之布局更加合理、业态更加高端、功能更加优化、特色更加突现，形成鄂东地区辐射力最大、凝聚力最强的商贸中心、物流基地。

黄石红星美凯龙全球家居生活广场

是由红星集团与黄石交通投资集团共同投资合建，建立于 2010 年 12 月 8 日，也是家居连锁品牌巨头红星美凯龙进驻湖北的第一家店。商场分地下一层地上四层，总建筑面积 8.3 万平方米，汇集全球 300 多个家具建材品牌，为黄石消费者搭建起居家生活领域里真正的“一站式”服务平台。商场推出了“星承诺、心服务”的服务承诺，全面保障顾客合法权益，真正让顾客做到售后无忧。

黄石摩尔城

位于黄石港区原黄石第一轴承厂地块，贯穿武汉路与湖滨大道两条主干道，2008 年市政府通过招商引资引进人本集团，项目总投资约为 12 亿元，由人本集团黄石市华迅房地产开发有限公司整体收购市轴承厂，竞得一轴片土地使用权，拟规划建设集购物、休闲、餐饮、娱乐、办公为一体，涵盖国际连锁超市和国内知名百货、影院、电玩、美食广场等多种业态的现代商业综合体。占地面积约 45724 平方米，容积率为 3.5，建筑密度为 40%，总计容建筑面积约为 16 万平米，设计停车位 823 个，其中地下停车位 800 个。该项目 2014 年已投产，沃尔玛、中商百货和华夏院线已入驻。

沃尔玛(湖北)商业零售有限公司黄石市武汉路分店

是黄石第一家国际大型超市卖场，占地 15000 平方米，经营商品超过 20000 种，近 800 个专用停车位，并开通 4 条免费巴士，以服务黄石城区居民。世界零售业巨子美国沃尔玛公司 1962 年成立至今已在全球 27 个国家拥有近 10,000 家商店。沃尔玛于 1996 年 8 月进入中国，目前已在 20 多个省、160 多个城市开设了 400 多家商店，员工超过 10 万。沃尔玛公司多次荣登《财富》世界500 强榜首，并在《财富》杂志“最受赞赏企业”调查的零售企业中排名第一。

图 9-2 黄石红星美凯龙全球家居生活广场

资料来源：刘金林摄影。

图 9-3 沃尔玛(湖北)商业零售有限公司黄石市武汉路分店

资料来源：刘金林摄影。

图 9-4　黄石大道胜阳港商贸区

资料来源：刘金林摄影。

图 9-5　黄石金花大酒店

资料来源：刘金林摄影。

黄石义乌国际商贸城

黄石义乌国际商贸城项目是广东多隆企业集团实施连锁开发，优化重组湖北西子置业有限公司，强势主导进军华中区域的第二个小商品商贸市场。

项目位于黄石港区迎宾大道与花山路北延交汇处，周边商业氛围深厚，聚集有东方装饰城、红星美凯龙等多个专业市场。项目总用地面积 99.5 亩，总投资额 15 亿元。商城总建筑面积 35 万平方米，涵盖小商品城、家纺城、酒店与写字楼、住宅与 SOHO 公寓、步行街、美食城、地下生鲜市场等配套形态；双层停车场坐拥 2600 个机动车位、6400 个非机动车位，六层楼顶设有 2 万平方米的空中大花园；便捷式螺旋坡道可上车至商城的每一层，136 部电梯让商城内场横竖流向更迅捷，将打造成为鄂东南区域唯一的现代化小商品一站式批零采购中心。

黄石万达广场

黄石万达广场项目是黄石市 2013 年重点招商引资项目，该项目位于黄石港区花湖大道南侧，东至黄石中英文学校，西至博雅花园小区，南至规划路，北至昌明路。项目地块净用地面积 17.84 万平方米(约 267 亩)，建筑总面积 87.15 万平方米，计划总投资 62 亿元人民币。

项目于 2013 年 9 月份开工建设，2015 年 7 月投产，建成集万达嘉华五星级酒店、写字楼、万达百货大型购物中心、万达影院国际级影城、室外东楚文化步行街、住宅等文化、休闲、娱乐于一体的大型城市综合体。

黄石万达项目竣工为商贸、文化、娱乐、体育、餐饮等第三产业提供了广阔的发展平台，带动了黄石的产业结构调整；全方位满足和创新性的消费需求，有效拉动和刺激消费；打造黄石新的城市中心，完善城市区域功能，促进城市均衡发展；创造大量的就业岗位；汇聚众多国内外知名企业，实现商业持续繁荣，持续创造巨额税源。①

图 9–6 黄石万达广场

资料来源：黄石万达广场提供。

① 《黄石港商贸物流中心》，黄石港区门户网。

第三节 黄石港商贸旅游建设

黄石港区将借鉴义乌国际商贸城旅游购物中心成功的经验，建设黄石港商贸旅游。

有一道广为人知的计算题,传颂着义乌市场(中国小商品城)的繁荣:“如果在每个商位前逗留3 分钟,按每天 8 小时计算,需要一年时间才能逛完。”义乌市场面积达 550 多万平方米,有 7.5 万余商铺,20 万家生产企业和供应商,以经营日用生活品为主,拥有 180 多万种商品,日均客流量 21.4 万人次,商品辐射 219 个国家和地区,被联合国、世界银行与摩根士丹利等权威机构称为“全球最大的小商品批发市场”。

义乌国际商贸城旅游购物中心是全国首家 AAAA 级购物旅游景区，经营面积达 2.6 万平方米。经过多年精心培育,国际商贸城已被国家旅游局指定为购物旅游定点单位,也成为浙江省最具吸引力的十大旅游景点之一,开创全国“以商带游、以游促商”先河。

义乌国际商贸城景区,购物旅游服务设施完备,拥有游客中心、采购商服务中心、大型旅游购物中心、进口商品馆、生产企业直销中心、中国小商品城发展历史陈列馆、多条购物旅游特色街区及免费购物旅游专线等。义乌还梳理本地自然、人文景观等旅游资源,充实人文底蕴,并积极融入全省乃至全国旅游合作网络,主动与周边地区优秀景区对接合作,实现旅游购物与自然人文观赏良性互动。

“到浙江旅游,没到过义乌同没到过西湖一样会感到遗憾,不能算真正来过浙江”已成为中外游客的共识。目前,一个以购物中心为核心,国际商贸城购物旅游区为主体,篁园市场、针织市场和专业街为支撑的购物旅游体系已在义乌形成。①

作为全国首个国家 4A 级购物旅游景区，义乌国际商贸城琳琅满目的小商品吸引了众多旅游团队和散客前来观光购物，购物旅游已成为义乌乃至浙江旅游的知名品牌。据统计,2011 年,义乌游客接待量为 960 万人次,国际商贸城购物旅游中心 2011 年共接待旅游团队 5516 个，游客达 211060 人，其中境外 1021 个团，20200 人,并且发展速度还在不断加快。②

根据《黄石市中心城区商业网点规划(2016—2020)》发展定位:以全国内贸流通体制改革发展综合试点及物流标准化试点为引领,推动实体商业转型发展,创新发展模式,繁荣商业业态,增强商业集聚力和辐射力,打造鄂东消费中心、长江中游地区商贸物流集散中心和国际商品集散地。

---

① 《义乌国际商贸城旅游购物中心》,中国义乌政府门户网站。

② 《2011 义乌国民经济和社会发展概况》,义乌市统计局网站。

图 9–7 义乌国际商贸城

资料来源：刘金林摄影。

图 9–8 义乌国际商贸城游客中心

资料来源：刘金林摄影。

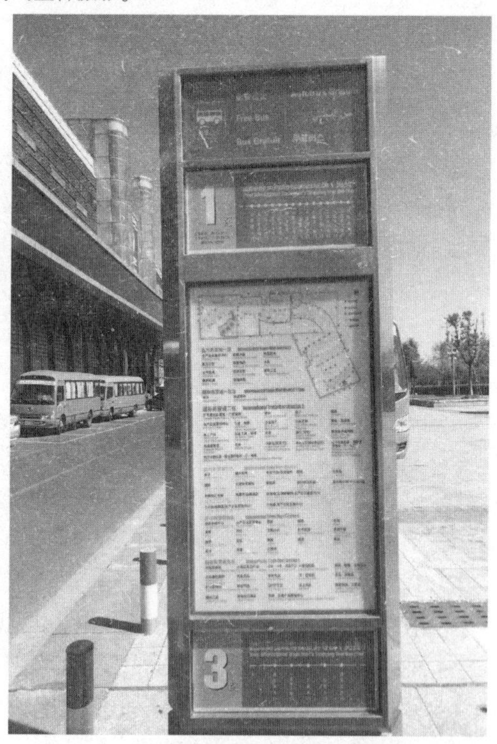

图 9–9 义乌国际商贸城购物旅游专线（免费）指示牌

资料来源：刘金林摄影。

在布局目标方面：黄石市中心城区形成“两核多组团”“两轴两带”的商业布局空间结构。“两核”是指胜阳港综合商贸核心区和大冶湖商务商贸核心区。“多组团”是指花湖商贸物流功能区、黄思湾生活服务功能区、磁湖南岸游憩商业功能区、团城山综合商贸功能区、下陆服务业集聚功能区、黄金山产城融合发展区。“两轴”是指桂林路-圣明路商业发展轴、湖滨大道-大棋路-庆洪路商业发展轴。“两带”是指沿江商业发展带、环磁湖商业发展带。①

黄石港区是黄石市中心城区商业发展的重点，特别是胜阳港综合商贸核心区、花湖商贸物流功能区以及沿江商业发展带、环磁湖商业发展带。通过黄石义乌国际商贸城、黄石万达广场等的建设，将黄石港区打造成黄石市乃至鄂东地区理想的购物、消费、娱乐旅游中心。

图 9-10 黄石义乌国际商贸城

资料来源：刘金林摄影。

图 9-11 黄石摩尔城

资料来源：刘金林摄影。

① 《黄石市中心城区商业网点规划(2016—2020)》，黄石政府门户网站。

第四节 黄石港商贸文化旅游城建设

黄石港区已引进万达集团，创建了万达广场，可以借鉴万达集团在商业及文化旅游方面的经验，建设黄石港商贸文化旅游城。

万达集团创立于 1988 年，现已形成商业地产、高级酒店、文化旅游、连锁百货四大支柱产业。已在全国开业 72 座万达广场、40 家五星级酒店、6000 块电影屏幕、62 家百货店、68 家量贩 KTV。

在文化旅游方面，旗下的万达文化产业集团是中国最大的文化企业，注册资金 50 亿元，资产 310 亿元，2012 年收入 208 亿元，已进入电影院线、影视制作、影视产业园区、舞台演艺、电影科技娱乐、主题公园、连锁娱乐、报刊传媒、字画收藏、文化旅游区等 10 个行业。计划 2016 年收入达到 400 亿元，进入世界文化企业前 20 名；2020 年收入达到 800 亿元，进入世界文化企业前 10 名。文化旅游正成为万达新的支柱产业。

截至 2017 年 6 月，万达文化旅游项目已建成 6 个，已开业旅游产品有：室外主题乐园 3 个，国际顶级演艺秀 2 个，室内电影乐园 3 个，水乐园 3 个，室内海洋乐园 1 个，高尔夫球场 2 个。预计到 2020 年，万达集团将在全国建成 15 个万达城，拥有 51 个不同类型的主题乐园。

图 9–12 黄石万达广场

资料来源：刘金林摄影。

黄石万达广场是第三代城市综合体产品，定位辐射鄂东，目前是鄂东最大的城市综合体项目，包括大型购物中心、室外步行街、五星级嘉华酒店、高端写字楼、住宅等。在文化旅游领域与万达文化旅游城项目有一定的差距，重点计划打造万达东楚印象街项目，该项目由黄石街区、黄冈街区、鄂州街区、古戏台区、体育休闲区组成，以打造鄂东文化、商业、旅游中心为目标，将黄石、黄冈、鄂州 3 个城市的历史传统文化进行整理和提炼，体现出鄂东名迹、名景、名人、名俗、名剧、名品、名吃等特色。黄石港区将以万达东楚印象街项目为中心，最终打造鄂东商贸文化旅游城。

图 9-13 黄石万达东楚文化街区

资料来源：刘金林摄影。

图 9-14 黄石万达嘉华酒店

资料来源：刘金林摄影。

第十章 黄石港区域文化旅游中心的创建

第一节 鄂东文化旅游资源

黄石港区位于鄂东黄石市、鄂州市、黄冈市三地中心，两座长江大桥连接三地市，为鄂东区域最大的商业贸易中心，特别是酒店、旅行社以及购物、餐饮、文化、休闲等旅游场所完备，通过整合鄂东文化旅游资源，发挥区位、资源等方面的优势，打造鄂东区域文化旅游中心。

一、黄石旅游资源

黄石旅游资源较为丰富，资源类型多样，对照《中国旅游资源普查规范》，在全国八大主类、155 种基本类型的旅游资源中，黄石具备七大主类（除天象气候景观）、79 种基本类型的旅游资源，其中古迹及建筑类资源种类多，占全国类型的 65.6%，古迹及建筑类资源是黄石发展旅游业的宝贵资源。总体看，黄石旅游资源特色体现在以下几个方面。

1. 独特的矿冶文化旅游资源。黄石是华夏青铜文化的发祥地(青铜是湖北三大世界级旅游品牌之一：一江、两山、青铜)，近代中国民族工业的摇篮。据统计，全市已发现的矿产有能源、金属、非金属、水气 4 大类，计 76 种，已探明储量的有 37 种。其中金、铜、钼、钴、锶、硅灰石等 14 种矿产储量居全省首位。矿产资源保有储量潜在经济价值(不含延伸加工)达 4000 余亿元以上。这么丰富的矿产资源，也让我们黄石享有了“百里黄金地，江南聚宝盆”的美誉，这也是新中国刚一诞生就在我们这里设立省辖市的主要原因。可以说，黄石的历史就是一部工业发展史。我们的大冶市有铜绿山古铜矿遗址；黄石港区有五十年代曾被毛泽东誉为“远东第一”的华新水泥厂旧址；西塞山区有全国十大特钢基地之一的湖北新冶特钢里面的栈桥、高炉等汉冶萍煤铁厂矿旧址和具有百年开采历史的黄石源华煤矿；铁山区有亚洲第一“矿冶大峡谷”的大冶铁矿东露采天坑遗址。这“五大工业遗址”中前三个是国家级重点文物保护单位。它们密集于一个城市的 17 平方公里的区域内，包含着多种矿冶技术，其完整性、先进性在全国唯一、世界罕见，市政府已将以上四处工业遗产打包捆绑申报世界文化遗产，目前黄石矿冶工业遗产并已列为申遗预备名单，并且是名单中唯一一处工业遗产项目。自 19 世纪末湖广总督张之洞创办汉冶萍公司开始，黄石地区诞生了一大批钢铁、水泥、煤炭等企业。新中国成立后，黄石因矿设市，是国家开发建设的重点地区之一，一大批重点工业项目相继落户，使黄石成为我国

图 10-1 磁湖与团城山

资料来源：刘金林摄影。

中部地区重要的原材料工业基地，并留下了约 50 公里的工矿铁路。毛主席他老人家曾深情地说过："骑着毛驴也要去看一看"。1953 年、1958 年老人家两度亲临黄石视察。

2. 秀美的自然山水资源。湖北有"千湖之省"之称，黄石有"百湖之市"之名。目前，面积较大的主要有磁湖、仙岛湖、大冶湖、网湖、保安湖等五大湖泊，8.7 平方公里的磁湖位于我市城区中心，是全国少见的"城中湖"，现已成为省级风景名胜之中心景区；水域 32 平方公里，有 1002 个岛屿的仙岛湖是世界三大千岛湖泊之一，旅游区规划面积 180 平方公里；大冶湖界跨大冶市、阳新县、西塞山区和黄石开发区，水面 65 平方公里，随着大冶湖生态新区建设深入推进，黄石中心城区与大冶、阳新对接融合、同城化发展将会加快；网湖（省级自然保护区）位于阳新县境内，总面积 204 平方公里。保护区主要保护网湖湿地生态系统，珍稀濒危野生动植物资源及其栖息地，特别是东方白鹳、黑鹳、白鹤 3 种国家一级保护鸟类，小天鹅、白额雁、白头鹞、灰鹤等 29 种国家二级保护鸟类及鸿雁的栖息地，冬候鸟和夏候鸟的栖息繁殖地以及中华绢丝丽蚌天然养殖区；保安湖位于大冶市西北部，净水面阔达 4000 多公顷，为长江中游地区、鄂东南重要的中型湖泊。①

① 《黄石旅游概况》，黄石市旅游局。

图 10–2 西塞山

资料来源：刘金林摄影。

图 10–3 黄荆山飞云道观

资料来源：刘金林摄影。

3. 灿烂的三国历史文化旅游资源。黄石地处吴头楚尾，长江要塞西塞山和两镇一区的太子镇、大王镇留下了大量与三国历史有关的遗址遗迹和传说故事，其历史文化和旅游价值十分丰富。

4. 可歌可泣的红色革命文化旅游资源。黄石的红色旅游资源有被誉为“小莫斯科”的阳新龙港镇革命旧址群，阳新县的湘鄂赣边区鄂东南革命烈士陵园，它是湖北第一、全国第三大革命烈士陵园，有彭德怀红三军团建军旧址等，这几个红色旅游景区都被列入了国家红色旅游二期规划。

5. 悠久的宗教历史文化旅游资源。位于黄石下陆、铁山交汇的东方山是我们鄂东地区最著名的佛教圣地之一，号称“三楚第一山”。弘化禅寺自唐宪宗元和元年(公元805年)建寺至今，已有一千二百多年的历史。弘化禅寺的现任住持正慈方丈，现任中国佛协副会长，湖北省佛协会长。如今，在东方山上，分布有大小二十二座寺庙，如星罗棋布，形成了湖北省最大的佛教寺庙群，僧尼总人数将近百人，在全省有较大影响。①

二、鄂州旅游资源

1. 东楚门户，区位优越

鄂州素有“鄂东门户”之称。鄂州地处武汉城市圈核心层，是距武汉市最近的省辖市。鄂州基础设施完备，地理位置优越，在长江流域处于“得中”地位。万里长江依市而过，有大小港口5座，106国道纵贯市区南北，武(昌)九(江)铁路、316国道和宜(昌)黄(石)一级公路三线并行，横穿鄂州东西。沪蓉、京珠高速交汇互联，“江湖海直达、水铁公联运”，是鄂东南地区的水陆交通枢纽。

2. 龙蟠凤集，历史悠久

鄂州是一座历史悠久、文化灿烂的城市。自尧建樊国，夏商建鄂，西周立鄂国建鄂王城，湖北的简称“鄂”的文脉源于此。三国时期吴王孙权在此立国建都，取“以武而昌”之意，改鄂县为“武昌”，直至今之鄂州市，已有四千余年的历史。鄂州是佛教“净土宗”的发祥地。莲花山旅游区(国家4A级景区)、西山名胜风景区(3A级景区)见证了这段辉煌的历史。

3. 山水交融，资源独特

鄂州是名副其实的“百湖之市”，全市有大中型湖泊133个，水域面积65万亩。梁子湖是全国十大名湖之一，梁子岛生态旅游区是全国农业旅游示范点、国家3A级景区，独具湖中有岛、岛中有湖、山湖相映景观，有世外桃源、梦里水乡、水上蓬莱之美誉。红莲湖旅游度假区风景秀丽，是湖北省首家省级旅游度假区，有已建成开放的18洞高尔夫球场、“六城会”水上运动比赛场地的水上训练中心。西山风景区

① 《黄石旅游概况》，黄石市旅游局。

是湖北省级风景名胜区、国家AAA级景区，原为三国吴王孙权的皇家苑囿。北临长江，与黄州赤壁隔江相望；南濒洋澜湖，同万顷碧波相连；东有凤台烟树，似绿城环抱；西有百里樊川，如玉带萦回。

4. 地杰人灵，物阜民丰

鄂州文脉丰厚，人杰地灵，有横绝千古的吴王城遗址，被誉为“万里长江第一阁”的观音阁，世称“三绝”的唐代李阳冰摩崖石刻，名扬天下的松风阁，蜚声海内外的张裕钊墨宝，佛教净土宗发源地之一的古灵泉寺等等。

鄂州是驰名中外的“武昌鱼”的故乡，是武昌鱼的原产地和梁子湖螃蟹的重要产地，以武昌鱼为品牌的系列产品行销全国各地，梁子湖螃蟹个大味美，远销东南亚及全国各地。鄂州是“古铜镜之乡”，自古以来就是全国四大制镜中心之一。复原复制的古铜镜制作精巧，造型美观，镜面光洁，是收藏馈赠上佳礼品。此外，布贴绣品、麦秆画等都是传统工艺与家居实用消费品的完美结合，民族特色浓郁，工艺精细。

5. 宜业宜居，充满活力

鄂州环境优美，是中国优秀旅游城市。山、水、城浑然一体，身临鄂州，可以感受到山在城中、城在水中、水在绿中、人在画中的意境。以三国吴都为基础的三国文化观光游，以红莲湖、梁子湖高尔夫球场为重点的运动健身游，以武昌鱼、梁子湖螃蟹为代表的美食养生游，以乡村生态、渔岛风情为特色的生态休闲游，门类齐全，特色显著，一个以“一都(三国吴都)两湖(梁子湖、红莲湖)”为重点的文化观光、运动健身、休闲度假目的地城市正在武汉城市圈迅速崛起。①

三、黄冈旅游资源

黄冈市位于湖北东部、长江中游北岸、大别山南麓、京九铁路中段，是人文荟萃的著名的革命老区，现辖11个县市区，总面积1.74万平方公里，总人口700多万人。

黄冈物华天宝、人杰地灵，旅游资源十分丰富，发展旅游业基础好、潜力大、特色明显。

一是名人。古称“唯楚有才”，“而吾黄独当其半”。黄冈自古以来名人辈出，《湖北人物志》所载的名人，黄冈就占了1/3。三代中国佛教禅宗祖师(四祖、五祖、六祖)，三位影响中国乃至人类历史发展的大科学家活字印刷术发明人毕升、《本草纲目》作者李时珍、地质科学巨人李四光和三名出席中共一大代表(董必武、陈潭秋、包惠僧)、两位国家主席(董必武、李先念)和两百多名共和国的开国将帅(林彪、王

① 《三国吴都 魅力鄂州——鄂州旅游简介》，鄂州市旅游局网站。

树声、韩光楚、陈锡联、秦基伟等)均诞生黄冈。还有大理学家程颢、程颐,名医庞安时、万密斋、杨际泰,元末红巾军领袖徐寿辉,清代状元刘子壮、陈沆、京剧奠基人余三胜,国民党元老居正,哲学家熊十力、汤用彤,国画大师黄侃,爱国诗人、学者闻一多,文艺理论家胡风,经济学家王亚南,现代大儒徐复观,文学家废名、叶君健、秦兆阳等等,不胜枚举。此外,历代名人尤其是文豪如鲍照、李白、白居易、杜牧、苏轼、苏辙、陆游、吴承恩、李贽、冯梦龙等等,也在黄冈留下了大量名篇胜迹。众多的历史名人,为黄冈旅游开发提供了深厚的文化底蕴和持久的艺术魅力。

二是名寺。"自古名山僧占多"。黄冈宗教旅游资源十分丰富。如黄梅的四祖寺、五祖寺,黄州的安国寺、承天寺,浠水的斗方禅寺、天然寺、罗田的清元寺,蕲春的达城庙、昭化寺,武穴的大藏寺,麻城的五脑山帝主庙,红安的大圣寺塔、桃花塔等。这些寺庙历史悠久,大多因名人、名僧而得名。尤其是黄梅的四祖寺、五祖寺,在中国佛教史上地位之突出,可与少林寺相提并论。佛教六大祖师中的四祖、五祖、六祖均出黄冈。如此集中的名寺,随着综合开发建设,其影响和效益亦应不让少林。

三是名遗址。境内黄梅出土号称"东方第一龙"的卵石摆塑龙,表明这里是中华民族的发祥地之一。还有黄州堵城螺丝山新石器时代遗址、蕲春毛家咀西周早期木构建筑遗址、麻城吴楚柏举大战遗址、黄州禹王城遗址等多处先秦文化遗址。黄冈自秦代设郡治至今已越 2000 多年,汉禾赤壁之战,唐代佛教禅宗衣钵相传、英山毕升墓、苏轼贬黄州作前后赤壁赋和赤壁怀古词、岳飞抗金、徐寿辉反元建天完国、蕲春李时珍陵园、太平军转战鄂东等历史遗迹,可以使人窥见古老的人类文明的进程和中国历史的风云。中共早期活动驻点、黄麻起义、红四方面军、红十五军成立、新四军中原突围、刘邓大军千里跃进大别山等等革命圣迹,从一个侧面反映了中国共产党、中华人民共和国和中国人民解放军的诞生成长历程。黄冈名胜古迹,《中国名胜辞典》载入的就有 24 处之多。"故国神游",发思古之幽情,仰先辈之高风,是今人也是后人开发瞻仰、教育、考古旅游的极好资源。

四是名山水。黄冈北倚大别山、南临长江水,山光水色,多彩多姿。大别山横卧中原,绵延千里,是长江、淮河两大水系的分水岭,其主峰天堂寨位于黄冈境内,海拔1729 米,号称"中原第一峰"。大别山腹地自然风光集雄、奇、险、幽于一体,人称可与泰山、庐山媲美,其间的龙潭河谷有"华中第一谷"之美称。在中国革命史上,大别山老区更是驰名中外。境内座落于大别山脉的 1000 米以上的山峰有近 100 座,有 1 个国家级和 9 个省级森林公园。薄刀峰、吴家山、天台山、龟峰山、三角山、大崎山、横岗山、挪步园等风景名胜,各擅其美。长江流经黄冈 189 公里,沿江有近 200 个湖泊,有 1000 多座水库,即"人工湖"。英山、罗田两县还有丰富地热温泉。名山胜水以及 1000 多种植物和 100 多种珍稀动物,为黄冈发展生态旅游和休闲观光旅游奠定了物质基础。①

① 《黄冈市旅游简介》,黄冈市旅游局网站。

第二节 黄石港文化旅游线路的创建

从《黄石市"十三五"旅游业发展规划》发展目标来看，力争到"十三五"末，把黄石市建设成为生态优良、文化丰富、配套齐全、国内一流的旅游度假城市，实现向世界地矿科普旅游名城、中国最美工业旅游城市、长江旅游线上的重要节点城市和鄂东区域性旅游中心城市的跨越发展。

1. 打造五大特色旅游品牌

(1)工业文化旅游品牌。整合铜绿山古铜矿遗址、汉冶萍煤铁厂矿旧址、华新水泥厂旧址、大冶铁矿东露天采场遗址、东钢工业旧址、源华煤矿旧址等工业遗址资源，将其串成线、联成片，挖掘内涵、提升价值，在历史文化的活化、深度开发上做文章，形成具有核心竞争力的工业旅游产品。全面启动黄石矿冶工业遗产——铜绿山古铜矿遗址、汉冶萍煤铁厂矿旧址、华新水泥厂旧址、大冶铁矿东露天采场遗址捆绑申报世界文化遗产，力争"十三五"末列入《世界遗产名录》，同时联合组建黄石市工业文化旅游区，争创国家5A级旅游景区。

(2)地矿科普旅游品牌。利用2017年举办中国(黄石)地矿科普大会的契机，整合全市地矿旅游资源，加快完善国家矿山公园、矿博园、地质博物馆、黄石市博物馆"收藏、保护、研究、展示"功能，打造"博物馆群"，深入挖掘矿冶文化，展示矿物晶体，普及地矿科学知识，打造中国地矿科普旅游胜地。

(3)佛教禅养旅游品牌。东方山旅游区由东方佛国、东方乐园、东方仙境三大板块组成，以药师佛道场为核心，集禅宗文化、生态休闲、康乐健身、修身养性、观光度假于一体，是黄石市旅游经济的新兴增长点。充分发挥东方山的佛教文化特色，结合国家建设特色小镇的政策导向，塑造中国最具东方禅意的养生休闲小镇产品品牌。

(4)湖泊度假旅游品牌。擦亮黄石市"百湖明珠"名片，以仙岛湖为龙头、以大冶湖、保安湖、网湖、磁湖为支撑，采取多元化景观设计、主题化项目设置和休闲式氛围营造相结合的手段，形成"一湖一主题"的湖泊旅游产品组合，同时开发亲水游乐、湿地观鸟、湖鲜美食等特色旅游项目，建设全域湖泊度假旅游示范区。

(5)多彩乡村旅游品牌。将建设美丽乡村、四化同步、旅游精准扶贫以及丰富的乡村旅游节庆活动结合起来，实现旅游与农业融合发展，打造一批具有竞争力的乡村旅游品牌。加快推进龙凤山生态旅游区、沼山乡村公园、上冯九古奇村、枫林石田古驿、茗山楚天香谷、三溪口乡村园博园等提档升级，大力扶持姜福村"福"文化主题村落、北山村"寿"文化主题村落等开发建设。

2. 推出六大主题旅游线路

(1)工业文明寻踪游线。劲牌文化展馆——黄石国家矿山公园(铜绿山古铜矿遗址、大冶铁矿园区)——华新水泥厂旧址——汉冶萍煤铁厂矿旧址——东钢工业旧址——源华煤矿旧址——黄石江滩。

(2)地质科普考察游线。西线:小雷山——大泉沟——天台山。南线:黄坪山——龙角山——董家口——仙岛湖。东线:黄石市地质博物馆——矿博园——园博园——黄荆山——大冶湖——棋盘洲——父子山——南岩峰。

(3)环湖风情体验游线。环磁湖线:国家矿山公园——熊家境——东方山——磁湖——团城山——黄荆山——西塞山。环仙岛湖线:仙岛湖观景台——王英镇——野人岛——仙龙岛——观音洞——欢乐岛。环网湖线:网湖湿地自然保护区——石田古驿。

(4)户外康体运动游线。西线:园博园——奥体中心——东方山——熊家境。南线:园博园——奥体中心——刘仁八——龙凤山庄——北山头。东线:园博园——奥体中心——黄荆山——大众山——父子山。

(5)红色经典探访游线。阳新龙港红色旅游区——湘鄂赣革命烈士陵园——大冶兵暴旧址——红三军团革命旧址——大冶南山头中心县委旧址。

(6)美丽乡村休闲游线。西线:雷山——茗山花海——梅红山景区——上冯村——鑫东生态园。西南线:龙凤山庄——北山头——金柯村——高桥村——阳新乡村园博园——姜福村——新屋村。东南线:平原村——五夫农垦园——石田古驿。①

黄石港区现阶段打造鄂东文化旅游中心,根据《黄石市"十三五"旅游业发展规划》以及黄石港区工业遗产文化旅游的优势,力争打造黄石港工业遗产旅游线路。

湖北省政府批准设立的黄石工业遗产片区包括铜绿山古铜矿遗址、汉冶萍煤铁厂矿旧址、华新水泥厂旧址、大冶铁矿东露天采场四个部分。黄石工业遗产不仅完整展示了悠久的古代矿冶文明,也充分展现了20世纪早期工业化、近现代化的进程,其完整性、系统性、代表性在全国罕见。

实际上,黄石工业遗产片区的范围比四大工业遗产旧址要大得多,其核心还应包括源华煤矿旧址和一条汉冶萍铁路。这五大工业遗址通过汉冶萍铁路连接起来,形成一条了规模宏大的文化线路遗产区。

以黄石矿冶文化为核心,把与黄石矿冶文化有关的工业遗产、遗址、博物馆和公园整合在一起,创建黄石工业遗产保护片区,进行全面规划,统筹协调,统一宣传及旅游操作。主要包括五大工业遗址、博物馆或公园,即汉冶萍煤铁厂矿旧址、铜绿山古铜矿遗址博物馆、黄石国家矿山公园、华新水泥厂旧址和源华煤矿旧址。现在已经建成的有汉冶萍广场及汉冶萍煤铁厂矿旧址(新冶钢公司厂区部分)、铜绿山古铜矿遗址博物馆、黄石国家矿山公园及大冶铁矿博物馆。

设想筹建的有:黄石港港口及铁路博物馆、汉冶萍小红楼博物馆、矿工博物馆、

① 《黄石市"十三五"旅游业发展规划》,黄石市人民政府办公室,黄石政府网。

电力博物馆、煤矿博物馆等。随着华新水泥遗址博物馆的兴建，力争将黄石建成中国工业遗产博物馆之城。

黄石五大工业遗址通过汉冶萍铁路为主线，连接起来，实际上是一条文化线路遗产。根据2008年，在加拿大魁北克召开的国际古迹遗址理事会16届大会上通过的《关于文化线路的国际古迹遗址理事会宪章》，简称为《文化线路宪章》的阐述，文化线路是指“任何交通线路，无论是陆路、水路、还是其他类型，拥有清晰的物理界限和自身所具有的特定活力和历史功能为特征，以服务于一个特定的明确界定的目的，且必须满足以下条件：a.它必须产生于并反映人类的相互往来和跨越较长历史时期的民族、国家、地区或大陆间的多维、持续、互惠的商品、思想、知识和价值观的相互交流；b.它必须在时间上促进受影响文化间的交流，使它们在物质和非物质遗产上都反映出来；c. 它必须要集中在一个与其存在于历史联系和文化遗产相关联的动态系统中。”

从1892年建成的汉冶萍铁路是中国近代最早、持续时间最长的城市矿冶工业遗产铁路，也是中国近代持续时间最长的城市客运铁路。在1949年前连接了汉冶萍公司大冶钢铁厂（汉冶萍煤铁厂矿旧址）、大冶铁矿（黄石国家矿山公园及大冶铁矿博物馆）、源华煤矿（源华煤矿旧址）、华新水泥厂（华新水泥厂旧址）。新中国成立后，延伸到铜绿山（铜绿山古铜矿遗址博物馆），完全具有文化线路的遗产价值。文化线路作为文化遗产的重要组成部分，不但具有遗传价值和考古价值，还具有很丰富的旅游价值。由于文化线路基本上是成线状结构，文化线路沿线，一般都有很多文化遗产的遗存和古迹。如果将这些遗产资源很好地加以保护和进行合理的开发，将是一份很有价值的旅游资源。以汉冶萍铁路为主线创建的黄石工业遗产保护片区，具有很高的旅游价值，与中国京杭大运河、丝绸之路、茶马古道、蜀道一样，是重要的文化线路遗产。

图 10–4 卸矿机铁路

资料来源：刘金林摄影。

第三节 打造鄂东文化旅游中心

黄石港地理上的区位优势明显。黄石是国家134个公路运输主枢纽城市之一，水陆交通四通八达，国家运输主动脉沪蓉高速穿城而过，106、315国道在黄石交汇，武九铁路贯穿黄石，把华中、华东路网连成一体。黄石港是长江十大良港之一，为国家一类开放口岸，两个5000吨级的外贸码头与其他泊位一起，货运年吞吐量在湖北省仅次于武汉。未来5年将形成一条长江、两条铁路大动脉(武九线连接京广、京九铁路)、三座大桥、三条高速公路(沪蓉、大广、杭瑞)、三大物流园区(花湖、罗桥、棋盘洲)的交通和物流格局。2007年，在湖北省政府批准的《武汉城市圈总体规划中》，将黄石定位为武汉城市圈副中心城市。特别是武黄城际铁路的开通，让黄石成为运输性能良好的城市。即将通车的武九客运专线，对黄石经济有拉动作用。黄石将融入“半小时城市圈”。随着武合、武广、汉宜、石武等铁路的建成通车和武九、京九等铁路的电气化改造完工，黄石将形成不超过4小时辐射圈，东至上海、西至重庆、南至广州、北至北京等主要城市都只要4个小时。

武黄城际铁路、武九客运专线两条铁路干线的建成，促进了城市间交流，加强中部大城市圈联系，增强中西部与东部沿海地区联系。高速铁路将给黄石旅游业带来重大发展机遇。

黄石港区通过分析研究鄂东三地市文化旅游资源特色，发挥区域中心各方面的优势，打造区域文化旅游中心。

鄂州(吴王故都，梦幻水乡)：自然景观以低山与湖泊类为主，尤其以水域风光类资源最为丰富，有大小湖泊133个，水域面积占整个国土面积的1/4，享有“百湖之市”美誉；主要代表有“六山”(西山、莲花山、葛山、沼山、天平山、青峰山)“四湖”(梁子湖、红莲湖、三山湖、洋澜湖)。代表性资源为“一都两湖”(吴王古都、红莲湖、梁子湖)。

鄂州市将围绕“吴王古都，三国文化”和“梦里水乡，生态之邦”主题，着力打造三国吴文化、三湖(梁子湖、红莲湖、三山湖)两山(莲花山、西山)生态旅游和休闲旅游项目。在高度重视保护湖泊水质和周边生态环境的前提下，按照“高端、集约、生态”要求加快建设大梁子湖湖泊生态旅游示范区。

黄冈(绿色生态，红色胜地，古色人文)：人文与自然景观相当丰富，主要以名胜古迹、名人轶事、奇山幽谷为特色，形成两条特色资源分布带，一是沿长江人文景观带，以“名人名寺名校名城”为特色，以人类活动遗址类、综合人文旅游地类为主，以东坡赤壁、黄州旧城、安国寺、青云塔、黄冈中学等资源为代表；二是大别山山水景观带，突出体现为“巍峨青山，英雄红魂”的主题特色，地文景观类、水域风光类、军事遗址与历史事件发生地类占主导地位，地文景观类以青山、陡崖、奇石、幽谷为特色,军事遗址与历史事件发生地类多是以近代革命战争为特色的红色旅游资源。其代表性资源为"名城名山名人名寺"(历史文化名城、大别山、苏轼、李时珍、闻一多、董必武、李先念等名人、五祖寺、四祖寺)。

以"红色"、"绿色"、"古色"为主打的三色旅游是黄冈旅游项目建设的发展方向。红色旅游已初具规模,在本规划期内主要以续建为主,同时重点考虑如何整合红色旅游资源。黄冈旅游要想取得长足发展,必须全力打造精品项目,"大别山"三个字本身就是一种无形品牌,关键是要找对思路,明确定位,突出重点,将大别山风景区打造成武汉城市圈的精品旅游项目。

黄石(青铜古都,山水黄石):黄石旅游资源以古迹及建筑类、购物类和地文景观类资源最具优势。自然景观以山水风光类为主,主要以观赏游憩低山和湖区为代表,以城区的东方山、西塞山和磁湖,阳新的仙岛湖、网湖,大冶的雷山和大冶湖、保安湖为典型代表。人文景观主要是社会经济活动遗址和综合人文旅游地两个亚类,具有"青铜矿冶文化"、"吴楚文化与宗教文化"和"现代工业文化"文化特色。代表性资源为"两山一湖一矿址"(东方山、黄石国家矿山公园、西塞山、磁湖、铜绿山古铜矿遗址)。

黄石应突出"青铜古都"特色,规划期内重点打造铜绿山古铜矿遗址(续建)、黄石国家矿山公园(续建)、东方山旅游区(续建)及磁湖风景名胜区(新建)四大旅游品牌项目。对于度假旅游项目,忌分散投资、一哄而上,在实施总量控制的前提下,应保证项目规模,做大做强。在凸显青铜特色旅游的同时,以黄石东方山佛教文化旅游区为依托,打造宗教文化旅游品牌。对于填补武汉城市圈旅游项目空白的大冶市保安湖湿地生态旅游区建设配套项目——环保安湖运动休闲旅游项目,应大力扶持,争取将黄石市打造成武汉城市圈的户外"健身房"。①

黄石港区将发挥商业贸易文化旅游区域的区位优势,打造鄂东文化旅游中心,形成工业旅游、红色文化旅游以及宗教文化旅游三大旅游品牌。

黄石港区将发挥工业遗产旅游资源丰富的优势,这里保存有全国重点文物保护单位及"远东第一"水泥工业遗产——华新水泥厂旧址、全国重点文物保护单位及"远东第一"钢铁工业遗产——汉冶萍煤铁厂矿旧址重要组成部分卸矿机和小红楼、中国最早的水泥专用码头——华记湖北水泥厂码头旧址、中国近代最早及使用时间最长的城市轨道铁路——汉冶萍铁路等。开展以"华新""汉冶萍"等工业遗产品牌为核心的工业遗产文化旅游建设,黄石市政府决定以华新水泥厂旧址为核心创建湖北水泥遗址博物馆,水泥遗址博物馆建设工作已展开,黄石港区将围绕水泥遗址博物馆建设开展一系列华新旧址文化创意产业建设工作,并以此为中心联合黄石其它工业遗产博物馆、景区开展工业遗产旅游工作。

---

①《武汉城市圈旅游发展总体规划》,武汉城市圈旅游发展总体规划编写组。

图 10-5 华新水泥厂旧址矿渣库

资料来源：刘金林摄影。

图 10-6 华新水泥厂旧址由矿渣库改造成的会展中心

资料来源：刘金林摄影。

《黄石市"十三五"旅游业发展规划》在空间布局方面规划了黄石港区的旅游品牌特色。品牌形象为"长江港城,休闲新都"。借势长江经济带建设,打造长江大型旅游港、国际旅游自由购物区等大型项目,同时开发利用华新水泥厂旧址,依托磁湖、大众山以及万达东楚文化旅游名街,完善城市服务设施和旅游配套设施,打造黄石港城休闲消费核心区。①

为打造鄂东文化旅游中心,黄石港区近期决定建设六大项目来支撑文化旅游业的发展。

这六大项目为:大众山省级森林公园、华新旧址文化创意产业园、万达东楚印象街、黄石港区江滩文化体育公园、黄石国乒基地、黄石港区桥头公园全民健身中心。

在大众山省级森林公园项目上,计划投资 20 亿元,规划总面积 390 公顷。该项目计划打造"一带两翼三核心"。一带指滨水休闲带,两翼指森林旅游区、森林度假区;三核心为文化中心、滨水游乐中心、湿地游憩中心。力争在 5 年内将大众山打造成 3A 以上森林公园旅游景区。目前,大众山健身步道第一期建设已完成,全长 30.5 公里,为大众山的开发建设奠定了基础。

华新旧址文化创意产业园项目,占地 800 亩,计划打造生态公园区、文化创意产业园、文化酒吧餐饮商业区、商住两用空中花园式小区、文化创业手媒开发区、文化娱乐休闲广场等多功能的文化产业项目。目前,市文化局和黄石港区政府正在协商相关建设事宜。

万达东楚印象街项目,总体规划为 5 大块,分别是黄石街区、黄冈街区、鄂州街区、古戏台区、体育休闲区。该项目以打造鄂东文化、商业、旅游中心为目标,集文化、商业、旅游为一体,将黄石、黄冈、鄂州 3 个城市的历史传统文化进行整理和提炼,作为该项目的核心元素,体现出名迹、名景、名人、名俗、名剧、名品、名吃等特色。

为加强文化旅游业的发展,黄石港区政府统筹规划,引导大众山文化休闲街区、城市文化艺术中心、演艺娱乐中心、影视中心、体育休闲场馆的形成,促进休闲娱乐企业在黄石港区进一步聚集。

黄石港区正加强文化的挖掘,以旅游+山水文化、旅游+工业文化、旅游+文化产品、旅游+商贸文化、旅游+体育文化的举措,大力推进文化旅游业的发展。②

黄石港区还可以配合鄂东三地精心组织旅游节庆活动,如黄石市的工业旅游节庆,突出黄石市工业旅游和地矿科普旅游特色。结合黄石市打造鄂东"运动之都"的目标定位,以贯通全市的千里国家登山健身步道系统为依托,策划组织中国(黄石)国际登山节,同时继续办好国际乒乓节和磁湖国际户外运动节。③

①③ 《黄石市"十三五"旅游业发展规划》,黄石市人民政府办公室,黄石政府网。

② 吴高斌:《黄石港区迎来"旅游+"新时代》,《黄石日报》,2017 年 2 月 28 日。

图 10-7 湖北(华新)水泥遗址博物馆工业文化广场

资料来源:刘金林摄影。

图 10-8 连接鄂东三市的鄂东长江大桥

资料来源:刘金林摄影。

第四节 黄石港文化旅游模式

黄石港区竭力挖掘地域文化特色,培育一批特色文化品牌。坚持继承与创新并举,充分研究文化历史、自然地理、人文特色等关键性因素,把最具特色、最有影响力的文化资源挖掘出来,培育成最具区域特色的文化精品。组织文艺骨干和团体,精心策划一些群众喜闻乐见、互动性强的文化活动,激发他们的文化创造力。借助黄石港区深厚的地域文化底蕴,继续举办好"邻里节"和"磁湖文化节",擦亮"磁湖文化"名片,积极对现有文化资源特色进行跨媒体、跨行业、跨区域的发掘和整合,推进独具黄石港特色的地域文化走出黄石。①

一、打造地方文化创意产业集群

文化创意产业集群就是在文化创意产业的领域中,由众多独立又相互关联的文化创意企业以及相关支撑机构,依据专业化分工和协作关系建立起来的,并在一定区域集聚而成的产业组织,它包括了文化创意产业链上的所有上、下游企业。

国务院出台《全国资源型城市可持续发展规划(2013-2020 年)》,提出合理引导产业集聚发展。加强规划统筹,优化产业布局,引导产业向重点园区和集聚区集中,形成集约化、特色化的产业发展格局。制定严格的行业、产业分类用地标准,提高土地利用水平。依托原有基础,改造和建设一批特色鲜明的专业化产业园区和集聚区,加强交通、供水、供电等配套基础设施建设,搭建产业集聚发展的重要载体和平台。以科技含量、环保水平、投资强度、吸纳就业能力为标准,积极培育和引进一批龙头骨干企业。完善产业链条,提升产业配套能力,促进关联产业协同发展,打造各具特色的产业集群。到 2020 年,创建 10 个接续替代产业示范城市,培育 50 个接续替代产业集群,改造建设 100 个接续替代产业园区和集聚区。

重点培育的接续替代的文化创意产业集群:大庆市文化创意产业集群、徐州市文化创意产业集群、景德镇市陶瓷文化创意产业集群、济宁市曲阜文化创意产业集群、枣庄市台儿庄文化创意产业集群等。

以大庆市文化创意产业集群为例,2009 年 7 月,大庆市启建大庆文化创意产业园时,就已抢占了先机。两个月后,中国首部文化产业专项规划《文化产业振兴规划》发布,标志文化产业上升到国家战略产业。

随后两年内,大庆文化创意产业园实现"三级跳"。作为黑龙江省首个集群发展

① 《黄石市国家公共文化服务体系示范区黄石港区后续管理落实方案》。

的文化创意产业园区，它先是从小到大，随后被省政府命名为“黑龙江(大庆)文化创意产业园”，2011年又被文化部授予“国家级文化产业试验园区”。

入园发展的文化创意企业，享受资源型城市转型试点、国家级高新区、振兴东北老工业基地以及哈大齐工业走廊等多项优惠政策。同时，大庆市力促文化体制改革，经过一番调整优化和政策机制激励，近200家企业迅速集结，“一区十园六链”发展格局规模初具。

“一区”指黑龙江(大庆)国家级文化产业试验园区；“十园”指新华(大庆)国际石油资讯中心、文化创意产业园、联想科技城云基地、国际动漫城、黑龙江国际艺术村、新媒体产业基地、奥林匹克公园、红岗北极花谷、阿木塔风情园、龙凤湿地公园；“六链”指能源资讯、IT创智、影视动漫、文化创意、文化休闲、文体旅融合等产业链。“一区十园”计划总投资115亿元，总占地面积661万平方米。

2013年，新华(大庆)国际石油资讯中心相关资讯业务已打进东南亚市场，主营业务收入3599万元，新华商品交易所交易额达到300亿元；大庆书画院在北京宋庄成立销售中心，大庆书画、版画成功打入全国艺术品交易中心；百湖文化广场已有国内多家企业签约入驻。“一区十园”发展潜力开始释放。

新闻传媒集团和文体旅集团跃升为两大龙头。前者拥有百湖影视基地、阿木塔风情岛等17个产业项目，涉及影视制作、印刷、动漫、旅游、少儿艺术培训、互联网、文化旅游纪念品、文化创意服务等20多个行业；后者对内打造旅游路线挖掘市场，对外输出文艺演出拓展市场，甚至加盟国内首部大型舞台功夫剧《熊猫》，远赴世界娱乐之都拉斯维加斯演出。2013年，大庆市文化创意产业在展会经济上大放异彩。参加深博会、哈洽会、龙江文博会，签约项目投资2亿元。

黄石港区借鉴各地经验，以华新水泥厂旧址为核心，打造地方文化创意产业集群。

二、以工业遗产旅游为核心创建世界工业遗产旅游目的地——中国黄石公园

以汉冶萍旧址、华新旧址、铜绿山古铜矿遗址、黄石国家矿山公园、东钢旧址和源华煤矿旧址为核心、以汉冶萍铁路工业旅游线路为纽带组建黄石工业遗产(旅游)片区。再以黄石工业遗产(旅游)片区为中心，以众多旅游资源整合而成的中国黄石城市公园，简称中国黄石公园或者黄石城市公园(暂用的研究探讨名称)，充分利用3000年即将枯竭资源的矿冶文明成果，吸收世界第一旅游品牌——美国黄石公园的精华，回归到犹如风景入画般的黄石山，创造“中国黄石公园”品牌。正如1946年，华中钢铁公司筹备处编制的《黄石市市政建筑纲要》中提出“拟将黄石港、石灰窑连成一气，合称为黄石市……查美国有黄石公园闻名于世，他日吾人之计划

如果能实现则可谓巧合矣。世外桃花源,其将实现吾人之理想乎……”

黄石工业遗产片区与山水名胜、红色旅游景点等相结合组成中国黄石公园。中国黄石公园实际上是一个以大冶学为核心的文化内涵非常丰富的文化创意产业集群,它可以由众多独立又相互关联的文化创意企业、旅游企业、工矿企业以及相关的机构组成,可以借鉴大庆、景德镇、徐州等文化创意产业集群的经验进行组建。

黄石公园最核心的部分是黄石工业遗产片区与山水名胜相结合, 形成五条矿冶遗址与山水名胜相结合的旅游线路。主要包括汉冶萍煤铁厂矿旧址、汉冶萍博物馆与西塞山风景区相结合; 源华煤矿遗址、源华煤矿博物馆与黄荆山风景区相结合;华新水泥遗址广场、中国水泥博物馆、黄石电力博物馆与磁湖风景区相结合;黄石国家矿山公园、大冶铁矿博物馆与东方山风景区相结合;铜绿山古铜矿遗址博物馆、铜绿山矿山公园与雷山风景区相结合。由于这五条线路,工业遗产与山水名胜相连,特别是黄石国家矿山公园与东方山风景区、铜绿山古铜矿遗址与雷山风景区已形成比较成熟的旅游线路。再加上汉冶萍煤铁厂矿旧址与西塞山风景区已交给新冶钢公司统一建设和管理等,这些都有利于黄石公园的创建。

中国黄石公园的进一步拓展是将矿冶文化及工业旅游、山水名胜旅游、红色旅游等相结合,包括黄石市区、大冶市、阳新县的工业旅游、名胜旅游、红色旅游、宗教旅游、休闲旅游等公园、旅游景点。

创建中国黄石公园是一个庞大的工程,也是一个民心工程,需要各级政府机关以及相关单位的统一规划、管理和通力合作。湖北省政府批准设立黄石工业遗产片区已成为关键性的一步。再通过与西塞山、黄荆山、磁湖、东方山、雷山风景区相结合,组建一个统一的旅游联合体或者类似于管理旅游线路的旅游管理机关,即使工业遗产与风景区所归属的单位不统一, 只要形成了统一的有一定规模的黄石旅游市场,都是可行的。中国黄石公园既可以是有形的旅游集团公司,也可以是无形的旅游市场,工业旅游是其最大特色。让黄石工业旅游在探索中前进,能够走出一条具有黄石特色的资源枯竭城市转型的成功之路。

中国黄石公园的建设目标

1. 世界品牌旅游胜地

美国黄石国家公园是世界最著名的旅游品牌。中国黄石公园在旅游品牌创建方面要向美国黄石国家公园学习,充分发挥黄石矿冶文化旅游资源的优势。在汉冶萍、铜绿山、华新、黄石国家矿山公园、源华等本地旅游品牌中,要突出重点品牌,要把汉冶萍、铜绿山品牌作为推广重点。当然最终的目标是创建世界工业遗产旅游目的地——中国黄石公园品牌。

把汉冶萍品牌作为推广重点, 是因为汉冶萍公司在世界上的重要地位以及对黄石的重大影响。汉冶萍公司的遗址在黄石到处可见,如:汉冶萍铁路、港口、车站、矿山、钢铁厂等,计划筹建的汉冶萍旧址博物馆、汉冶萍港口博物馆、汉冶萍铁路博

图 10-9 黄石港卸矿机近影

资料来源：刘金林摄影。

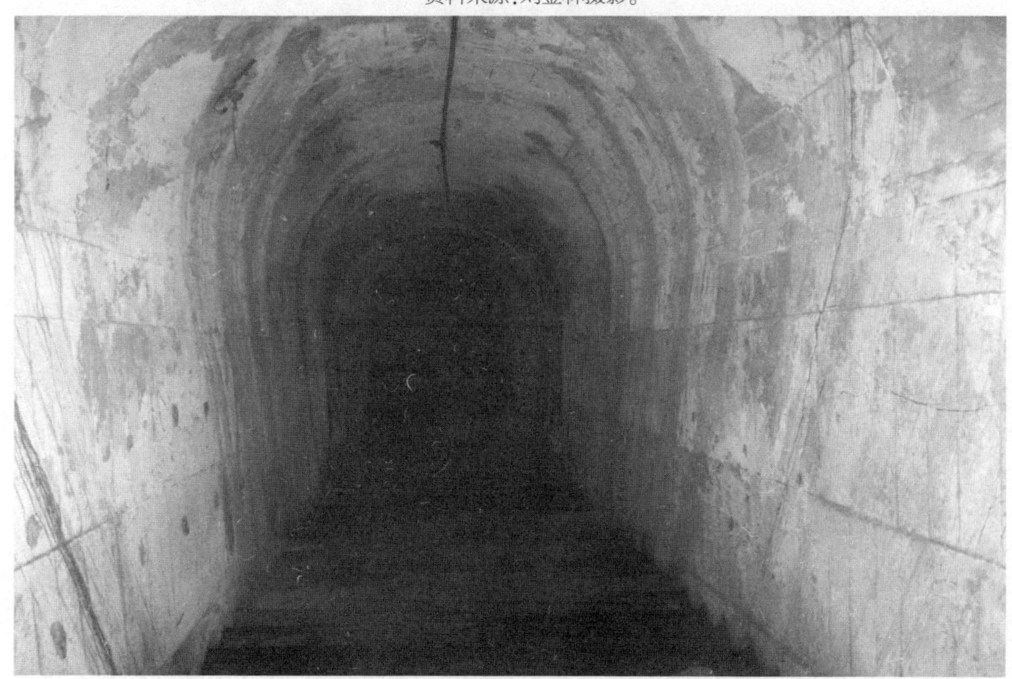

图 10-10 黄石港卸矿机内部楼道

资料来源：刘金林摄影。

物馆、汉冶萍小红楼博物馆以及黄石电力博物馆都与汉冶萍公司有关。黄石的其他厂矿如：华新水泥厂、源华煤矿等企业的创建也是在汉冶萍带动下发展起来的。汉冶萍旅游品牌发展起来，就可以带动黄石市区旅游业的发展。

汉冶萍煤铁厂矿有限公司(湖北新冶钢有限公司的前身)是中国近代第一家钢铁联合企业，也是当时亚洲最早最大的钢铁联合企业，是中国近代在世界上最有影响的企业。第一次世界大战期间，汉冶萍公司达到空前繁荣。汉冶萍公司创下了多个全国第一：

第一家大型钢铁联合企业；第一家大型钢铁股份公司；第一家钢材出口企业；第一家制定国家标准的企业……

汉冶萍的钢铁产品被欧美行家誉为精品。1914 年，在意大利首都罗马举办的世界博览会上，汉冶萍公司的钢铁产品获得最优等奖。1915 年美国巴拿马世界博览会上汉冶萍公司生产的钢铁获名誉奖章。

汉冶萍公司成立后，当时的英国驻武汉领事称其为“中华二十世纪雄厂”。1909 年，上海《时报》译《泰晤士报》的文章称：“(汉冶萍公司)生铁一日之间已制成钢，制成钢后又成种种钢货。中国现在诚如日本，为钢铁世界之大竞争家……思之殊无法足阻中国渐进为钢铁大国耳。”

汉冶萍公司生产的钢轨，大量用于中国早期兴建的卢汉、粤汉(今京广铁路)以及津浦(今京沪铁路)等多条铁路，自此结束中国铁路建设之钢轨全部依赖外国的历史。汉冶萍公司还向美国、日本和南洋群岛出口钢铁。

把汉冶萍作为黄石旅游龙头，作为旅游业的突破口，有重大意义。汉冶萍煤铁厂矿旧址是我国现存最早的钢铁工业遗址，是中国早期工业化的重要历史文物，是中国近现代发展进程中的重要见证，填补了我国近代早期钢铁工业文物保护中的空白，具有典型性、唯一性和不可替代性。汉冶萍有着丰富的内涵，实际上它是一个世界级品牌，在日本影响非常大。在 20 世纪 40 年代，黄石是中国南方聚集日本技术人员、技术工人最多的城市，汉冶萍旅游在国外吸引日本游客的最大优势还没有开发。汉冶萍铁路游、汉冶萍船队游、汉冶萍缆车游等多种旅游方式有待开发。汉冶萍旅游对于解决就业问题，建设多个星级宾馆，发展服务性行业有非常重要的现实意义。

华新水泥旧址、黄石国家矿山公园等品牌，在黄石矿冶文化旅游中也起着非常重要作用。如果把黄石国家矿山公园、华新水泥遗址、汉冶萍煤铁厂矿旧址、源华煤矿遗址再加上铜绿山古铜矿遗址等整合成工业遗产保护片区或黄石公园，对于创建世界品牌旅游胜地有着重大深远的意义。

2. 资源枯竭转型城市典范

全国资源枯竭转型城市发展旅游业成效最大的是焦作市。焦作地处太行山脉与华北平原的过渡地带，境内有 130 公里的南太行山脉，沟壑纵横、绝壁险峰、峡长谷幽,形成了独具特色的山水景观。从1999年开始,焦作把目光由地下煤炭资源转向地上山水人文资源,先后投资35亿元,用于景区开发和景观道路建设,开发了云台山、青龙峡等“五大景区”和韩园、焦作影视城等“十大景点”,通过强化服务,宣传促销,短短数年,使焦作山水声名鹊起,催生了闻名全国的“焦作现象”。2006年,全市旅游综合收入达到73.97亿元,占GDP比重由1999年不足1%增长到10%以上,带动了第三产业的发展。焦作旅游被国内外专家称为‘中国旅游发展史上的一个奇迹’,并载入中国旅游发展绿皮书。”

黄石作为资源枯竭转型城市,旅游资源优势远远大于焦作。最关键的是黄石拥有资源枯竭的大量矿冶文化遗址,有些是具有世界影响的品牌。黄石可以充分利用枯竭资源发展工业旅游,这是其他城市所不具备的,最关键的是在资源枯竭城市转型中可以起到典范的作用。利用枯竭资源进行城市转型;解决城市就业问题;促进旅游业的发展,必然得到国家的大力支持。黄石可以借鉴焦作的经验,大力发展以矿冶文化为核心的旅游业,成为全国资源枯竭转型城市的典范并不遥远。

3. 对外宣传和对外开放的窗口

中国黄石公园包含的几乎是与黄石重点企业有关的旅游景点以及工业旅游,是黄石整座资源枯竭转型试点城市的代名词,代表着整个黄石市的形象,在对外宣传及对外交往中发挥重要的作用,是黄石对外宣传和对外开放的窗口。

4. 工业遗产及地方文化旅游学术研究基地

中国黄石公园以矿冶文化为核心,创办工业遗产网、矿冶文化网、汉冶萍网、地方文化网以及有关的电子期刊和学术期刊,以工业遗产及矿冶文化研究、汉冶萍研究和大冶学研究为中心,以宣传黄石矿冶文化工业遗址、博物馆和公园为核心,充分发挥黄石旅游品牌优势,探索资源枯竭型城市转型之路,带动黄石经济的发展。中国黄石公园将努力建设成为全国性以工业遗产及汉冶萍研究为中心的工业遗产及地方文化旅游学术研究基地。

5. 人民安居乐业的家园

开展工业遗产及地方文化旅游研究,建设中国黄石公园的目的是为了黄石人民的生活幸福。黄石公园解决了人们的就业问题,人们工作在公园里,生活在世界品牌的旅游胜地里,物质生活条件丰富了,精神文化生活更上一层楼,特别是以矿冶文化为核心的价值观深入人心,人们通过学习矿冶先辈们的优良品质,体会爱国、爱家乡是矿冶精神的灵魂,“包容、创新、唯实、自强”是黄石精神的内涵。人民生活美满,精神饱满,中国黄石公园成为人民安居乐业家园的目标就达到了。

三、以工业遗产旅游为核心、以禅宗圣地旅游、红色经典旅游及山水风情旅游为中心,打造文化旅游品牌,构建黄石港文化旅游模式

图 10-11 华新旧址水泥窑修复后的游客通道

资料来源：刘金林摄影。

图 10-12 汉冶萍煤铁厂矿博物馆

资料来源：刘金林摄影。

图 10-13 华新旧址由矿渣库改造成的会展中心内景

资料来源：刘金林摄影。

图 10-14 华新旧址包装车间修复后的装车站台

资料来源：刘金林摄影。

黄石港文化旅游模式是以工业遗产旅游为核心、以禅宗圣地旅游、红色经典旅游及山水风情旅游为中心,以商贸、娱乐、体育、餐饮、文化创意等第三产业为补充,以创建鄂东区域旅游中心为目标的文化旅游模式。以远东工业摇篮、华夏禅宗圣地、中原红色经典、鄂东山水风情为鄂东特色旅游品牌。

1. 打造黄石港文化旅游模式的工业遗产旅游品牌——远东工业摇篮。

充分利用近代黄石港百年涌现出的许多传奇人物,演绎着一部部“远东第一”的历史传奇,以及创造亚洲及远东近代工业辉煌的历史文化旅游资源,以建设世界工业遗产旅游目的地——中国黄石公园品牌为核心,打造黄石港文化旅游模式的工业遗产旅游品牌——远东工业摇篮。

作为湖北师范大学资源枯竭城市转型与发展研究中心研究员、黄石港区文联副主席、黄石港地方文化研究会会长的刘金林,在黄石工业遗产旅游研究、保护、实践与探索过程中做了大量工作,为远东工业摇篮品牌的创建奠定了坚实的基础。

一是提出汉冶萍铁路工业遗产旅游方案

2010 年 3 月,在黄石日报社组织的首届矿冶文化节地方文化专家学者座谈会上,首次提出汉冶萍铁路工业遗产旅游方案。《坐旧式火车游览黄石》(记者刘佳,《黄石日报》2010 年 3 月 20 日)、《矿冶文化孕育黄石旅游之花 串起一条精品旅游线路——一位学者关于“矿冶之旅”的设想》(记者黎晓艳,《黄石日报》2010 年 5 月 21 日)、《穿越时空,乘火车遨游黄石》(刘金林,《东楚晚报-希望之星》中学版 2010 年 4 月第 8 期)等文章进行了详细的介绍。

二是实地调查、呼吁抢救性保护工业遗产旅游资源

2010 年 9 月,被黄石市申报历史文化名城领导小组聘请为黄石市申报历史文化名城工作顾问、2011 年 8 月被广州市城市规划设计院聘请为黄石市省级历史文化名城保护规划项目顾问,以汉冶萍铁路等工业遗产为考察中心,建议将实地调查的华记湖北水泥厂旧址、铁山火车站、大冶有色苏式建筑群等二十多处工业遗产确定为黄石市优秀历史建筑,抢救保护了大量黄石工业遗产。

2012 年 5 月,黄石市政府与武汉铁路局签订战略合作框架协议,适时停止汉冶萍铁路运营并拆除。立即开展汉冶萍铁路调研及资料收集整理工作。

2012 年 9 月,在中国黄石第二届国际矿冶文化论坛上,提出关注与保护汉冶萍铁路。《矿冶文化研讨:工业遗产保护是黄石转型有益探索》(郑青,人民网 2012 年 9 月 23 日)、《120 年汉冶萍铁路存废引争议》(记者王焕冬、张夏夏、蔡梦帷,《楚天时报》2012 年 9 月 24 日)、《百年汉冶萍铁路如何“起死回生”》(徐明,长江网 2012 年 9 月 27 日)、《中国第一条城市轨道铁路现身黄石 120 岁的汉冶萍铁路生死命运引专家关注》(东楚晚报首席记者石教灯、记者万经煌、甘咏梅,《黄石日报(内部参考)》2010 年 9 月)等文章进行了详细的介绍。

2014 年 7 月,与东楚晚报社合作,主办周末《百年汉冶萍铁路》专栏,呼吁保护

图 10-15 汉冶萍铁路工业旅游线路起点站——汉冶萍站

资料来源：刘金林摄影。

图 10-16 汉冶萍铁路工业旅游线路列车车厢

资料来源：刘金林摄影。

汉冶萍铁路。《百年汉冶萍铁路能否“起死回生”》(东楚晚报首席记者石教灯、陈子才,《东楚晚报》2014 年 7 月 26 日)进行了详细的介绍。

2014 年 12 月,与湖北师范大学尚平、高志平等教师一起向黄石市政协提交《保护汉冶萍铁路、码头关系申遗和城市发展大局》提案,呼吁保护汉冶萍铁路与码头。

2015 年 6 月,在“记住乡愁,传承文化”——第十七次北京学学术年会上作了《抢救近代工业文明的乡愁记忆——抢救保护近代黄石工业遗产 应对日本明治工业遗产申遗》专题报告。

2015 年 6 月,向黄石市政协提交的《抢救性保护黄石近代工业遗产的调研报告》,获原市政协郭远东主席批示。

2016 年 3 月,向黄石市有关部门提交《关于抢救性保护新冶钢东钢厂区和下陆火车站旧址的建议》,得到黄石市的高度重视,最终东钢旧址得到保护、下陆火车站得到修复。

三是对外传播,对内宣传、普及工业遗产旅游

创办《工业遗产网》(www.dayexue.com)、《矿冶文化网》(www.zxlszy.com)和《汉冶萍网》(www.hanyeping.com),主办《中国工业旅游之路》《黄石矿冶工业遗产申遗》专栏,利用互联网对外传播黄石工业遗产旅游,让黄石矿冶文化及工业遗产走向全国。

向黄石市规划局提供黄石工业遗产等方面的资料和图片,促进了黄石市规划展示馆的顺利建成,特别是以汉冶萍铁路为近代黄石城市生命线以及汉冶萍铁路连接五大工业遗址为核心的黄石工业遗产展示部分成为黄石市规划展示馆的一大亮点,汉冶萍铁路工业遗产成为黄石宝贵的旅游资源和文化遗产。

在七年多的时间,通过开展讲座、竞赛、撰写调研报告、论文以及参加北京、武汉、广州、扬州等学术研讨会,除呼吁抢救保护以汉冶萍铁路为核心的黄石工业遗产外,重点进行宣传、普及工业遗产及工业遗产旅游工作。2010 年 4 月与东楚晚报社合作,在《东楚晚报-希望之星》撰写九期普及矿冶文化及工业遗产文章,在全市中小学生中开展矿冶文化及工业遗产知识大赛。2013 年 4 月与黄石市委宣传部、新冶钢合作,撰写《黄石矿冶文化简明读本》,主办矿冶文化及工业遗产知识普及讲座,在全市开展矿冶文化及工业遗产知识大赛,利用湖北师范大学《历史文化教育资源》期刊,宣传普及矿冶文化及工业遗产知识。被聘请为 2016 年黄石矿博会“黄石工业遗产摄影展”专项顾问,参加由国土资源部举办的黄石矿博园申报全国第四批国土资源科普基地的专家咨询评议会,参加 2016 年中国旅游科学年会和湖北省旅游学会年会,对外宣传、推广黄石工业遗产旅游。

四是开展工业遗产及工业遗产旅游研究工作

撰写了《永不沉没的汉冶萍——探寻黄石工业遗产》(武汉出版社 2012 年版)、《资源枯竭城市工业遗产研究:以黄石矿冶工业遗产研究为中心的地方文化学科体

系的构建》(第一作者,光明日报出版社 2014 年版)、《黄石工业遗产科普旅游研究》(光明日报出版社 2016 年版)、《中国科普胜地 世界地矿名城 黄石》(光明日报出版社 2016 年版)等学术专著,发表期刊论文及学术会议论文 30 余篇。其中《资源枯竭城市工业遗产研究:以黄石矿冶工业遗产研究为中心的地方文化学科体系的构建》荣获湖北省政府颁发的第十届湖北省社会科学优秀成果奖二等奖，这是湖北省工业遗产研究领域获得的最高奖项。《永不沉没的汉冶萍 探寻黄石工业遗产》在 2016 年湖北省旅游学会年会暨湖北旅游高峰论坛上，荣获湖北省旅游学会颁发的湖北省优秀旅游著作三等奖。

五是参与汉冶萍铁路及黄石工业遗产旅游策划

通过多年的呼吁和努力,最终保护了汉冶萍铁路。2017 年 11 月黄石市在第二届全国工业旅游创新大会期间，成功的进行了汉冶萍铁路工业遗产旅游线路的试运行,计划长期开通这条具有黄石特色的工业遗产旅游线路。

积极参与黄石市汉冶萍铁路工业遗产旅游策划工作,2015 年 8 月向黄石市政府及市旅游局提交《保护汉冶萍铁路工业遗产文化旅游线路的调研报告》;2016 年 4 月向市政府提交黄石工业遗产专业博物馆《矿工博物馆》策划方案等。

提出了黄石工业遗产旅游的三次策划方案,2010 年 3 月提出的汉冶萍铁路旅游方案,这是一部初步的全域工业旅游方案,市旅游局以此为基础形成了“黄金宝石地,工业文博园”汉冶萍铁路工业遗产旅游方案。2010 年 7 月出版《黄石城市公园》,提出分三期创建以工业旅游为核心的黄石城市公园即中国黄石公园的全域旅游方案。2017 年提出的以黄石港区位优势为中心,打造鄂东文化旅游中心,即以黄石工业旅游为核心打造远东工业摇篮品牌,同时利用鄂东黄冈、黄石、鄂州三地旅游资源优势打造华夏禅宗圣地、中原红色经典等旅游品牌,创建鄂东地区全域旅游体系方案。这些旅游方案对黄石制定全域工业旅游规划及创建全国最美工业旅游城市起到积极的促进作用。

2. 打造黄石港文化旅游模式的禅宗圣地旅游品牌——华夏禅宗圣地。

充分利用黄石港的区位优势,以及鄂东丰富的宗教旅游资源,打造黄石港文化旅游模式的禅宗圣地旅游品牌——华夏禅宗圣地。

鄂东佛教禅宗文化丰富厚重,佛教文物遍布山川市井,历代佛教名寺及佛教名僧数不胜数。著名的寺院如武汉市 350 年历史的归元禅寺和 800 年历史的宝通禅寺、鄂州市 1700 年历史的古灵泉寺、黄石市东方山 1200 余年历史的弘化禅寺、黄冈黄梅县 1640 年历史的老祖寺、1380 年历史的四祖寺和 1350 年历史的五祖寺,以及黄梅小池镇新落成皇家建筑风格的妙乐寺等。其中四祖寺和五祖寺更是名扬天下的禅宗祖庭。佛教名僧更是世代辈出,名扬天下,古者如僧辅、法遇、慧昙、慧球、慧远、法悟、道果、法常、惠成、智顗、道信、神秀、惠能等(均见于《高僧传》和《续高僧传》),19 世纪自今又有归元寺监院、东渡日本的持松法师,太虚大师高足,武昌佛学院资深缔造者尘空法师(《海潮音》杂志主编),以及黄梅四祖寺方丈、中国佛教协会副会长净慧老和尚,和已故原省佛协会长昌明上人。鄂东佛教丛林不仅历史悠久,且传承正宗,遗迹保存数量丰富,是研究禅宗文化,和寻幽探秘的好去处。随着我省宗教自由信仰政策的不断落实,鄂东沿线150余公里高密度聚集的各佛教祖庭均已恢复重建,丛林特色如旧,建筑特色不一,形成了各自风格的人文品牌,将其上升为旅游产品开发,值得推介。①

3. 打造黄石港文化旅游模式的红色经典旅游品牌——中原红色经典。

鄂东是鄂豫皖革命根据地以及湘鄂赣革命根据地的发祥地,特别是刘邓大军挺近中原——大别山家喻户晓,红色旅游资源丰富。

黄冈红色文化底蕴深厚,2005年被国家列为全国12大红色旅游区之一。红安、麻城、罗田、英山四处革命烈士陵园被列为全国100个经典红色旅游景区。湖北省委、省政府在罗田召开大别山旅游开发现场办公会,要求黄冈以红色旅游为突破口,以生态、文化旅游为主线,建成国内外知名的旅游目的地和全国重要的红色旅游基地。

黄冈市委、市政府提出,全力打造黄冈大别山红色旅游经济圈,促进老区经济振兴,并编制《黄冈大别山红色旅游发展规划》。黄冈筹资1.2亿元改扩建了黄麻起义和鄂豫皖苏区革命烈士陵园,筹资6000多万元兴建了红安革命传统教育学院,筹资8000多万元改造维修了李先念故居、七里坪长胜街、麻城烈士陵园、黄冈革命烈士陵园、王树声大将故居等革命遗址和遗迹。②

希望的热土,曾留下多少仁人志士的闪光足迹:大冶、阳新30万先烈前赴后继,彭德怀、贺龙建军整训,征战南北,挥师天下,留下红三军团遗址;刘少奇在此领导工人运动;周恩来到黄石组织革命活动;冼星海用歌声点燃黄石的抗日烈火。新中国成立后,毛泽东主席钟情于这块热土,两次亲临。胡耀邦、董必武、陈毅、何长工、杨尚昆、叶剑英等共和国的元首、将军也多次下榻黄石,倾注了老一辈无产阶级革命家对这片土地的深情。

黄石已将大冶、阳新的主要红色景点进行整合,明确了"红三军团创始地"定位,并以红三军团的革命足迹为主线,以湘鄂赣边区鄂东南革命烈士陵园、龙港革命旧址群、王平将军纪念园、红三军团纪念馆、南山头革命旧址、大冶兵暴旧址为支撑,加快红色旅游景区的建设步伐,加大红色精品旅游线路的整合与推进,明确塑造"湘鄂赣阳新·大冶红色旅游经典景区"、大冶"建军整训·模范兵暴"和阳新"血染阳新·红色港湾"红色旅游主题形象。

4. 打造黄石港文化旅游模式的山水风情旅游品牌——鄂东山水风情

鄂东山水旅游资源、民风民俗民情旅游资源丰富。

---

① 正慈:《关于加快构建鄂东佛教禅宗文化旅游圈的若干建议》,2010年1月22日。

② 胡祥修、徐钰:《黄冈红色旅游好红火》,2008年10月17日。

"半城山水半城湖",黄石市区依山傍水,襟江怀湖,"人在山中,山在江中,江在城中,城在湖中"。境内有"三楚第一山"东方山、军事古塞西塞山、绿色长廊黄荆山、奇石城小雷山、森林公园大王山,神秘之地七峰山等。

境内河港众多,湖泊纵横,水库星罗棋布,主要有:省级风景名胜区磁湖、青山湖、大冶湖、保安湖、网湖、仙岛湖等。

黄石的园林大多依山而立,傍水而居,掩映于山水之间,错落有致,幽静俊美,巧夺天工。建有儿童公园、澄月岛、逸趣园、盆景园、江滩公园等 20 多处园林景点。兴建了迎宾广场、人民广场、湖滨绿化长廊等 10 多个城市绿化广场,展现了"绿水倒映青山"、"城在山水园林中"的现代化园林城市风貌。

黄冈依山带水,风光秀丽。大别山巍峨磅礴、天工巧夺,连绵境内数百里,其主峰天堂寨海拔 1729 米,集奇、险、幽于一体,堪与泰山、庐山媲美。龙感湖古称雷池,曾与鄱阳湖相连,现有水域面积 2500 平方公里,是全国重要的湿地保护区。长江流经本市 189 公里,境内倒、举、巴、浠、蕲、华阳河六水并流,百湖千库星罗棋布。①

鄂州是的"百湖之市",全市有大中型湖泊 133 个,水域面积 65 万亩。梁子湖是全国十大名湖之一,梁子岛生态旅游区是全国农业旅游示范点、国家 3A 级景区。红莲湖是湖北省首家省级旅游度假区。西山风景区是湖北省级风景名胜区、国家 AAA 级景区。②

鄂东地区的民间文化保护项目多,内容丰富,有人类非物质文化遗产代表作名录 2 项:西塞神舟会、鄂州雕花剪纸;国家级非物质文化遗产保护名录,主要有民间文学2 个项目:禅宗祖师传说(黄梅)、李时珍传说(蕲春),传统戏剧 4 个项目:汉剧、楚剧、黄梅戏(黄梅)、采茶戏(阳新),曲艺 3 个项目:湖北评书、湖北大鼓(团风)、湖北小曲,传统美术 4 个项目:黄梅挑花(黄梅)、大冶石雕、阳新布贴、鄂州雕花剪纸,民俗 1 个项目:西塞神舟会,传统体育、游艺与杂技 1 个项目:岳家拳(武穴),传统音乐 1 个项目:鄂州牌子锣等。

黄石市有人类非物质文化遗产名录 1 项:西塞神舟会,国家级非物质文化遗产名录4 项:阳新采茶戏、阳新布贴、大冶石雕、西塞神舟会,省级名录 12 项:西塞神舟会、大冶石雕、阳新采茶戏、阳新布贴、佛像雕塑工艺、大冶刺绣、王寿牌子锣、黄石港饼制作技艺、还地桥鱼面制作技艺、陈贵舞龙、折子粉制作技艺、浮屠玉堍油面制作技艺等。

黄冈市非物质文化遗产项目共有 6460 项,具有代表性的民间艺人近 1500 人。其中,红安县的红安绣活、麻城市的花鼓戏、蕲春县的李时珍传说、团风县的湖北大鼓、武穴市的岳家拳、黄梅县的黄梅戏、黄梅挑花、黄梅禅宗祖师传说等 8 项列入国家级非遗保护名录。黄州点子、畈腔等 36 项列入省级非遗保护名录,75 项列入市

① 《黄冈市简介》,黄冈市旅游发展委员会网站。

② 《三国吴都 魅力鄂州——鄂州旅游简介》,鄂州市旅游局网站。

级非遗保护名录,467项列入县级非遗保护名录。国家级非遗项目代表性传承人2人,他们是:黄梅挑花传承人石九梅、黄梅戏传承人周洪年,省级非遗项目代表性传承人23人。全市有4个国家级艺术之乡,7个省级艺术之乡。

鄂州雕花剪纸,为人类非物质文化遗产保护项目。雕花剪纸是古荆楚大地的民间艺术瑰宝,以其丰富的形象语言传递着传统思想和古老文化,具有独特的美学价值和艺术价值。①

黄石港饼作为黄石的名优特产,已成为黄石市一张闪亮的名片。相传三国时,刘备到东吴招亲携带的"龙凤喜饼",就是黄石港饼的前身。清代嘉庆年间,大冶刘仁八曾流传一种群众所欢迎的龙凤饼(即后来的喜饼),此地刘丰泰杂货铺糕饼师傅刘合意在龙凤饼的基础上,用面粉、糖、油、橘饼等原料精制细作,一饼一面有麻,鼓起很高,并盖有"吉祥"的大红字样,香酥可口,此饼就以制作人的名字命名为"合意饼"。又传说到了同治年间,大冶木排商人殷华在和马礼门在北京打赢官司,特将合意饼献给皇上,同治帝尝后大悦,对这酥松爽口、香气四溢的合意饼赞不绝口,欣喜之下,赐名"如意"。合意饼又叫如意饼,后来以产地为名,称为黄石港饼。

2010年黄石港饼的手工技艺作为非物质文化遗产保护项目在上海世博会湖北黄石活动周上展示。2011年食博园公司的黄石港饼被国家商务部批准为中华老字号。同年,黄石港饼制作技艺被省文化厅确定为湖北省非物质文化遗产保护项目。横店影视城满汉全席展示厅根据乾隆年间李斗所著《扬州书舫录》等书记载的满汉全席食单将黄石港饼作为满汉全席中的品种。

四、打造鄂东区域文化旅游中心的策略与建议

1. 打造鄂东区域文化旅游中心的策略

一是充分发挥市场的主体性作用,打造区域旅游品牌,共同打造精品线路。以创立区域旅游品牌为目标,充分调动社会参与的积极性,根据市场需求变化设计出高品质、差异化的跨区域精品线路,打造走向全国,走向世界的特色旅游文化品牌。重点策划推出一批具有区域特色的旅游大题材。着眼大区域对节庆活动进行整合,将区域性节庆活动打造成全国知名的文化品牌,提高节庆效应。

二是加大招商力度,推进战略合作。突出重点,集中力量率先把资源品质优、区位条件好、基础设施比较完善的旅游产业聚集区打造成为国内外知名的旅游目的地。积极引进一批旅游战略性投资者,重点打造一批精品旅游示范区、生态旅游度假区等,提升景区的核心影响力和竞争力。

三是处理好政府和市场的关系,更好地发挥政府和市场的双重作用,加速推进区域旅游产业经济一体化发展。更好地发挥政府层面的促进和引导作用,深化武汉

① 《鄂东南民间文化概说》,百度文库。

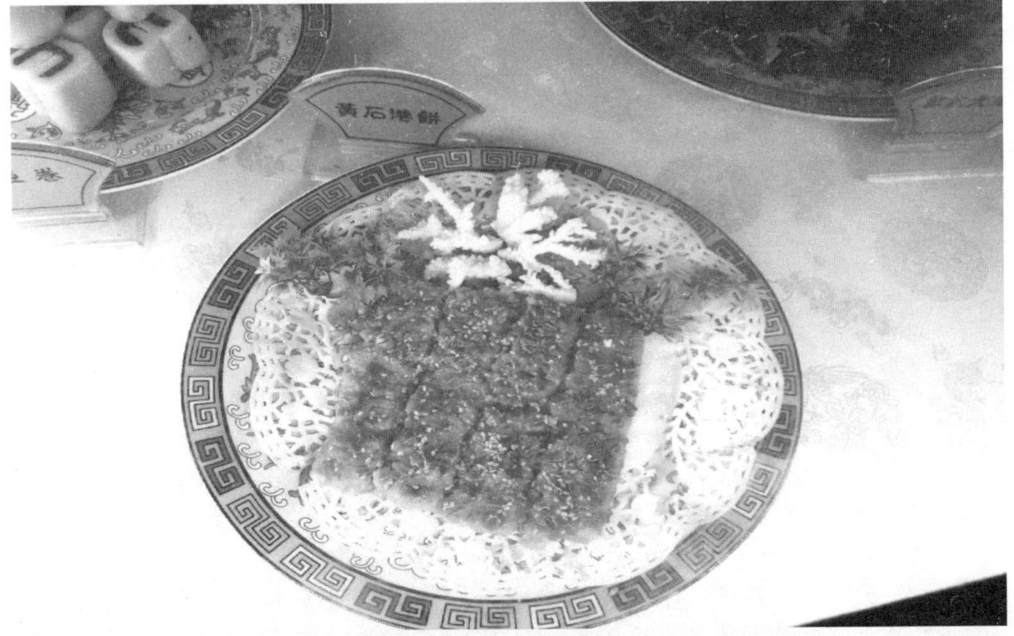

图 10–17 横店影视城满汉全席展示厅中的黄石港饼

资料来源：刘金林摄影。

图 10–18 黄石建市初期兴建的黄石一中教学楼

（现为湖北师范大学学术交流中心）

资料来源：刘金林摄影。

城市圈“1+6”以及鄂东三市区域旅游合作机制。

四是加强网络合作，发展智慧旅游。信息网络是全国6亿网民的全程游伴，智慧旅游是区域合作发展的必然之路。深化区域旅游网络对接与合作，建立包括旅游政务、旅游资讯、旅游互动、虚拟体验、在线预订等专业功能的旅游网站群，并加强与携程网、同程网、去哪儿网等在线预订网站的合作，扩大旅游销售渠道和旅游知名度。结合智慧旅游城市、智慧景区 建设，打造智慧旅游云平台和公众服务、行业服务、管理服务的“一个平台，三大体系”，实现景区门票、线路、交通、住宿和餐饮资源，以及各种代理业务的整合与营销，积极构建智慧休闲旅游目的地。①

2. 打造鄂东区域文化旅游中心的建议

旅游中心城市的一般功能，即是目的地、客源地、集散地，具有辐射带动和管理服务功能，一般而言，旅游中心城市提供的服务功能有4个：交通服务，接待服务，信息服务，管理服务。区域旅游中心就是区域旅游业的协调管理中心、旅游交通中心、旅游服务中心和旅游景点集中分布区。②

一是建设区域旅游管理服务中心

区域旅游中心城市建设的首要任务是管理和服务，通过建设区域旅游管理服务中心，建立区域旅游电子商务网站、旅游票务等旅游服务系统，力争整合周边要素，制定管理服务标准，打破行政壁垒，打造成鄂东旅游业乃至湖北旅游业的领头羊和旅游业管理服务联合中心。

二是建设区域旅游集散中心

区域旅游集散中心是集旅游交通、旅游餐饮等功能为一体的游客集散服务综合体。旅游集散中心，为游客提供了便捷，同时也带来巨大的旅游流，能明显增加旅游的经济效益，提高游客的服务满意度。

三是建设商务会展旅游中心

商务旅游和会展旅游是重要的游客来源和旅游经济收入渠道。商务会展旅游中心的建设主 要为这些客流提供高端快捷的旅游服务，为参展商和会展旅游者提供绿色通道，以提高区域的商务会展旅游接待服务水平。

四是建设旅游娱乐购物中心

娱乐购物是旅游的主要消费方式，通过娱乐购物中心的建设，积极打造旅游者空间，给旅游者一个自己的空间，提高旅游经济效益，增强旅游中心城市的吸引力。

五是建设旅游人才教育培训中心

旅游人才是旅游业发展的关键，旅游中心城市要具备教育培训旅游人才的功

① 翟玉虎：《关于加快京津冀区域旅游协同发展的对策建议》，《领导之友》，2016年第17期。

② 年四锋，李东和：《区域旅游中心城市建设研究：以安徽省合肥市为例》，《科技和产业》，2010年第12期。

图 10-19　2016 年 11 月 29 日，刘金林研究员参加在北京由国土资源部举办的黄石矿博园申报全国第四批国土资源科普基地专家咨询评议会

资料来源：工业遗产网。

图 10-20　2017 年 10 月 25 日，刘金林研究员在武汉中国地质大学开展《黄石工业旅游实践与探索研究》讲座

资料来源：工业遗产网。

能。通过旅游人才教育培训中心的建设，为区域旅游发展提供服务管理营销等各类高端人才，以提供旅游中心城市人才输出水平和自身的管理营销服务水平。[①]

六是建设旅游游学及旅游体育休闲中心

游学是世界各国、各民族文明中，最为传统的一种学习教育方式。中国民间自古以来，就非常重视游学对人格养成和知识形成的重要作用，孔子率领众弟子周游列国，增进弟子的学识，培养弟子的品质，开阔眼界。鄂东地区的教育优势以及宗教特色为建设旅游游学中心提供了有利条件，而黄石港地区是中国乒乓球训练基地，体育文化基础设施基础较好，实施重大体育文化产业项目带动战略，加快发展体育旅游观光、休闲度假等产业的发展，努力构建具有全方位服务功能和较强竞争力的体育文化休闲服务区。

黄石港区在创建区域文化旅游中心的进程中，要借鉴深圳的经验，深圳是一座基本上没有文化旅游资源的城市，文化旅游是在一张空白纸上创建的。黄石港区是鄂东地区面积倒数第二(仅大于铁山区)的县市区，特别是文化旅游 A 级景点唯一为零的县市区，深圳经验值得大力学习借鉴。但黄石港区也是鄂东地区唯一拥有两处近现代工业遗产的全国重点文物保护单位的县市区，这是其最大的优势。

深圳一开始就立足于走一条通过人造景观繁荣旅游、创造本地特色的路子，开创了中国主题公园之先河，以锦绣中华、中国民俗文化村和世界之窗为代表的华侨城旅游带。其区位优势、主题内容、经营管理水平、规模集聚效应在全国首屈一指 。目前参与性强、深度运用自然条件和现代科技为特征的第三代人造景即将出现几个诱人的旅游热点。深圳已形成了以人造景观为主、多元化、立体化的旅游特色。“特色”已成为深圳旅游的灵魂 。[②]

通过开展区域文化旅游中心的研究与实践，必将对黄石港区现阶段打造鄂东商贸物流中心、科教创新中心、文化旅游中心、健康运动中心，创建“幸福城区”具有重大的现实意义。通过区域文化旅游中心的创建，打造鄂东商贸旅游中心、科教游学旅游中心、地方文化特色旅游中心、健康运动体育休闲旅游中心，通过一个区域文化旅游带动黄石港区“四个中心”的创建，努力建成湖北，乃至全国文化旅游示范的“幸福城区”。

---

① 年四锋，李东和：《区域旅游中心城市建设研究：以安徽省合肥市为例》，《科技和产业》，2010 年第 12 期。

② 池雄标：《深圳区域性旅游中心的建设》，《开放导报》，1999 年第 2 期。

主要征引与参考文献

史料与资料：

黄石市地方志编纂委员会:《黄石市志》,中华书局,2001 年。
黄石港区地方志编纂委员会:《黄石港区志》,湖北人民出版社,2012 年。
黄石市档案馆:《黄石市档案馆指南》,1995 年。
黄石市地名委员会:《黄石地名志》,1989 年。
刘金林:《汉冶萍历史续编》,湖北师范学院矿冶文化研究中心,2010 年。
刘金林:《黄石城市公园》,湖北师范学院矿冶文化研究中心,2010 年。
戴奇伟、刘金林:《汉冶萍档案图集》,黄石市档案馆,2012 年。
湖北省大冶县县志编纂委员会:《大冶县志》,湖北科学技术出版社,1990 年。
湖北省阳新县县志编纂委员会:《阳新县志》,新华出版社,1993 年。
黄石市总工会工运史编辑室:《黄石工运史(1890—1949)》,1987 年。
黄石日报社:《黄石揽胜》,1984 年。
大冶钢厂志编纂委员会:《大冶钢厂志》第一卷,1985 年。
大冶铁矿志编纂委员会:《大冶铁矿志》第一卷,1986 年。
大冶有色金属公司志编纂委员会:《大冶有色金属公司志》,1993 年。
华新厂志编纂委员会:《华新厂志》,1987 年。
纪昌华:《百年华新》,华新水泥股份有限公司,2007 年。
黄石矿务局矿史办公室:《湖北黄石煤矿史》,1983 年。
铜绿山矿志编纂委员会:《铜绿山矿志》,1995 年。
黄石市建设志编纂委员会:《黄石市建设志》,中国建筑出版社,1994 年。
黄石市石灰窑区志编纂委员会:《石灰窑区志》,2003 年。
重钢志编辑委员会:《重钢志》,1987 年。
武钢志编纂委员会:《武钢志》,武汉出版社,1988 年。
夏东元:《郑观应集》,上海人民出版社,1988 年。
苑书义、孙华峰、李秉新:《张之洞全集》,河北人民出版社,1998 年。
赵德馨:《张之洞全集》,武汉出版社,2008 年。
陈旭麓:《湖北开采煤铁总局·荆门矿务总局》,上海人民出版社,1981 年。
陈旭麓、顾廷龙、汪熙:《汉冶萍公司》(一),上海人民出版社,1984 年。
陈旭麓、顾廷龙、汪熙:《汉冶萍公司》(二),上海人民出版社,1986 年。
陈旭麓、顾廷龙、汪熙:《汉冶萍公司》(三),上海人民出版社,2004 年。

刘明汉、马景源:《汉冶萍公司志》,华中理工大学出版社,1990年。

湖北省档案馆:《汉冶萍公司档案史料选编》,中国社会科学出版社,1994年。

吴绪成:《百年汉冶萍》,湖北人民出版社,1990年。

詹世忠:《黄石港史》,中国文史出版社,1992年。

武汉市地方志编纂委员会:《武汉市志·工业志》,武汉大学出版社,1999年。

湖北省地方志编纂委员会:《湖北省志·工业》,湖北人民出版社,1995年。

裕大华纺织资本集团史料编辑组:《裕大华纺织资本集团史料》,湖北人民出版社,1984年。

顾琅:《中国十大矿厂调查记》,商务印书馆,1916年。

黄石市统计局:《黄石创业四十五年》,中国统计出版社,1995年。

湖北省地方志编纂委员会:《湖北市县概况》,1984年。

政协湖北省文史资料委员会:《湖北文史资料·汉冶萍与黄石史料专辑》,1992年第2期。

政协黄石市委员会、湖北省政协文史和学习委员会:《中国矿冶历史文化名城黄石》,湖北人民出版社,2010年。

政协黄石市文史资料委员会:《黄石文史资料》。

政协黄石港区文史资料委员会:《悠悠黄石港》。

政协西塞山区文史资料委员会:《石灰窑(西塞山)文史资料》。

政协大冶市委员会:《中国青铜古都——大冶》,文物出版社,2010年。

《黄石日报》《东楚晚报》有关地方文化及工业遗产方面的史料与资料。

著作:

刘金林:《永不沉没的汉冶萍 探寻黄石工业遗产》,武汉出版社,2012年。

刘金林、聂亚珍、陆文娟:《资源枯竭城市工业遗产研究——以黄石矿冶工业遗产研究为中心的地方文化学科体系的构建》,光明日报出版社,2014年。

刘金林:《黄石工业遗产科普旅游研究》,光明日报出版社,2016年。

刘金林:《中国科普胜地 世界地矿名城 黄石》,光明日报出版社,2016年。

舒韶雄、李社教、刘恒、倪国友:《黄石矿冶工业遗产研究》,湖北人民出版社,2012年。

黄石市博物馆:《铜绿山古矿冶遗址》,文物出版社,1999年。

张实:《苍凉的背影:张之洞与中国钢铁工业》,商务印书馆,2010年。

魏心镇:《工业地理学(工业布局原理)》,北京大学出版社,1982年。

袁为鹏:《聚集与扩散:中国近代工业布局》,上海财经大学出版社,2007年。

刘大钧:《中国工业调查报告》,经济统计研究所,1937年。

冯天瑜、何晓明:《张之洞评传》,南京大学出版社,1991年。

大冶市铜绿山古铜矿遗址保护管理委员会:《铜绿山古铜矿遗址考古发现与研究》,科学出版社,2013 年。

中国科学院和国家计划委员会地理研究所以及工业与交通地理研究室:《中国工业分布图集》,中国计划出版社,1988 年。

徐鹏航:《 湖北工业史》,湖北人民出版社,2008 年。

马景源、胡永炎:《黄石矿业开发史》,湖北人民出版社,2011 年。

曹洪涛、储传亨:《当代中国的城市建设》,中国社会科学出版社,1990 年。

范西成、陆保珍:《中国近代工业发展史(1840—1927)》,陕西人民出版社,1991 年。

张国辉:《洋务运动与中国近代企业》,中国社会科学出版社,1984 年。

中国科学技术协会:《中国科学技术专家传略》, 中国科学技术出版社,1995 年。

彤新春:《民国经济》,中国大百科全书出版社,2010 年。

全汉昇:《汉冶萍公司史略》,文海出版社,1982 年。

论文:

陈振汉:《战前工业区位理论——工业建设的区位问题之二》,《新经济》,1941 年第 8 期。

单霁翔:《关注新型文化遗产——工业遗产的保护》,《中国文化遗产》,2006 年第 4 期。

田燕:《文化线路视野下的汉冶萍工业遗产研究》,武汉理工大学,2009 年。

李海涛:《近代中国钢铁工业发展研究 1840—1927》,苏州大学,2010 年。

赵德馨、周秀鸾:《张之洞与湖北经济的崛起》,《江汉论坛》,1998 年第 1 期。

萩原允:《关于中国钢铁工业战后计划的考察(1942-1948)》,《抗战文史》,2010 年第 2 辑。

刘金林:《近代"大冶奇迹"与黄石工业遗产片区》,《中国工业建筑遗产调查、研究与保护(三)——2012 年中国第三届工业建筑遗产学术研讨会论文集》,清华大学出版社,2013 年。

刘金林:《再现近代中国工业第一城——历史学视野下的黄石工业遗产价值评价》,《中国工业建筑遗产调查、研究与保护(四)——2013 年中国第四届工业建筑遗产学术研讨会论文集》,清华大学出版社,2014 年。

刘金林:《汉冶萍公司与近代长江经济带的初步形成——以大冶重工业基地的创建为中心》,《湖北理工学院学报(人文社会科学版)》,2014 年第 5 期。

刘金林:《论大冶学的创建及其历史地位》,《走向世界的地方学研究学术研讨会论文集》,中国地方学研究联席会和泉州学研究所,2014 年。

刘金林:《汉冶萍公司与近代大冶工业化进程》,《黑龙江史志》,2014 年第 15 期。

刘金林:《汉冶萍铁路与黄石工业遗产特区旅游》,《旅游纵览》,2014 年第 9 期。

刘金林:《翁文灏与近代湖北重工业国有化的探索》,《科学与财富》,2014 年第 9 期。

刘金林:《张之洞、盛宣怀和翁文灏与近代湖北重工业》,《卷宗》,2014 年第 8 期。

湖北省社会科学专家咨询团:《关于黄石市矿冶文化发展的咨询意见报告》,《黄石社会科学》,2010 年第 1—2 期。

刘金林:《黄石矿冶工业遗产与地方文化学科体系的构建》,《2014 中国第五届工业建筑遗产学术研讨会论文集》,清华大学出版社,2015 年。

刘金林:《黄石工业遗产开发与利用对策研究》,《湖北理工学院学报(人文社会科学版)》,2016 年第 2 期。

刘金林:《黄石矿冶工业遗产的突出特色》,《湖北理工学院学报(人文社会科学版)》,2016 年第 3 期。

刘金林:《汉冶萍铁路的工业遗产价值》,《黑龙江史志》,2015 年第 13 期。

刘金林:《汉冶萍工业文明在延续》,《中国国家地理(中文繁体版)》,2016 年第 9 期。

刘金林:《中国工业遗产旅游的百年实践与探索研究——以黄石汉冶萍铁路工业遗产旅游为例》,《中国旅游评论》,2016 年第 4 辑。

刘金林:《汉冶萍铁路与城市轨道铁路规范化的早期探索》,《中国铁道学会铁路文化与博物馆委员会 2015 年度论文集》,中国铁道出版社,2016 年。

刘金林:《汉冶萍公司与中国重工业探索的全球化与本土化》,《第一届汉冶萍国际学术研讨会论文集》,长春出版社,2016 年。

刘金林:《资源枯竭型城市工业遗产研究——以黄石市为例》,《2015 年中国第六届工业遗产学术研讨会论文集》,清华大学出版社,2016 年。

李涛:《武汉城市圈旅游业发展路径研究》,《当代经济》,2009 年第 6 期。

池雄标:《深圳区域性旅游中心的建设》,《开放导报》,1999 年第 2 期。

年四锋,李东和:《区域旅游中心城市建设研究:以安徽省合肥市为例》,《科技和产业》,2010 年第 12 期。

翟玉虎:《关于加快京津冀区域旅游协同发展的对策建议》,《领导之友》,2016 年第 17 期。

后 记

黄石地区即广义的黄石港历史文化内涵厚重、工业遗产旅游资源丰富，充分利用这些独特的资源以及所处的鄂东区位中心的优势，开展创建世界工业遗产旅游目的地为目标的全域文化旅游模式的研究、实践与探索，将对黄石港区打造鄂东商贸物流中心、科教创新中心、文化旅游中心、健康运动中心，建成现代化幸福城区起到积极的促进作用，进而探索出一条具有黄石特色的资源枯竭城市成功转型的全域文化旅游创新发展之路。

为打造世界工业遗产旅游目的地，我们在努力保护工业遗产旅游资源的同时，提出了黄石工业遗产旅游的三次策划方案，2010 年 3 月提出的汉冶萍铁路旅游方案，是一部初步的全域工业旅游方案，市旅游局以此为基础形成了“黄金宝石地，工业文博园”汉冶萍铁路工业旅游方案。2010 年 7 月出版《黄石城市公园》，提出分三期创建以工业旅游为核心的黄石城市公园即中国黄石公园的全域旅游方案。2017 年提出的以黄石港区位优势为中心，打造鄂东文化旅游中心，即以黄石工业旅游为核心打造远东工业摇篮品牌，同时利用鄂东黄冈、黄石、鄂州三地旅游资源优势打造华夏禅宗圣地、中原红色经典等旅游品牌，创建鄂东地区全域旅游体系方案。这些旅游方案对黄石制定以工业旅游为中心的全域文化旅游规划及创建全国最美工业旅游城市起到积极的促进作用，对鄂东地区及武汉城市圈打造区域一体化文化旅游市场也将起到一定的推动作用。

本书的编写得到湖北师范大学资源枯竭城市转型与发展研究中心、黄石港区委宣传部、区文联、区文体(旅游)局、黄石港地方文化研究会、长江中游矿冶文化与经济社会发展研究中心、汉冶萍研究中心、湖北理工学院公共文化研究中心、中国地质大学(武汉)区域经济与投资环境研究中心、黄石市政协、市委宣传部、市文旅投公司、市建委、市文新广局、市文物局、市旅游局、市规划局、市史志办、市社科联、市文联、市地名办、市城市规划设计院、广州市城市规划勘测设计院、黄石港务集团、武汉铁路局、黄冈市旅游委、鄂州市旅游局、大冶市政协、西塞山区委宣传部、铁山区委宣传部、下陆区委宣传部、大冶市委宣传部、大冶市史志办等单位的支持和帮助。在调研过程中，湖北省档案馆、黄石市档案馆、市博物馆、铜绿山遗址管委会、湖北新冶钢有限公司、华新水泥股份有限公司、黄石工矿集团公司、大冶铁矿及黄石国家矿山公园、大冶有色金属公司、铜绿山矿、黄石热电厂、黄石日报传媒集团等单位给我们提供了大量的文字和图片资料，在此表示衷心的感谢！本书在编写过程中引用了有关研究成果以及文字和图片资料，在此向各位专家、学者，表示感谢！

黄石工业遗产旅游及鄂东区域文化旅游研究将是一个长期的课题，我们进行的研究，还不全面系统、不成熟，再加上我们的能力和学术水平有限，书中难免有许多错误和不足之处。我们真诚地希望读者批评指正，提出宝贵的意见和建议，促进我们进一步深入地研究下去。

联系邮箱：hanyeping1908@163.com

工业遗产网：www.dayexue.com　　地方文化网：www.dfwhck.com

刘金林

2017 年 10 月